Gaston JÈZE

PROFESSEUR-ADJOINT A LA FACULTÉ DE DROIT DE L'UNIVERSITÉ DE PARIS

L'EXÉCUTIF EN TEMPS DE GUERRE

LES PLEINS POUVOIRS

(Angleterre, Italie, Suisse)

Prix : 5 francs

PARIS (5e)

M. GIARD & E. BRIÈRE

LIBRAIRES-ÉDITEURS

16, Rue Soufflot, et 12, Rue Toullier

—

1917

L'EXÉCUTIF EN TEMPS DE GUERRE

LES PLEINS POUVOIRS

(Angleterre, Italie, Suisse)

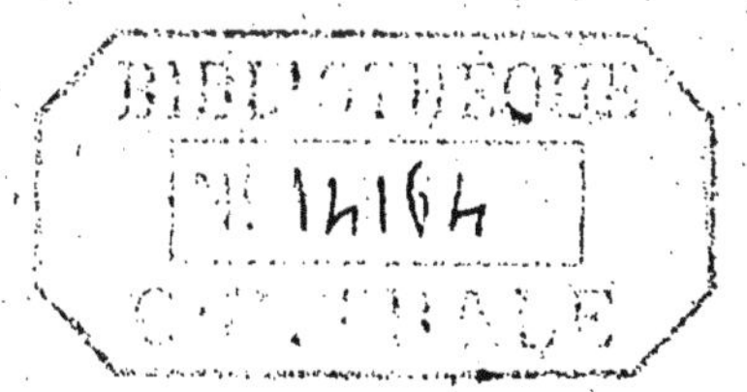

Gaston JÈZE

PROFESSEUR-ADJOINT A LA FACULTÉ DE DROIT DE L'UNIVERSITÉ DE PARIS

L'EXÉCUTIF EN TEMPS DE GUERRE

LES PLEINS POUVOIRS

(Angleterre, Italie, Suisse)

Prix : 5 francs

PARIS (5ᵉ)

M. GIARD & E. BRIÈRE

LIBRAIRES-ÉDITEURS

16, Rue Soufflot, et 12, Rue Toullier

1917

L'Exécutif en temps de guerre. Les pleins pouvoirs

La grande guerre a posé à tous les pays en lutte et même à certains neutres — les plus rapprochés du théâtre des hostilités — un difficile problème. La gravité des circonstances oblige parfois les pouvoirs publics à prendre d'urgence des mesures de la plus haute importance, ayant des conséquences très sérieuses pour les personnes, pour les propriétés, pour les libertés individuelles. Pour le salut du pays il importe de formuler des interdictions d'aller et de venir ; d'autoriser des réquisitions de toute nature — immobilières ou mobilières — ; d'exiger des prestations de services personnels ; de supprimer ou de réglementer l'exercice de certaines libertés individuelles : presse, réunion, etc. ; de restreindre ou d'interdire certains commerces ou certaines industries dangereuses (alcool, absinthe), etc., etc.

Il arrive assez souvent que l'urgence de ces mesures est extrême. Leur efficacité dépend de la rapidité avec laquelle elles seront prises et appliquées. Or si ces mesures sont indispensables aux intérêts de la défense nationale, c'est la défense nationale elle-même qui se trouve mise en péril par un retard, une négligence, une abstention.

CHAPITRE PREMIER

LE PROBLÈME A RÉSOUDRE

Le régime politique du temps de paix se prête mal à l'adoption rapide et à l'application vigoureuse des mesures intéressant la défense nationale.

I

Le principe politique fondamental du temps de paix, c'est le maintien du *statu quo : quieta non movere*. Les réformes, les modifications ne doivent se faire qu'autant qu'elles sont démontrées absolument nécessaires. Et d'autre part, les États civilisés et libres, à l'époque actuelle, ont formulé, parfois à coup de révolutions, cet autre principe fondamental : toute mesure qui porte atteinte à la personne des individus, à leur propriété, aux libertés individuelles, à la liberté du commerce et de l'industrie, etc., doit être préalablement discutée et approuvée par les Chambres législatives. La plus précieuse conquête politique des temps modernes n'est-elle pas, en effet, la substitution du régime des lois votées par le Parlement à l'ancien régime de la police et des pouvoirs discrétionnaires des Ministres et des agents administratifs ?

L'intervention des Chambres, d'après le droit public du temps de paix, est d'autant plus active que les atteintes aux libertés individuelles sont plus graves.

L'intervention préalable des Chambres signifie pratiquement des études préparatoires, de longues discussions, et aussi la possibilité pour les intérêts professionnels ou régionaux menacés de se coaliser en vue de faire échouer ou d'énerver la mesure projetée. Si le Parlement est composé de deux Chambres, les inconvénients sont multipliés ; non seulement ces coalitions redoutables ont une nouvelle occasion de se former, mais encore il s'y ajoute la difficulté d'arriver à un accord complet, et même la possibilité de conflits aigus entre les deux Assemblées.

En d'autres termes, le régime du temps de paix, c'est le *statu quo*, avec, pour sortir du *statu quo*, l'obligation non seulement de délibérer avant d'agir, mais encore de persuader, de concilier, de transiger ; l'esprit de la constitution politique, pour le cas où une solution, même excellente, n'obtient pas l'assentiment *très* général, est qu'il vaut mieux maintenir le *statu quo* jusqu'au jour où un plus grand nombre d'individus auront enfin compris l'utilité, la nécessité de la réforme. Le principe constitutionnel du temps de paix, c'est qu'il n'y a pas péril en la demeure.

Il est manifeste qu'en temps de guerre, où les jours, les heures comptent et où la rapidité de conception, de décision et d'exécution sont des facteurs essentiels de la victoire, ce mécanisme du temps de paix se montre tout à fait insuffisants, — bien plus, tout à fait dangereux.

Dès lors, le problème s'accuse redoutable.

D'une part, il est impossible, même en temps de guerre, de renoncer au contrôle suprême du Parlement, expression de la volonté nationale ; — en d'autres termes, d'établir la dictature, le pouvoir discrétionnaire, arbitraire, de l'administration, le régime de la police avec tous les dangers qu'a révélés l'histoire de tous les temps et de tous les pays. Même lorsque la patrie est en danger, une nation civilisée et libre ne peut pas consentir à ce que les individus soient remis, pieds et poings liés, à la discrétion de bureaucrates anonymes, omnipotents et irresponsables. La crainte des procédés de la bureaucratie n'est pas chimérique, — même dans les pays de civilisation avancée. Il faut, en temps de guerre comme en période de paix, un contrôle indépendant, vigilant, incessant sur l'Exécutif. Bien mieux, ce contrôle est plus nécessaire en temps de guerre qu'en temps de paix, à raison des excuses que les agents administratifs ne manqueront pas de chercher dans l'état de guerre, pour dissimuler leurs maladresses, leurs négligences, leurs fautes les plus certaines ; on ne peut fermer les yeux sur les abus, en se contentant de la réponse trop commode : c'est la guerre.

D'autre part, encore une fois, le salut du pays exige une rapidité de conception, de décision et d'exécution qui ne peut s'accommoder ni des méthodes du contrôle parlementaire du temps de paix, ni des discussions interminables, des temporisations, des conciliations, des transactions habituelles, ni du maintien du *statu quo*.

Il faut trouver une organisation qui n'abandonne pas les libertés individuelles aux caprices d'une bureaucratie sans contrôle ; mais qui, d'autre part, sous prétexte de mûre réflexion et de défense des droits des individus, ne permette pas aux membres des Assemblées législatives de céder à leur goût d'entendre et de prononcer des discours éloquents, qui ne donne pas à chaque député le moyen d'arrêter toute mesure qui ne cadrera pas exactement avec ses vues personnelles sur la conduite de la guerre, qui ne laissera pas se former des coalitions d'intérêts professionnels ou régionaux contraires au bien général.

Or, ce danger est particulièrement redoutable dans les pays à assemblées politiques indisciplinées. Il est des Chambres où certains députés, pleins de confiance dans leurs talents, n'entendent rien céder de leurs prétentions à l'omniscience et à l'omnipotence ; il est des élus qui oublient que toutes les immunités, tous les pouvoirs dont la Constitution et les lois les investissent n'ont qu'un objet : ce n'est pas d'assurer à M. X..., député, une situation personnelle privilégiée, c'est uniquement de lui faciliter l'exercice de sa fonction publique ; ce n'est pas un moyen d'obstruction : c'est une protection. Si, en temps de paix, l'indiscipline des membres des Chambres, quelque déplorable qu'elle soit, n'a pas d'inconvénients trop graves, en temps de guerre elle constitue à proprement parler une calamité publique : un petit nombre d'indisciplinés — même de bonne foi, — pourront arrêter, sous le prétexte en apparence le plus légitime, — celui de l'étude et de la discussion, — les mesures les plus nécessaires et les plus urgentes.

D'ailleurs, même avec un président énergique, soutenu par une majorité disciplinée, l'obstruction plus ou moins déguisée est facile : les règlements intérieurs des Chambres, élaborés en temps de paix, ont le juste souci d'assurer la pleine liberté de la tribune, le respect des droits des membres de la minorité contre les coups de majorité. Et puisque en temps de paix le *statu quo* n'est pas considéré comme un mal certain, ces règlements ont, en définitive, dans les périodes de paix, beaucoup plus d'avantages que d'inconvénients.

II

En temps de guerre, il n'en est plus de même. A une situation de fait complètement bouleversée, les solutions normales ne conviennent plus.

La méthode la plus convenable paraît être : 1° de renforcer les pouvoirs de décision de l'Exécutif, étant bien entendu d'ailleurs que le Gouvernement ne prendra de décision qu'après avoir bien réfléchi et après avoir pris l'avis des techniciens *de tout ordre* ; 2° de maintenir soigneusement le contrôle suprême du Parlement, en l'adaptant aux nécessités de la guerre.

Cette adaptation peut se faire dans une double direction :

a) On peut remanier les règlements intérieurs des Chambres de façon à obtenir une discipline plus stricte : pour cela, il faut renforcer les pouvoirs du président quant à la direction des débats, en lui donnant le moyen d'arrêter net les digressions, les amendements d'obstruction ; on peut aussi limiter le nombre et la durée des discours ; réduire la durée de l'examen préparatoire en commission ; réglementer dans un sens restrictif l'exercice du droit d'amendement.

b) On peut, dans les cas très urgents, se résigner à substituer le contrôle parlementaire *après coup* au contrôle préventif, conférer au Gouvernement le pouvoir de décider, sauf le droit des Chambres de questionner l'Exécutif sur les mesures prises et d'arrêter l'exécution des mesures qu'elles désapprouvent.

A coup sûr, ce sont là des modifications radicales dans le mécanisme constitutionnel, un bouleversement des habitudes politiques. Ce n'est pas sans de grands regrets que les défenseurs des libres institutions parlementaires s'y résignent. Mais qui contestera que l'organisation politique doit être aménagée selon les circonstances ? Autant il serait intolérable de maintenir un pareil régime dans un pays libre en temps de paix, autant il paraît inadmissible de vouloir conduire une guerre de vie ou de mort à coup de discours, d'enquêtes, de transactions, et avec le respect superstitieux du *liberum veto* d'un millier de parlementaires.

III

Même lorsqu'on reconnaît la nécessité de modifications radicales dans les institutions politiques, on est tout de suite en présence de très grosses difficultés de réalisation.

Tout d'abord, on se heurte aux susceptibilités naturelles d'un très grand nombre de membres des assemblées législatives, à la défiance invincible que leur inspirent tout renforcement des pouvoirs de l'Exécutif — quel qu'il soit, — et toute restriction de leurs immunités. Sans doute, ces modifications ont pour adversaires irréconciliables ceux qu'inspirent l'ambition, l'orgueil, la confiance en soi ; mais elles ont aussi contre elles, surtout dans les pays qui ont pratiqué récemment des régimes dictatoriaux, les hommes qui ont gardé le souvenir de ces périodes autocratiques et qui en redoutent la résurrection.

Ce n'est pas tout. Il peut exister, dans l'organisation politique du pays considéré, des obstacles constitutionnels — d'ordre non plus politique, mais *juridique* — très difficiles à surmonter.

Les Constitutions politiques se classent, suivant la formule de J. Bryce et de Dicey, en deux grandes catégories : les constitutions *souples* et les constitutions *rigides*.

Dans les pays à Constitution *souple*, les Chambres ont le

pouvoir de modifier toute l'organisation politique. En temps de guerre, elles pourront donc, si la chose paraît nécessaire, opérer *elles-mêmes*, par la voie législative ordinaire, toutes modifications, si radicales soient-elles ; conférer au Gouvernement tous les pouvoirs, si formidables soient-ils ; se dépouiller elles-mêmes de leurs prérogatives les plus essentielles. A la rigueur, elles pourront décider que, pendant la durée de la guerre, toutes les décisions, de quelque nature quelles soient, — législatives, financières, — seront prises par le Gouvernement et non plus par le Parlement. Tel est le cas de l'Angleterre, de l'Italie.

Il n'en est plus ainsi dans les pays à Constitution *rigide* : dans ces Etats, la Constitution a déterminé — d'une manière plus ou moins précise — les pouvoirs propres de chaque autorité publique. Chaque organe politique, — si haut placé soitil, — n'a qu'un *pouvoir constitué*, c'est-à-dire *limité* par la loi constitutionnelle. Dans ces Constitutions, le Parlement n'est qu'une autorité constituée, dont la compétence et le mode d'exercice de cette compétence ont été délimités par une autorité politique supérieure : l'autorité constituante. Seule, l'autorité constituante peut modifier cette compétence, l'exercice de cette compétence. Si, par exemple, la Constitution a mis telles ou telles catégories d'affaires en dehors de la compétence du Parlement, le Parlement ne pourra s'en occuper régulièrement, valablement, légalement, qu'après que la Constitution aura été modifiée de manière à permettre au Parlement d'en connaître. De même, si la Constitution a réservé au Parlement certains pouvoirs politiques, — par exemple, le pouvoir de légiférer, le pouvoir de voter les crédits, le pouvoir d'établir les impôts ou les taxes, — le Parlement ne pourra pas décider que ces pouvoirs législatifs, financiers, etc. seront exercés par une autre autorité, par le Gouvernement. La compétence ne se délègue pas. Tel est le cas des Etats-Unis de l'Amérique du Nord, de la France, de la Suisse, etc.

Ceci posé, ce qui donne à une Constitution son caractère rigide, c'est qu'elle ne peut être modifiée que par une procédure plus ou moins compliquée (dite revision constitutionnelle), combinée systématiquement de manière à rendre difficiles les modifications.

On voit combien, en temps de guerre, ces précautions, ces obstacles — qui peuvent être très sages pour le temps de paix, — sont gênants et contraires à l'intérêt public.

Il faut reconnaître d'ailleurs que, dans certaines Constitutions, — comme la Constitution fédérale suisse, — on a pris soin d'inscrire des clauses *pour le temps de guerre*. Mais c'est l'exception.

Voilà les problèmes multiples que soulève la question du renforcement des pouvoirs de l'Exécutif en temps de guerre.

Comment ces problèmes ont-ils été résolus dans la pratique?

En fait, on peut constater que, en *Angleterre*, en *Italie*, en *Suisse*, le Parlement a conféré au Gouvernement de très larges pouvoirs, parfois même des pouvoirs *illimités*.

En *France*, les pouvoirs de l'Exécutif ont été renforcés dès le lendemain de la déclaration de guerre, mais dans une mesure beaucoup moins large. Et quand il a été proposé d'étendre cette compétence, les projets de pleins pouvoirs se sont heurtés à de très vives résistances.

CHAPITRE II

LES PLEINS POUVOIRS EN ANGLETERRE

§ I

Procédure législative normale.

L'Angleterre, il est à peine besoin de le dire, est le pays parlementaire par excellence ; la Chambre des Communes est l'autorité largement prépondérante, le véritable moteur de la machine politique. C'est à tel point que l'on a pu dire, sans exagération, que le Gouvernement, le Cabinet, n'est que le comité exécutif de la Chambre des Communes.

D'autre part, l'ensemble des institutions se prête à un fonctionnement relativement rapide des rouages législatifs. Voici quelques indications à ce sujet. Les faits qui vont être rappelés sont tellement connus qu'il suffira de les mentionner brièvement. Le point intéressant, c'est le groupement, la coordination de ces faits.

1º Depuis le *Parliament Act* de 1911, l'Angleterre est pratiquement au régime de la Chambre unique. La Chambre des Communes, déjà largement prépondérante, est aujourd'hui à peu près seule souveraine. La Chambre des Lords apparaît comme un *Debating Society*, une Académie politique, dont les séances, assez rares et très courtes, sont peu suivies, n'attirent pas l'attention du public (1). Dès lors, dans le cours ordinaire

(1) Sur ce point, voyez Dicey, série d'articles parus dans le *Times*, 21 août, 2, 12 et 23 septembre 1911 ; Jèze, *les Pouvoirs financiers de la Chambre*

des événements, les Lords ne consacrent que quelques instants à l'examen des bills adoptés par la Chambre des Communes.

2° La procédure suivie dans chaque Chambre ne comporte pas l'examen préalable des bills par des commissions parlementaires (1), qui, par leur négligence, leur mauvaise volonté ou leur désir de trop bien faire, peuvent retarder considérablement le moment où le Bill sera discuté par la Chambre.

3° Le Gouvernement est maître de l'ordre du jour de la Chambre des Communes. Non seulement, en fait il a seul l'initiative de toutes les lois importantes, mais encore c'est lui qui vraiment dirige la Chambre (2). Il existe un Ministre, — c'est le Premier Ministre, lorsqu'il fait partie de la Chambre des Communes (3), — chargé de déterminer l'ordre, les travaux de la Chambre : d'où son nom de *leader* de la Chambre. On voit combien ces pratiques sont de nature à accélérer le vote des mesures législatives désirées par le Gouvernement.

4° Les partis politiques observent une discipline très stricte, même à l'heure actuelle. Chaque parti a son chef reconnu, ses whips, c'est-à-dire les adjoints du leader chargés d'assurer la discipline et, en particulier, la présence à la Chambre d'une majorité suffisante pour garantir l'adoption des mesures qui ont l'appui du parti (4).

---

des *Lords*, dans la *Revue de Sc. et de lég. fin.*, 1911, p. 587 et s. ; Sibert, *La réforme de la Chambre des Lords*, dans la *Revue du droit public*, 1912, p. 95 et s., p. 541 et s.

(1) Il y a bien des *Comités permanents ;* mais la Chambre ne leur renvoie que les *bills* qui ne donnent pas lieu à des luttes de parti (*non contentious*), et, de plus, l'examen en Comité *permanent remplace* la discussion en Comité plénier de la Chambre des Communes. Voyez sur ce point Lawrence Lowell, *Le Gouvernement de l'Angleterre*, édition française, 1010, I, p. 326 et s.

(2) Lawrence Lowell, *op. cit.*, I, p. 380 et s. et surtout p. 387 et s.

(3) Cette règle coutumière traditionnelle a été modifiée exceptionnellement lors de la formation du Cabinet Lloyd George, en décembre 1916. Le *leader* des Communes est actuellement le Ministre des finances (Chancelier de l'Echiquier), Mr. Bonar Law. Ce changement ne diminue en rien la valeur de la proposition formulée au texte.

(4) Sur l'organisation des partis au Parlement britannique, voyez l'admirable chapitre de Lawrence Lowell, *le Gouvernement de l'Angleterre*, 1910, éd. française, t. I, p. 548 et s.

5° Le Président de la Chambre, le *Speaker* jouit d'une autorité que ne possède aucun autre Président au monde (1), sauf peut-être le président de la Chambre des représentants du Congrès fédéral des Etats-Unis (2). Cette autorité, que l'on a parfois qualifiée d' « autocratique », le *Speaker* la doit tout d'abord au prestige qui s'attache à cette fonction séculaire et à la manière dont elle a été traditionnellement exercée. C'est le *Speaker* qui interprète *souverainement* le règlement. En fait, ses décisions (*rulings*) sont acceptées sans discussion, et le Speaker n'admet pas la discussion sur ce point (3).

(1) Sur ce point, Lawrence Lowell, *op. cit.*, I, p. 315 et s.

(2) Sur le *Speaker* de la Chambre des Communes. Voyez Jèze, le *Speaker* dans la *Revue du Droit public*, 1906, p. 106 et s. ; sur le *Speaker* de la Chambre des représentants, voyez E. Coquet, *La Présidence de la Chambre des représentants aux Etats-Unis*, dans la *Revue du droit public*, 1912, p. 201 et s.

(3) Un exemple entre mille. Ch. des Communes, séance du 19 avril 1916, *Parl. Deb.*, vol. 81, p 2434 et s. On discutait sur les dissentiments qui s'étaient produits au sein du Cabinet et qui pouvaient amener une crise ministérielle : au cours de cette grande interpellation sur la politique générale du gouvernement, un député nationaliste irlandais, M. Ginnell, — bien connu par ses violences de langage et ses tentatives obstructionnistes, — entreprend de *lire* un discours dans lequel il commence à parler de l'attitude de Pitt envers l'Irlande. Le Président adjoint (*deputy Speaker*) le rappelle ironiquement à la question : « Je ne sache pas qu'il y ait un Ministre de la Couronne qui puisse répondre pour Mr. Pitt ». Quelques instants plus tard, le même député s'écartant à nouveau de la question en parlant du rôle de Lady Aberdeen, le président l'arrête par ces mots plus secs: « L'honorable membre méconnaît la décision que je lui ai intimée il y a quelques instants. La question qu'il traite n'a rien à faire ici. Pour la seconde fois, j'appelle l'attention sur ses observations qui sont en dehors du sujet (*irrelevant*). » M. Ginnell essayant d'expliquer qu'il est dans son sujet, le président l'arrête brusquement : « Non, non ! L'honorable membre veut méconnaître ma décision ». — « Non, Sir ». — « Eh bien alors, que l'honorable membre laisse ce sujet. » — « Je laisse ce sujet ». — Au bout d'un moment, un député fait observer que Mr. Ginnell lit son discours. Le président intervient à nouveau et, cette fois, c'est une exécution définitive : « Il n'est pas conforme au règlement de la Chambre qu'un honorable membre lise son discours. Voilà déjà longtemps que l'hon. membre s'est livré à des digressions, et j'ai déjà deux fois appelé son attention sur ce fait ; maintenant je l'invite à s'asseoir ». Mr. Ginnell s'interrompt immédiatement et s'assied. A la même séance un autre député, M. King, qui avait pris déjà la parole, se lève pour parler à nouveau. Le président : « L'hon. membre a épuisé son

L'autorité du *Speaker* sur les débats a été très bien mise en évidence par Mr. Lawrence Lowell (1) : « Le speaker est uniquement un président. Il n'a rien à voir... dans la direction du travail de la Chambre. Il n'est pas un chef, mais un arbitre... Les pouvoirs d'arbitre sont très grands et même devenus *autocratiques* dans certains cas... Par exemple, il décide si une motion de clôture peut être acceptée ou si elle constitue une violation des droits de la minorité ; il peut rejeter une motion dilatoire qu'il considère comme un abus du règlement de la Chambre ; il peut retirer la parole au député qui s'obstine à parler à côté de la question ou qui se répète inutilement... *Et qui plus est, sa décision en cette matière, comme sur toutes les questions de règlement, est sans appel.* La Chambre peut suspendre ou abroger son propre règlement par un vote à la simple majorité, mais elle ne peut pas, dans une espèce concrète, réformer l'interprétation de ce règlement par le *Speaker* ».

En matière d'amendements aux bills, les pouvoirs du Speaker sont immenses en ce qui concerne le point de savoir si tel amendement rentre dans le cadre du bill en examen.

6° Le règlement de la Chambre des Communes prévoit des moyens extrêmement énergiques pour arrêter la discussion et passer au vote, toutes les fois que le Gouvernement le demande : c'est la clôture, inaugurée en 1881, mais portée à un point de perfection extraordinaire par l'organisation de la « guillotine » en 1887, et de la « clôture par compartiments » en 1893 (2).

Rappelons en quelques mots ces grands moyens.

« Si la clôture est efficace quand il s'agit de mettre fin aux débats sur une question précise ou de franchir l'un ou l'autre

droit de parole ». Mr. King essaie d'expliquer qu'il s'est borné à poser deux questions au Premier Ministre et que cela n'épuise pas son droit de parler. Le président ayant maintenu sa décision, Mr. KING se lève à nouveau pour parler. Mais le président ne lui laisse pas prononcer un seul mot : « J'ai déjà décidé que l'hon. membre a épuisé son droit de parler sur cette question ». Le député s'assied sans insister.

(1) *Op. cit.*, I, p. 315.
(2) LAWRENCE LOWELL, *op. cit.*, I, p. 355 et s.

passage particulièrement difficile dans la carrière d'un bill, elle est tout à fait insuffisante pour assurer le vote des grands projets compliqués du Gouvernement qui provoquent une opposition irréductible. Dans ce cas, elle est aussi inutile que le glaive d'Hercule avec l'hydre. Les amendements s'accrochent par vingtaine à chaque article et surgissent plus vite qu'on ne peut les rejeter (1). »

En 1887, le Gouvernement proposa que, tel jour à 10 heures du soir, le président mettrait aux voix, *sans autre débat*, toutes les questions qu'il faudrait pour terminer la procédure. « La motion fut adoptée et reçut, à cause du caractère tranchant du procédé, le nom de « guillotine ». Le résultat de cette procédure est que, si la discussion traîne sur un article, et que l'on arrive ainsi à l'heure fatale, tous les articles restants seront mis aux voix *sans amendement, ni discussion.*

La *clôture par compartiments*, inaugurée en 1893, a remédié à ce défaut manifeste de la « guillotine ». Pour chaque article ou groupe d'articles d'un Bill, on fixe à l'avance le jour et l'heure auxquels le vote devra intervenir. Cette procédure a le soin de répartir les discussions sur les différentes parties d'un projet et de donner au moins la probabilité qu'une disposition excitant l'intérêt général sera examinée dans une certaine mesure... *Maintenant elle est devenue une pratique régulière*, parce qu'elle est indispensable dans le cas des projets difficiles et vivement combattus » (1).

Voilà quelques-unes des règles *normales* qui, en période de paix, permettent au Gouvernement d'obtenir du Parlement britannique le vote des lois qu'il estime urgentes.

Elles ont paru insuffisantes. Le Gouvernement, dès la déclaration de guerre, a réclamé et obtenu des pouvoirs propres de légiférer.

§ 2

Pouvoirs extraordinaires de l'Exécutif organisés dès le temps de paix.

L'Angleterre est certainement l'un des pays où le Gouverne-

(1) Lawrence Lowell, *op. cit.*, I, p. 364.

ment exécutif a exercé et exerce, au cours de cette guerre, les pouvoirs les plus largement discrétionnaires.

Quelle est la source de ces pouvoirs ?

Il y a trois sources :

1° Les lois spéciales du Parlement, votées dès le temps de paix ;

2° Le *common law*, c'est-à-dire le droit public coutumier ;

3° Les lois de pleins pouvoirs.

I

Un certain nombre de lois spéciales ont organisé, dès le temps de paix, des pouvoirs très larges dont le Gouvernement usera en temps de crise, en particulier au cas de guerre.

Par exemple, l'*Army Act* (44 and 45 Vict. c. 58), — modifié à diverses reprises, et voté chaque année par le Parlement sous le titre d'*Army (Annual) Act* (1), — contient plusieurs articles conférant au Roi, « pour le cas de danger national imminent ou de grande crise » (2), le pouvoir de prendre certaines mesures très graves. Ainsi, le Gouvernement a le pouvoir, *dans ces hypothèses*, et *après en avoir donné communication au Parlement*, d'ordonner, par *Proclamation*, que les soldats qui, aux termes de leur acte d'engagement, devraient passer dans la Réserve seront maintenus dans le service actif. Ce pouvoir a été exercé par Proclamation royale, en date du 4 août 1914 (3).

Le *Reserve Forces Act, 1882* (45 and 46 Vict. c. 48) et le *Territorial and Reserves Forces Act,* 1907 (7 Edw. 7, c. 9),

(1) La dernière édition avant la guerre est l'*Army (Annual) Act, 1914* (4 and 5 Geo. 5. c. 2).

(2) « In case of imminent national danger or of a great emergency..... ».

(3) Proclamation, dated August 4, 1914, under the Army Act, continuing Soldiers in Army Service, n° 1173. « Whereas by the Army Act it is, amongst other things, enacted that it shall be lawful for Us *in case of imminent national danger or of a great emergency by Proclamation, the occasion being first communicated to Parliament,* to direct from time to time that all or any persons who would otherwise be entitled in pursuance of the terms of their enlistment to be transferred to the Reserve shall continue in Army Service... »

organisent, dans *les mêmes circonstances, et sous la même réserve de communication préalable au Parlement*, le pouvoir du Roi d'ordonner, *par Proclamation*, l'appel au service permanent de la Réserve de l'Armée et de tout ou partie de la Force Territoriale. Ce pouvoir a été exercé par une proclamation du 4 août 1914 (1).

L'*Army Act*, section 108 A, dispose que, en cas de mobilisation totale ou partielle des Forces Territoriales, le Roi, par ordonnance constatant d'une manière précise qu'un cas de crise (*a case of emergency*) existe, pourra autoriser les généraux et commandants militaires à adresser, dans tout le Royaume-Uni, des réquisitions pour le *logement* et cantonnement des officiers, soldats et de leurs chevaux. Un *order* du 4 août 1914 a exercé ce pouvoir.

L'*Army Act*, section 115, confère au Roi, dans les mêmes conditions et dans les mêmes formes, le pouvoir d'autoriser les commandants militaires à adresser, dans tout le Royaume-Uni, des réquisitions de voitures, d'animaux de trait, de navires, d'appareils d'aviation, et, depuis la modification apportée par la loi du 7 août 1914, de vivres, fourrages et approvisionnements de toutes sortes, soit par achat soit par location. Des *orders* des 4 et 10 août 1914 ont usé de ce pouvoir.

De même, le *Regulation of the Forces Act*, 1871 (34 and 35 Vict. c. 86), section 16, autorise le Secrétaire d'Etat, au cas où le Roi, par order in Council, a déclaré qu'il y avait crise rendant utile au service public le contrôle par le Gouvernement de tout ou partie des chemins de fer de Grande-Bretagne, à prendre possession desdits chemins de fer et à en régler le fonctionnement. L'order in Council du 4 août 1914, n° 1800, et le Warrant du Secrétaire d'Etat Asquith du 4 août 1914 ont usé de ce pouvoir.

On pourrait citer d'autres textes de loi organisant, dès le temps de paix, les larges facultés dont pourra se servir le Gou-

---

(1) Proclamation, dated August 4, 1914, under the Reserve Forces Act, 1882 (45 and 46 Vict. c. 48), calling out the Army Reserve, and embodying the Territorial Force.

vernement soit en temps de guerre, soit en cas de crise.

En outre de ces pouvoirs depuis longtemps organisés, le Parlement, à la veille de la déclaration de guerre ou dans les premiers jours de la guerre, a attribué de nouvelles compétences à l'Exécutif..

Ainsi, le 3 août 1914, alors que les hostilités avaient déjà éclaté en Europe, mais avant la déclaration de guerre de l'Angleterre, le Parlement a voté une loi autorisant le Roi à suspendre temporairement — pour une période de six mois au plus, — par Proclamation, les paiements soit des lettres de change, soit d'autres obligations (1).

De même, une loi du Parlement en date du 5 août 1914, le *Aliens Restriction Act*, 1914 (4 and 5 Geo. 5, c. 12) a conféré au Roi, « en cas de guerre avec une puissance étrangère », ou « en cas de danger national imminent ou de grande crise », le pouvoir, par ordonnance en Conseil, d'imposer des restrictions aux étrangers (interdiction de débarquer ou de s'embarquer dans le Royaume-Uni, déportation du Royaume, obligation de résidence dans certains lieux, interdiction de résider dans certaines localités, etc., etc.).

Voilà quelques exemples ; ce ne sont pas les seuls qu'on pourrait donner. Malgré leur importance, ces lois ne peuvent pas être considérées comme des lois de pleins pouvoirs. Leur objet est nettement déterminé, même lorsque les pouvoirs conférés sont très larges, comme c'est le cas pour la réglementation de la condition des étrangers pendant la guerre.

§ 3

Pouvoirs de l'Exécutif en vertu du Common law

Le Gouvernement exécutif britannique trouve dans le droit

---

(1) *The Postponement of Payments Act, 1914* (3 août 1914, 4 and 5 Geo. 5, c. 11). Les proclamations usant de ce pouvoir sont en date des 6 et 12 août, 1er, 3 et 30 septembre 1914. Il faut observer que, sans attendre le vote de la oi, le gouvernement, par Proclamation du 2 août 1914, avait suspendu le paiement de *certaines* lettres de change (autres que chèque ou lettres à présentation).

public coutumier, ou comme on dit dans le *common law*, de très larges pouvoirs.

Dès le premier jour de la déclaration de guerre, le Gouvernement exécutif, par une *proclamation royale*, a rappelé à tous les sujets britanniques les larges prérogatives qu'en vertu du *common law* l'Exécutif possède en temps de guerre.

Voici le texte de cette Proclamation lancée le 4 août 1914 (1) :

« George, R. I.

« Attendu qu'*en vertu de la loi de notre Royaume*, c'est Notre *préroga-
« tive incontestée* et aussi le devoir de tous Nos loyaux sujets agissant en
« Notre nom, en temps de danger national imminent, *de prendre toutes
« les mesures qui pourraient être nécessaires pour garantir la sécurité
« publique et la défense de Notre Royaume.*

« Attendu que l'état actuel des affaires publiques en Europe est tel qu'il
« constitue un danger national imminent ;

« En conséquence, Nous ordonnons et enjoignons strictement à tous Nos
« sujets d'obéir et de se conformer *à toutes les instructions et à tous les
« règlements qui pourront être édictés par Nous ou par Notre Amirauté,
« par Notre Conseil de l'Armée, par tout officier de Notre Marine et de
« Notre Armée, ou par toute autre personne agissant en Notre nom, en
« vue d'assurer les objets susvisés*, et de ne point gêner ou empêcher, mais
« au contraire d'aider de tout leur pouvoir les personnes agissant en vertu
« de ces instructions ou règlements ou autrement pour l'exécution de toutes
« mesures dûment prises pour assurer ces effets » (2).

Cette proclamation, on le voit, rappelle le *common law* et la prérogative royale en temps de guerre.

(1) Proclamation, 1914, n° 1249.

(2) « Whereas *by the law of Our Realm* it is *Our undoubted prerogative* and the duty of all Our loyal subjects acting in Our behalf in times of imminent national danger *to take all such measures as may be necessary for securing the public safety and the Defence of Our Realm ;*

And whereas the present state of public affairs in Europe is such as to constitute an imminent national danger ;

Now, therefore, We strictly command and enjoin Our subjects to obey and conform to all instructions and regulations which may be issued by Us or Our Admiralty or Army Council, or any officer of Our Navy or Army, or any other person acting in Our behalf for securing the objects aforesaid, and not to hinder or obstruct, but to afford all assistance in their power to, any person acting in accordance with any such instructions or regulations or otherwise in the execution of any measures duly taken for securing those objects ».

Pourtant, dans son admirable ouvrage sur le Droit Constitutionnel anglais (1), le professeur Dicey s'est attaché à montrer que l'Angleterre n'a absolument « rien d'équivalent à ce qu'on appelle en France la déclaration de l'état de siège, en vertu de laquelle l'autorité dont est généralement investi le pouvoir civil, pour le maintien de l'ordre et pour la police, passe tout entière à l'autorité militaire ». « Ceci, ajoute le savant jurisconsulte, est une preuve évidente de la suprématie permanente de la loi dans notre Constitution »

Mais, comme le reconnaît le professeur Dicey lui-même, il faut prendre bien garde de ne pas pousser trop loin ces affirmations de principe : « En *common law*, ajoute-t-il, la Couronne et ses agents ont le droit de repousser la force par la force en cas d'invasion, d'insurrection, d'émeute, ou plus généralement de résistance violente à la loi. *Ce droit, ce pouvoir est essentiel à l'existence de tout Gouvernement d'ordre : il est certainement reconnu de la façon la plus large par le droit anglais.* C'est un pouvoir qui n'a, en lui-même, aucun lien spécial avec l'existence d'une force armée. *La Couronne a le droit de faire cesser les atteintes contre la paix publique. Chaque sujet, qu'il soit civil ou soldat, qu'il soit « agent du Gouvernement », comme par exemple un agent de police, ou qu'il soit étranger à l'administration, a non seulement le droit, mais en quelque sorte le devoir légal d'aider à la répression des atteintes portées à la paix publique.* Sans doute, les agents de police et les soldats, plus spécialement destinés au maintien de l'ordre, sont ceux que l'on emploie d'ordinaire pour dissiper une émeute, *mais il est certain que tous les loyaux sujets sont tenus de prendre part à la répression des émeutes* ».

Voilà la règle du *common law*. On voit quels larges pouvoirs le *common law* confère au Gouvernement exécutif en cas de crise nationale et, en particulier, en temps de guerre. C'est à ces pouvoirs que fait certainement allusion la Proclamation royale précitée du 4 août 1914.

(1) *Introduction à l'étude du droit constitutionnel,* éd. française Batut et Jèze, p. 249 et s. Voyez tout le chapitre VIII intitulé *La Loi Martiale.*

Il est manifeste aussi que, si la *prérogative* de la Couronne existe légalement en cas de guerre, il est extrêmement difficile de dire au juste, *d'une manière tout à fait précise*, quelles en sont les limites, quelles sont les obligations des individus, jusqu'où peuvent aller les autorités exécutives dans l'exercice de la prérogative. Sans doute, comme l'écrit le professeur Dicey, « officiers, magistrats, soldats, agents de police, simples citoyens..., pris individuellement ou en bloc, sont obligés de combattre et de réprimer les atteintes portées à la paix publique, telles que émeutes ou autres troubles ; *tous, isolément ou en bloc sont autorisés à employer la force nécessaire pour atteindre ce but, même à tuer.* Mais il n'est permis à aucun d'eux de *dépasser une juste mesure ; ils peuvent, individuellement et en bloc, avoir à rendre compte devant le jury de l'usage d'une force excessive, c'est-à-dire non nécessaire ; chacun d'eux, doit-on ajouter, est exposé, en théorie du moins, à comparaître devant les tribunaux pour expliquer les raisons pour lesquelles il n'a pas accompli son devoir de citoyen en réprimant les émeutes,* quoique, bien entendu, le degré et le genre d'énergie que chacun d'eux est raisonnablement tenu de déployer pour le maintien de l'ordre, différent et dépendent de sa fonction d'officier, de magistrat, de soldat ou de simple citoyen ». Ainsi, ajoute le professeur Dicey, « si, par la loi martiale, on veut dire le pouvoir du gouvernement ou des citoyens loyaux de maintenir l'ordre public, *à quelque prix que ce soit,* même par l'effusion du sang, la loi martiale fait assurément partie du droit anglais. Et cependant, même dans ce sens de la loi martiale, il ne faudra jamais oublier que *la question de savoir si la force employée était nécessaire ou excessive sera — et spécialement dans le cas où il y a eu mort d'homme, —* décidée, en dernier ressort, par un juge et un jury, et que l'estimation de ce qui constitue une force nécessaire, faite par un juge et un jury siégeant en toute tranquillité et sécurité après la répression de l'émeute, peut considérablement différer de l'idée que s'en fait un général ou un magistrat entouré d'émeutiers et qui sait qu'à tout instant une émeute peut dégénérer en révolte formidable et qu'une révolte, si elle n'est pas arrêtée, peut devenir une révolution victorieuse ».

Cet exposé magistral fait apparaître l'insuffisance du *common law* et la nécessité, qu'il y avait, de bien délimiter les pouvoirs de l'Exécutif dans la guerre actuelle.

D'autre part, c'est un autre principe fondamental du droit public anglais que, même en temps de guerre, les tribunaux *militaires*, les cours martiales n'ont pas compétence pour infliger aux mauvais citoyens des peines pour désobéissance ou même rebellion (1). Toute peine prononcée par une cour martiale *contre un civil* serait illégale : *une exécution capitale serait juridiquement un meurtre*. C'est ce qui a été solennellement déclaré par la Cour irlandaise du Banc du Roi, lors de la révolution irlandaise en 1798, dans l'affaire *Wolfe Tone* (2). Une Cour martiale avait condamné à mort le révolutionnaire irlandais Wolfe Tone, sujet britannique, n'ayant pas de commission d'officier *anglais*, et capturé à bord du navire de guerre français sur lequel il naviguait. Sur un *writ d'Habeas Corpus*, la Cour du Banc du Roi — bien que composée de juges qui détestaient les rebelles — déclara que Wolf Tone, n'étant pas militaire, ne pouvait pas être frappé par une Cour martiale, et que, par suite, les officiers qui l'avaient jugé avaient illégalement essayé d'appliquer la loi martiale.

Ce précédent bien connu fait apparaître l'insuffisance du *common law* dans une guerre comme la guerre actuelle : si les pouvoirs de l'Exécutif pour assurer la défense nationale doivent être très larges, la répression doit être énergique et rapide : le jugement par des Cours martiales peut être nécessaire.

C'est pour combler ces lacunes évidentes du *Common law* que, dès les premiers jours de la guerre, le Gouvernement

---

(1) La compétence des tribunaux militaires, des cours martiales pour juger les *civils* parait, au professeur Dicey, la caractéristique essentielle du régime de l'état de siège, du régime de la loi martiale (*op. cit.*, p. 249) : « La loi martiale — au sens propre du mot qui veut dire : suspension de la loi ordinaire et gouvernement temporaire d'un pays ou d'une partie d'un pays *par les tribunaux militaires* — est inconnue au droit anglais ».

(2) Sur cette affaire, voyez Dicey, *op. cit.*, p. 254 et s.

britannique a demandé au Parlement de préciser les pouvoirs de l'Exécutif et de permettre le jugement des contrevenants par des cours martiales avec application de peines très sévères.

Tel est l'objet des *Defence of the Realm Acts*. Ces lois sont véritablement des *lois générales de pleins pouvoirs*.

Des pouvoirs législatifs et réglementaires très larges sont aussi conférés au Gouvernement touchant la situation *à faire* : 1° *aux étrangers*, par l'Aliens Restriction Act, 1914 (5 août 1914, 4 and 5 Geo. 5, cap. 12) ; 2° aux patrons et ouvriers des fabriques de munitions, par le *Munitions Act, 1915*. Il est impossible, dans une étude générale, d'examiner l'exercice des pouvoirs législatifs conférés au Gouvernement par ces deux dernières lois (1). Il suffira de dire qu'elles précisent, dans des cas particuliers, des pouvoirs que l'Exécutif possédait sans doute déjà en vertu des *Defence of the Realm Acts*.

§ 4

Pouvoirs extraordinaires de l'Exécutif en vertu des Defence of the Realm Acts.

Le premier *Defence of the Realm Act* est celui du 8 août 1914 (4 and 5 Geo. V. c. 29), voté *sans discussion* par la Chambre des Communes et par la Chambre des Lords.

La loi est conçue dans les termes suivants :

« Sa Majesté en Conseil a le pouvoir, pendant la durée de la présente « guerre, *d'édicter des règlements touchant les pouvoirs et les attributions* « *de l'Amirauté et du Conseil de l'Armée, et des membres des forces de Sa* « *Majesté, et d'autres personnes agissant en Son nom, pour assurer la* « *sécurité publique et la défense du Royaume* ; S. M. peut, par ces règle- « ments, *autoriser le jugement par Cours martiales et la punition des* « *personnes contrevenant aux dispositions de ces règlements destinés :* « *a*) à empêcher les individus de communiquer avec l'ennemi ou d'obtenir

---

(1) Le nombre des *Orders in Council*, — c'est-à-dire des décrets-lois comme nous dirions en France, — qui ont été édictés par le Gouvernement en vertu de l'*Aliens Restriction Act*, 1914, et du *Munitions of War Act*, 1915 est très considérable.

des renseignements pour cet objet ou pour tout objet en vue de compromettre le succès des opérations des forces de S. M. ou d'assister l'ennemi ; ou

b) à assurer la sécurité de tous moyens de communication, ou des chemins de fer, docks ou ports ;

« *de la même manière que si ces contrevenants étaient soumis à la loi* « *militaire* et avaient, en service actif, commis un délit tombant sous le coup « de l'article V de la loi sur l'Armée » (1).

Ce texte est susceptible d'être interprété comme conférant au Gouvernement exécutif de larges pouvoirs. Toutefois, la formule quant au pouvoir réglementaire du Roi en son Conseil n'est pas très heureuse : il n'y est pas question pour le Roi d'édicter tous règlements utiles pour assurer la sécurité publique et la défense du Royaume ; il s'agit « d'édicter des règlements touchant les pouvoirs et les attributions » des autorités militaires et civiles « pour assurer la sécurité publique et la défense du Royaume ». D'autre part, et surtout, les sanctions applicables aux contrevenants aux règlements ne sont pas, *d'une manière générale*, les peines *militaires* prononcées par les tribunaux *militaires* : cette sanction n'est autorisée que pour les règlements concernant *certains objets*. Pour les autres règlements, le Roi ne peut prescrire cette sanction.

Malgré tout, le premier *Defence of the Realm Act, 1914,*

(1) *An Act to confer on His Majesty in Council power to make Regulations during the present War for the Defence of the Realm* (8 août 1914, 4 and 5 Geo. 5, chap. 29) :

1. His Majesty in Council has power during the continuance of the present War to issue regulations as to the powers and duties of the Admiralty and Army Council, and of the members of His Majesty's forces, and other persons acting in His behalf, for securing the public safety and the defence of the realm ; and may, by such regulations, authorise the trial by courts martial and punishment of persons contravening any of the provisions of such regulations designed :

a) to prevent persons communicating with the enemy or obtaining information for that purpose or any purpose calculated to jeopardise the success of the operations of any of His Majesty's forces or to assist the enemy ; or

b) to secure the safety of any means of communication, or of railways, docks or harbours ;

in like manner as if such persons were subject to military law and had on active service committed an offence under section five of the Army Act ».

donnait au Gouvernement des attributions législatives très vastes.

Pour s'en rendre compte, il suffit de lire le Règlement en 31 articles édicté le 12 août 1914, sous le titre : *Defence of the Realm Regulations, 1914* (n° 1231).

Voici quelques-uns des articles de la première partie *(partie générale)* de ces *Regulations* :

« 2. Il sera légal, pour l'autorité compétente navale ou militaire et pour toute personne dûment autorisée par elle, toutes les fois qu'en vue d'assurer la sûreté publique et la dépense du royaume il sera nécessaire de le faire,

a) de prendre possession de tout terrain et d'y construire des ouvrages militaires, y compris des routes, et d'abattre tous arbres, haies ou clôtures ;

b) de prendre possession de tous édifices ou autres biens, y compris les usines pour la fourniture du gaz, de l'électricité ou de l'eau, ainsi que de toutes sources de fourniture d'eau ;

c) de prendre telles mesures qui pourront être nécessaires pour mettre tous édifices ou constructions en état de défense ;

d) pour faire détruire tous édifices ou constructions ou pour transporter d'un lieu à un autre tout bien, ou pour le faire détruire ;

e) pour accomplir tout autre acte entraînant une atteinte aux droits de propriété qui est nécessaire pour le but susvisé.

« 3. L'autorité navale ou militaire et toute personne dûment autorisée par elle aura le droit de pénétrer sur tout terrain ou dans tous édifices ou dans toute propriété, quelle qu'elle soit.

« 7. L'autorité militaire ou navale compétente pourra par ordonnance exiger que tous les locaux patentés pour la vente des liqueurs alcooliques dans un port défendu ou dans son voisinage soient fermés, sauf pendant les heures qui pourront être spécifiées dans l'ordonnance.

« 12. Si l'autorité navale ou militaire compétente a des raisons de soupçonner qu'une maison, un édifice, un terrain, un vaisseau, un navire ou d'autres locaux sont employés pour un objet ou d'une manière préjudiciable à la sûreté publique ou à la défense du Royaume, l'autorité, ou toute personne dûment autorisée par elle, pourra entrer, au besoin par la force, dans la maison, l'édifice, le terrain, le vaisseau, le navire ou les locaux, à toute heure du jour ou de la nuit, et examiner, rechercher et perquisitionner lesdits locaux ou partie des dits locaux, et saisir toute chose qui y sera trouvée qu'elles ont des raisons de soupçonner être employée ou être destinée à être employée pour ledit objet.

« 13. Tout agent de police, agent des douanes ou toute autre personne autorisée à cet effet par l'autorité compétente navale ou militaire, pourra arrêter sans mandat toute personne dont la conduite est de telle nature qu'elle donne des motifs raisonnables de suspecter qu'elle a agi, agit ou est sur le point d'agir d'une manière préjudiciable à la sûreté publique ou à la sûreté du Royaume ; ou sur qui on trouve un article, un livre, une lettre ou tout autre document dont la possession fournit une base pour un pareil soupçon, ou qui est soupçonnée d'avoir commis un délit contre les présents Règlements.

Toute personne ainsi arrêtée, sera, si elle doit être jugée par Cour martiale, remise ou conservée dans une prison militaire, et dans les autres cas elle sera détenue jusqu'à ce qu'elle puisse être traitée suivant la procédure légale ordinaire, et, pendant cette détention, elle sera considérée comme étant en état de détention légale.

Nul ne devra assister ou faciliter l'évasion de toute personne qui pourra être détenue en vertu du présent Règlement, ou aider ou assister sciemment toute personne qui se sera échappée. »

Ce ne sont là que des exemples. Il serait fastidieux de reproduire intégralement le texte — très long — de ce premier règlement.

Le *Defence of the Realm Act* du 8 août 1914 a été remanié le 28 août 1914 par le *Defence of the Realm (n° 2) Act, 1914* (4 and 5 Geo. 5, c. 63) (1). Cette loi précise, en les renforçant (2), les pouvoirs du Gouvernement en ce qui concerne le régime de la presse (3), la résidence et la circulation des individus dans certaines parties du territoire, l'acquisition ou l'usage de terrains, le pouvoir réglementaire des autorités militaires ou navales, etc. Elle ne modifie pas les grandes lignes générales de la loi du 8 août 1914.

Sur la base de cette nouvelle loi, des modifications au premier règlement ont été publiées : ce sont les *Defence of the Realm (n° 2) Regulations, 1914* (1er septembre 1914) ; les *orders in Council* du 17 septembre 1914, du 14 octobre 1914.

Tout autre est le caractère de la loi votée, le 27 novembre 1914, par le Parlement, sur la demande du Gouvernement, et

---

(1) An Act to amend the Defence of the Realm Act, 1914.

(2) On lit dans le préambule du *Defence of the Realm (n° 2) Regulations, 1914* (1er septembre 1914): « Whereas by the Defence of the Realm (n° 2) Act, 1914 the power of making Regulations under the first mentioned Act *was extended...* »

(3) Sur ce régime et l'effet du *Defence of the Realm (n° 2) Act, 1914*, voyez JÈZE, *le Régime juridique de la presse en Angleterre pendant la guerre*, 1916, p. 44 et s.

qui porte le nom de *Defence of the Realm Consolidation Act,
1914* (5 Geo. 5, c. 8). Cette loi abroge, codifie et modifie les
deux *Defence of the Realm Acts* antérieurs. L'article Ier du
nouvel Act est conçu en termes à la fois beaucoup plus exten-
sifs et plus précis que les textes des lois précédentes :

« 1. S. M. en Conseil a le pouvoir, pendant la continuation de la présente
guerre, *d'édicter des règlements pour assurer la sécurité publique et la
défense du Royaume*, et aussi touchant les pouvoirs et les attributions à cet
effet de l'Amirauté et du Conseil de l'Armée, ainsi que des membres des
forces de S. M. et des autres personnes agissant en son nom. *Elle peut,
par ces règlements, autoriser le jugement par des cours martiales, ou au
cas d'infractions minimes par des tribunaux de juridiction sommaire,
et la punition des personnes commettant des contraventions aux règlements, et en particulier* à l'une des dispositions de ces règlements ayant
pour objet... » (1).

On remarquera la rédaction toute nouvelle de la loi du
27 novembre 1914.

Le Gouvernement reçoit les pouvoirs les plus larges quant
à la confection des règlements : dès qu'il s'agit, par ces
règlements, d'assurer la sécurité publique et la défense du
royaume, il peut formuler toutes les règles que, à son avis,
commande l'intérêt public : atteintes à la personne, à la propriété, au commerce, à l'industrie, etc. D'ailleurs, ces Règlements ne vaudront que pour la durée de la guerre.

D'autre part, en ce qui concerne les *sanctions*, pouvoir
est conféré au Gouvernement de décider la *compétence* des
tribunaux (militaires ou civils) chargés de connaître des
infractions aux règlements, et aussi de fixer les *peines* atta-
chées à l'inobservation des dits règlements. Sur ces deux

(1) « 1. His Majesty in Council has power during the continuance of the
present war to issue regulations for securing the public safety and the
Defence of the realm, and as to the powers and duties for that purpose of
the Admiralty and Army Council and of the members of His Majesty's forces and other persons acting on his behalf ; and may *by such regulations
authorise the trial by courts martial, or in the case of minor offences
by courts of summary jurisdiction, and punishment of persons commit-
ting offences against the regulations,* and in particular against any of the
provisions of such regulations designed... »

points, l'extension des attributions législatives du Gouvernement est très considérable.

Les articles 4 et 5 du *Defence of the Realm Consolidation Act* 1914, contiennent, touchant la procédure répressive contre les contrevenants, les précisions suivantes : En ce qui concerne les poursuites devant les *tribunaux militaires*, on appliquera les peines et la procédure prescrites par l'*Army Act* pour les militaires en activité de service. *La peine de mort pourra être prononcée* (art. 4) (1).

En ce qui concerne les *infractions secondaires* et leur jugement par les *tribunaux de juridiction sommaire*, la loi fixe le maximum des peines applicables à ces infractions : à savoir, l'emprisonnement avec ou sans travail forcé pour 6 mois, ou l'amende de 100 £ (2.500 fr.), ou l'une et l'autre peines (2).

L'article 6 prescrit au Gouvernement, dans ses règlements, d'autoriser les tribunaux répressifs compétents (cour martiale ou tribunal de juridiction sommaire), à prononcer, *en outre*, la confiscation des choses qui auront servi à commettre l'infraction aux règlements (3).

La portée très générale de cette loi du 27 novembre 1914 est bien marquée par la discussion — très courte, d'ailleurs, — qui a eu lieu, à la Chambre des Communes, le 25 novembre 1914 (4).

(1) « 4. For the purpose of the trial of a person for an offence under the regulations by court-martial and the punishment thereof, the person may be proceeded against and dealt with as if he were a person subject to military law and had on active service committed an offence under section five of the Army Act. Provided that where it is proved that the offence is committed with the intention of assisting the enemy a person convicted of such an offence by a court-martial shall be liable *to suffer death*. »

(2) « 5. For the purpose of the trial of a person for an offence under the regulations by a court of summary juridiction and the punishment thereof... the maximum penalty which may be inflicted shall be emprisonment with or without hard labour for a term of six months or a fine of one hundred pounds, or both such emprisonment and fine... »

(3) « 6. The regulations may authorise a court-martial or court of summary jurisdiction, in addition to any other punishment, to order *the forfeiture* of any goods in respect of which an offence against the regulations has been committed. »

(4) Sur un amendement présenté par **Mr.** Butcher et tendant à conférer

L'interprétation très large qu'il convient de donner aux *Defence of the Realm Acts* résulte, d'une manière indiscutable, des arrêts des cours de justice britanniques dans la célèbre affaire *Zadig* (1), jugée en janvier et février 1916; cette affaire a eu un grand retentissement non seulement dans les milieux judiciaires, mais encore à la Chambre des Communes et dans la presse quotidienne. Il convient d'y arrêter un instant l'attention.

L'un des principes essentiels du Droit public anglais est certainement l'inviolabilité de la personne, l'impossibilité pour le Gouvernement de faire des règlements ou de prescrire des mesures portant atteinte à la liberté de la personne *en dehors des cas autorisés par le Parlement*.

Ceci posé, sur la base de la section I du *Defence of the*

expressément au Gouvernement le pouvoir de faire des règlements « en vue d'assurer le libre engagement de tous les sujets britanniques désirant instamment servir dans les Forces de Sa Majesté », le Secrétaire d'Etat pour l'Intérieur, Mr. Mc Kenna, a combattu cette motion en faisant remarquer qu'au lieu de renforcer les pouvoirs de l'Exécutif, l'amendement les diminuerait : « Que l'auteur de l'amendement, disait en substance Mr. Mc Kenna, relise le texte de la section 1re du *Defence of the Realm Act*. Il y est dit : « S. M. en Conseil a le pouvoir, pendant la continuation de la présente guerre, *d'édicter des règlements pour assurer la sécurité publique et la Défense du Royaume* ». Je ne peux pas imaginer d'acte qui convienne davantage à la Défense du Royaume que celui d'assurer le libre engagement des sujets britanniques désirant instamment servir dans les forces de S. M. Nous avons rédigé les pouvoirs du Bill de manière à nous permettre de faire la chose même pour laquelle l'honorable membre réclame l'insertion de termes précis... *Je combats l'insertion dans le Bill de termes spéciaux qui pourraient avoir pour effet de sembler limiter les pouvoirs généraux qui sont conférés au Gouvernement par les termes plus larges et plus généraux placés au début de l'article* » (*Parl. Deb.*, vol. 68, p. 1271). — De son côté, à la même séance, un député, Lord Robert Cecil, a expliqué que l'énumération donnée par le *Defence of the Realm Act* n'était qu'énonciative. « Il serait possible, a-t-il, de rédiger le Bill *sans donner aucun exemple* » (*Parl. Deb.*, vol. 68, p. 1272). Un autre député, Mr. Booth, tout en critiquant cette méthode, estimait qu'étant donné la clause générale du début on aurait pu ne pas rédiger de dispositions particulières touchant tel ou tel point (*P. Deb.*, vol. 68, p. 1273).

(1) Voyez sur cette affaire mon étude parue dans la *Revue du Droit public*, 1916, p. 123 et s. : la *Liberté individuelle en Angleterre*.

Realm Consolidation Act, 1914, dont le texte a été rapporté plus haut, sur la base de la formule générale conférant au Roi en Conseil le pouvoir « pendant la durée de la guerre actuelle, *d'édicter des Regulations pour assurer la sécurité publique et la défense du Royaume* », le Gouvernement a promulgué, le 10 juin 1915, un *Regulation* (14 *b* des *Regulations*) ainsi conçu : « Si, sur la recommandation d'une autorité navale ou militaire compétente..., il apparaît au Secrétaire d'Etat que, pour assurer la sécurité publique ou la défense du Royaume, il est *prudent*, en raison de l'origine hostile ou des *relations* d'une *personne* (1), qu'elle soit soumise aux obligations et restrictions qui sont mentionnées ci-après, le Secrétaire d'Etat peut, *par ordonnance*, ordonner que la personne soit *sur le champ... internée* ».

On remarquera que le *Regulation* s'applique même aux individus de nationalité britannique, et non pas seulement aux étrangers ou aux naturalisés (2).

Dans l'affaire *Zadig*, devant la Haute-Cour de Justice, le Gouvernement, par l'organe de l'Attorney-General, Mr. F.-E. Smith, a affirmé que « le *Regulation* entre nettement dans l'esprit de la section de la loi autorisant la promulgation de Regulations « pour assurer la sécurité publique et la défense du Royaume ». « Peut-être, a-t-il ajouté, objectera-t-on que ces termes sont extrêmement larges. *Mais il faut répondre qu'à l'heure actuelle il faut s'attendre à ce que S. M. en Conseil soit armée par le législateur de pouvoirs d'un caractère extraordinaire.* Il y a une raison pour laquelle le *Regulation* n'a pas été inséré en substance dans la loi : *il est nécessaire que l'Exécutif, qui se trouve chaque jour en présence de difficultés particulières, ait le pouvoir de rédiger des Regulations pour les résoudre* ». En terminant son exposé, l'Attorney

---

(1) « It is *expedient* in view of the hostile origin or associations of any person... »

(2) Pour ce cas, le *Regulation* dispose : « Au cas où cette personne ne serait pas sujette d'un Etat en guerre avec S. M., cette ordonnance (d'internement édictée par le Secrétaire d'Etat) comprendra une disposition expresse pour l'examen par *un Comité d'avis* de toutes représentations que cette personne peut avoir à faire contre cette ordonnance ».

General affirmait « qu'il est non seulement désirable *mais absolument nécessaire que l'Exécutif, responsable de la sécurité du pays dans ces conjonctures graves et critiques, soit armé de pouvoirs extraordinaires.* »

A l'inverse, l'avocat de Zadig a soutenu que « *le Defence of the Realm Act* ne permettait pas au Roi d'édicter des règlements pouvant autoriser un Secrétaire d'Etat à faire interner, *sans jugement,* un sujet britannique ». Si, a-t-il dit, l'Attorney General a raison, il n'y a aucune limite aux *Regulations* que le Gouvernement peut édicter pour assurer la sécurité publique ; *un Regulation pourrait décréter le service militaire obligatoire.* Jusqu'ici il n'y a pas eu de *Regulation* imposant des restrictions à la liberté des sujets, *qui n'ait reçu une sanction directe du Parlement.* Lorsque le *Defence of the Realm Act* a été adopté, pas un de ceux qui l'ont voté n'a imaginé qu'il permettait de restreindre la liberté des Anglais sans le moindre jugement. Je crois que si le Parlement avait eu l'intention d'effectuer un changement aussi radical, il aurait dû le faire dans les termes les plus exprès ou bien de telle manière que l'interprétation ne pût donner lieu à aucune équivoque » (1).

D'autre part, la question a été très nettement posée, au nom de la Haute-Cour de Justice (Décision du Banc du

______

(1) Cette argumentation a été reprise devant la Cour d'appel, quelques semaines plus tard (au début de février 1916), par l'avocat de Zadig, Mr. Leslie Scott : « La question est de savoir... si le Parlement a eu l'intention de donner ce pouvoir à l'Exécutif. Les termes généraux de la sous-section (de la loi) ne doivent pas être interprétés de manière à supprimer les droits fondamentaux des individus, conférés par la loi ou par le *Common law.* Le fait que, en vertu du *Defence of the Realm Consolidation Act,* 1914, section 1, une série de pouvoirs spécifiques ont été donnés à la Couronne est, en lui-même, un motif pour limiter les termes généraux du commencement de la sous-section 1. Les termes sont si généraux qu'ils peuvent donner lieu à plusieurs interprétations ; ils doivent donc être interprétés d'une manière favorable aux sujets. La tendance des tribunaux à faire des concessions à l'Exécutif pendant la guerre ne doit certainement pas aller plus loin. Le Parlement s'est toujours réservé de disposer de la liberté des sujets, et le fait en termes exprès. Il n'est pas à croire que le Parlement ait abandonné cette question politique à une autorité subordonnée ».

Roi), le 20 janvier 1916, par le Lord-Chief Justice : « Cette demande de writ d'Habeas Corpus, a-t-il dit, a été présentée en vue d'examiner le *Regulation* 14 *b* qui a été promulgué en vertu et en exécution des pouvoirs conférés par le *Defence of the Realm Consolidation Act, 1914*. L'Act a été voté le 27 novembre 1914. La seule question qui se pose est celle-ci : *Le Parlement a-t-il, par cette loi, donné pouvoir au Roi en son Conseil de faire ce Regulation, et des Regulations du même genre ?* »

La question ainsi posée, le Lord-Chief Justice a formulé, dans les termes suivants, l'interprétation à donner aux *Defence of the Realm Acts* :

« On a dit, a déclaré le Lord Chief Justice, que le *Regulation* 14 *b*) portait une entrave sérieuse à la liberté des sujets... ; que ce *Regulation* n'était pas autorisé par les termes de la section 1, sous-section I de la loi (*Defence of the Realm Act*). *Les termes sur lesquels le jugement de la Cour doit s'appuyer sont contenus dans les trois premières lignes de ladite sous-section.* L'Attorney-General soutient que la loi doit être interprétée comme si elle s'arrêtait aux mots « pour assurer la sécurité publique et la défense du Royaume ». *A mon avis, cette interprétation est exacte... La loi a été votée par le Parlement pour permettre au Roi en son Conseil de faire des Regulations qu'il n'aurait pas eu, autrement, le pouvoir de faire... En raison de l'urgence, le Parlement a déclaré... que les affaires intéressant la sécurité publique et la défense du Royaume qui devraient être réglées immédiatement seraient confiées à Sa Majesté en Son Conseil. Je ne puis voir pourquoi, considérant les termes de la section et leur donnant une saine interprétation, étant donné aussi le but évident du Parlement lorsqu'il a voté cette loi, les termes en seraient limités de la manière proposée par Mr. Hustings »* (l'avocat de Zadig). *Ces termes ont la signification la plus large possible. Réellement, on ne peut pas concevoir de termes plus larges.* Il me semble que les *Regulations* de ce genre, y compris le *Regulation* 14 *b*, sont ceux que le Parlement a donné pouvoir au Roi en son Conseil de promulguer. *J'estime que ces Regulations et, en particulier, celui en examen sont valables...*

En somme, en examinant la portée de la *loi*, j'arrive à cette conclusion que le Parlement a eu l'intention, par cette loi, de donner pouvoir de faire des *Regulations*, en vue d'empêcher des infractions, pour la protection des intérêts nationaux, pour assurer la sécurité publique et pour la défense du royaume, et que ce pouvoir est fondé sur les termes de la loi qui viennent d'être discutés devant nous. La loi dit aussi que, dans certaines circonstances, il y aura jugement par la Cour martiale, et donne le pouvoir, pourrait on dire en deux mots, de faire des *Regulations* en vertu desquels les infractions qui sont d'ordinaire du ressort des tribunaux civils seront jugées par les cours martiales, soumettant ainsi, dans certaines circonstances, les individus à la loi martiale. »

La Cour d'appel, dans son arrêt du 9 février 1916, a confirmé l'arrêt de la Haute Cour de Justice :

« A mon avis, a dit le Lord Juge Swinfen Eady, le Parlement a exprimé son intention avec une netteté irrésistible, et le pouvoir d'édicter le *Regulation* a été conféré à S. M. en Conseil. *Une limite a été établie, c'est que le Regulation ne serait en vigueur que pendant la durée de la guerre actuelle et qu'il n'aurait pour objet que d'assurer la sécurité publique et la défense du royaume.* »

Ces arrêts sont tout à fait formels. Ils interprètent le *Defence of the Realm Consolidation Act, 1914* comme conférant au Gouvernement britannique les pouvoirs — législatifs ou administratifs — les plus larges (1).

§ 5

Contrôle exercé par le Parlement britannique sur l'exercice des pleins pouvoirs.

Il ne faudrait pas croire d'ailleurs qu'il y ait eu abdication complète du Parlement entre les mains de l'Exécutif.

Le Parlement a fait sentir son action de plusieurs façons :

1º Le Parlement a pris le soin de régler, dans les *Defence of the Realm Acts*, tel ou tel point. Cela signifie qu'il a voulu, par là, *limiter*, sur certains points, les pouvoirs généraux conférés au Gouvernement par la formule large placée en tête de la loi.

C'est ce qui ressort des débats qui se sont engagés à la Chambre des Communes sur les pouvoirs du Gouvernement vis-à-vis de la presse (2).

Le premier *Defence of the Realm Act, 1914* permettait de

(1) Voyez encore, pour l'interprétation extensive donnée par les tribunaux anglais, le jugement du 21 juin 1917 rendu par la Haute Cour de Justice (*King's Bench Division*), dans l'affaire *Lipton v. Ford* (Mr. Justice ATKIN), en matière de *réquisitions*.

(2) JÈZE, *Le Régime juridique de la presse en Angleterre pendant la guerre*, 1916, p. 48 et s.

faire des règlements « afin d'interdire à toutes personnes de communiquer avec l'ennemi ou d'obtenir des informations dans ce but ou dans le but de compromettre le succès des opérations des forces de Sa Majesté ou de venir en aide à l'ennemi (1) ». Ce texte ne visait pas *les simples indiscrétions de presse*. Le Gouvernement a estimé que le Parlement ayant réglé lui-même la matière et n'interdisant pas la publication de *nouvelles pouvant alarmer la population*, un *order in Council* ne pouvait pas formuler de règles à cet égard (2).

C'est pour obtenir ce pouvoir que le Gouvernement a sollicité le vote du *Defence of the Realm* (n° 2) *Act 1914*, du 28 août 1914. Il y est dit que le Roi en Conseil pourra faire des règlements « pour empêcher la propagation de *rapports susceptibles de causer de la désaffection ou de l'alarme* (3) ».

Par contre, ces nouveaux termes ayant été — de l'avis de la Chambre — interprétés trop largement, une nouvelle modification de la loi a eu lieu. Le Solicitor General, Sir S. Buckmaster, avait déclaré que le Gouvernement avait le pouvoir d'arrêter les critiques contre les Ministres ; la Chambre n'a pas partagé cette manière de voir ; en conséquence, on a introduit dans le *Defence of the Realm Consolidation Act, 1914*, du 27 novembre 1914, une formule nouvelle : « Le Roi en son Conseil pourra faire des règlements en vue.... c) d'empêcher la propagation de faux rapports ou de rapports susceptibles de causer de *la désaffection envers Sa Majesté* ou de gêner le succès des forces de S. M. sur terre ou sur mer, ou de préjudicier aux relations de S. M. avec les puissances étrangères (4) ».

De même enfin, le jugement par cour martiale, que, au début, le Gouvernement, par ses regulations, pouvait prescrire pour les délits de presse, a été écarté par le *Defence of the Realm (Amendment) Act, 1915* (du 16 mars 1915).

On le voit, le régime juridique consacré par les *Defence of*

(1) Jèze, *op. cit.*, 1946, p. 39 et 40.
(2) Ch. des Communes, 31 août 1914, *P. D.*, vol. 66, pp. 494 à 498, déclarations de Mr. F. E. Smith. Jèze, *op. cit.*, 1946, p. 41.
(3) Jèze, *op. cit.*, 1946, p. 44 et s.
(4) Jèze, *op. cit.*, 1946, p. 44 et s.

the Realm Act est le suivant. En principe, le Gouvernement a le pouvoir de légiférer, par *orders in council* ou même par *règlements ministériels*, sur toutes les matières intéressant la sûreté publique et la défense nationale. Toutefois, lorsque le Parlement a réglé dans les *Defence of the Realm Acts* ou dans des lois postérieures une matière spéciale, le Gouvernement a l'obligation de s'en tenir aux règles posées par le Parlement : ce sont autant de limitations aux pouvoirs législatifs généraux attribués au Gouvernement par les *Defence of the Realm Acts*.

2° Il est un autre domaine qui, de l'avis unanime, échappe au Gouvernement : ce sont les questions financières : impôts, emprunts, crédits. La Chambre des Communes, très jalouse de ses pouvoirs financiers, n'a entendu rien céder sur ce point. Évidemment le texte des *Defence of the Realm Acts* ne formule à cet égard aucune interdiction, aucune limitation ; mais la pratique est très nette. A vrai dire, le Gouvernement n'a jamais prétendu exercer de pouvoirs financiers en vertu des *Defence of the Realm Acts*.

Bien plus, il a toujours fait en sorte que la Chambre des Communes fût saisie, *en temps utile*, de toutes les questions financières d'emprunts, de crédits ou d'impôts, non pas en vue d'une ratification après coup, mais en vue d'une autorisation *préalable*. Il faut reconnaître d'ailleurs que, en matière de crédits, la procédure des crédits de confiance (*Votes of Credit*) lui laisse une grande latitude (1). Mais il ne cherche pas à escamoter la discussion ni à l'abréger ; il n'invoque pas les circonstances extraordinaires pour esquiver le vote préalable (2).

---

(1) Jèze, *Les Finances de guerre de l'Angleterre*, 1915, p. 27 et s.

(2) En demandant à la Chambre des Communes un *Vote of Credit*, le Gouvernement en calcule le montant de manière à avoir la certitude qu'il durera assez longtemps pour que la Chambre soit en mesure de lui en accorder un nouveau *avant* que le premier soit épuisé. Caractéristique, à cet égard, est la déclaration du Premier ministre, Mr. Asquith, à la Chambre des Communes, le 24 juillet 1916 : « Si nous demandons à la Chambre un *Vote of Credit* de cette importance (£ 450 millions ; *11 milliards 250 millions de fr.*), ce n'est pas parce que nous prévoyons, dans un avenir pro-

De même, en matière d'impôts, le Gouvernement s'oppose à ce que la Chambre des Communes confie à des autorités administratives l'exercice de ses pouvoirs financiers. Dans la discussion sur la loi sur les bénéfices de guerre (*Excess Profits Duty*), certains députés avaient proposé de conférer à des autorités administratives le pouvoir de compléter la loi sur certaines questions très *importantes*; le Gouvernement a très énergiquement combattu l'amendement.

Le pouvoir d'imposer, a-t-il dit, est une prérogative essentielle du Parlement : il ne faut pas que la Chambre en confie trop facilement l'exercice à des autorités administratives (1). Lorsqu'il n'est absolument pas possible de faire autrement, il

chain, une plus grande expansion du taux des dépenses défrayées sur le *Vote of Credit*; c'est parce que nous jugeons prudent de demander à cette occasion à la Chambre une somme qui durera pendant une période plus longue que cela n'a été le cas jusqu'ici... Sur la base de £ 5 millions (125 millions de fr.) par jour, le *Vote* nous mènera jusqu'à la fin d'octobre (1916) Il faut réserver une marge pour les imprévus. Il faut aussi se rappeler qu'un nouveau *Vote of Credit* devra être proposé 10 ou 15 jours avant l'expiration du présent, *de manière à lui donner le temps d'être voté ainsi que le Consolidated Fund Bill qui suit et le sanctionne.* En conséquence, si la Chambre ratifie le présent *Vote*, il sera nécessaire de lui en soumettre un nouveau vers le milieu d'octobre. Ceci paraît une date lointaine; mais il serait peu pratique d'avoir un autre *Vote of Credit* et un autre *Consolidated Fund Bill* plus tôt, si la Chambre doit s'ajourner pour ses vacances ; *et l'on trouvera probablement bon de convenir que, lors de la reprise de nos séances, on disposera d'un certain temps pour discuter d'autres questions avant d'avoir* à proposer un nouveau *Vote*... Chaque *Vote* prend cinq jours du temps de la Chambre pour être accordé.. (Sir H. Dalziel.—Pourquoi ne pas modifier la procédure ?).... *Je suis un gardien très jaloux des droits de la Chambre des Communes en matière financière ; je ne propose pas d'abréger, en aucune façon, notre ancienne et habituelle procédure en cette matière.* »

(1) Chambre des Communes, 4 novembre 1915 (*P. D.*, vol. 75, p. 940 et s.) ; un amendement avait été proposé par Mr. Stuart Wortley en vue de conférer à certaines autorités administratives le pouvoir de modifier la loi sur les bénéfices de guerre, touchant la détermination des bénéfices de base, dans *tous les cas exceptionnels.* Le Chancelier de l'Echiquier, Mr. Mc Kenna a déclaré (p. 968) : « *We cannot give the power of taxing to the body of Referees. Parliament must define what the exceptions are which entitle a man not to be taxed.* » Et plus loin (p. 969) : « *We cannot hand over to an independent body the power of taxing* ». Cpr. aussi p. 974 et s.

faut que le pouvoir soit exercé de manière à ce que le contrôle du Parlement puisse se faire sentir *immédiatement*. Les règlements doivent être soumis immédiatement à la Chambre des Communes (1).

3° Il est aussi arrivé souvent que, *avant* d'édicter ou tout de suite après avoir édicté des *Regulations* particulièrement importantes en vertu des *Defence of the Realm Acts*, le Gouvernement a exposé le principe de ses projets à la Chambre des Communes ou provoqué un débat qui a permis aux élus de la nation de faire connaître leur sentiment et d'exprimer leur approbation ou leur désapprobation de principe.

Telle a été son attitude lors de la modification des *Regulations* relatifs à la presse (2), ou relatifs à l'internement des individus — anglais ou étrangers — suspects (3). Le cas le plus remarquable est celui des *Regulations* du mois de novembre 1916, organisant ce que l'on a appelé dans le public, d'un terme trop énergique, la *Dictature des subsistances*, et que, dans les discours officiels, on qualifie de *The Control of Food Supply*. Dans son discours du 15 novembre 1916, le président du *Board of Trade*, Mr. Runciman, a exposé à la Chambre des Communes les intentions du Gouvernement :

(1) Déclarations du Chancelier de l'Echiquier, Mr. Mc Kenna, à propos des règlements à faire par la Trésorerie pour l'application de la loi sur les bénéfices de guerre. Chambre des Communes, 7 décembre 1915 (*P. D.*, vol. 76, p. 1286) : « The Regulations... must be brought before Parliament... If the Commissioners make Regulations which they ought not to have made then again *the matter can be brought before Parliament...* » De même, Mr. Mc Kenna a répondu affirmativement à la question suivante posée par Sir G. Younger : « Am I right in supposing that wherever the word « Regulations » arises in this Clause, *that involves the necessity for the placing of those Regulations before Parliament ?* ».

(2) Jèze, *Le régime juridique de la presse en Angleterre en temps de guerre*, 1916, p. 44 et s.

(3) Le *Regulation* du 10 juin 1915 relatif à l'internement des suspects, — Regulation en vertu duquel *Zadig* a été interné (V. *supra*, p. 28), — a été discuté à la Chambre des Communes non pas avant sa promulgation, mais tout de suite après : Chambre des Communes, 17 juin 1915 (*P. D.*, vol. 72, p. 844 et s.), discours du ministre de l'Intérieur, Sir John Simon. Voyez *Revue du Droit public*, 1916, p. 136 et s.

« A moins que la Chambre désapprouve complètement l'extension des pouvoirs que je vais mentionner, a déclaré Mr. Runciman, nous proposerons au Conseil (privé) qui se réunira demain d'étendre les règlements sur les points particuliers suivants, en vertu des *Defence of the Realm Acts* :

1º Poursuivre toute personne qui gaspille ou détruit sans nécessité une denrée quelconque...

2º Prescrire les objets pour lesquels un article sera ou ne sera pas employé...

3º Fabrication de certaines catégories de vivres (pain, farine)... Je suis autorisé par le *Local Government Board* à dire qu'il fera des *Regulations* en vertu des *Defence of the Realm Acts* pour ordonner aux meuniers de ne produire qu'une farine pour pain bis et de ne pas moudre à moins d'un pourcentage fixé . (1).

4º Pouvoir de réglementer, s'il est nécessaire, les opérations du marché (pour empêcher les accaparements, déclarations des stocks, déclarations du coût de production, etc.)...

5º Fixer le prix maximum de la farine, du blé, du sucre et de certaines sortes de viandes... »

. . . .

« Nous nous proposons, a ajouté le Ministre, *si cette politique n'est pas sérieusement contestée par la Chambre aujourd'hui,* de promulguer des ordonnances cette semaine, et c'est la principale raison pour laquelle nous nous proposons de procéder par voie de règlement plutôt que par Bill... »

Le Ministre a insisté sur les raisons qui avaient poussé le Gouvernement à recourir en cette matière à la procédure des *Regulations* en vertu des *Defence of the Realm Acts*, plutôt qu'à la procédure législative :

« Nous avions eu l'intention, a dit Mr. Runciman, — et notre avis était jusqu'à ces tout derniers jours que c'était la meilleure méthode, — de procéder par voie de projet de loi, de *bill*. Mais on m'a fait remarquer qu'avec nos pouvoirs actuels étendus et ceux qui peuvent nous être donnés (par le Roi en Conseil) en vertu du *Defence of the Realm Act*, nous pouvons mener la chose à bien. En vertu du *Defence of the Realm Act*, des ordonnances peuvent être promulguées pour le ravitaillement civil aussi bien que pour le ravitaillement militaire, et, jusqu'à un certain point, nous suivrons le précédent du ravitaillement militaire. »

(1) Le Ministre a toutefois ajouté : « s'il devient nécessaire pour nous de recourir *aux cartes de vivres,* manifestement *il faudra nous donner le pouvoir de le faire sans longue discussion.* ». Le Ministre veut-il faire prendre cette mesure par voie de *Regulations ?* ou bien l'intervention formelle du Parlement lui paraît-elle désirable ? La phrase est obscure.

De plus, a fait observer à nouveau en terminant le Ministre, avec la procédure des Règlements, on ira plus vite qu'avec la procédure toujours longue de la loi. Voilà pourquoi « le Gouvernement demande à la Chambre de laisser de côté la procédure parlementaire ordinaire ».

Après cet exposé, et la Chambre ayant approuvé les déclarations du Gouvernement, une série d'*Orders in Council* extrêmement énergiques ont été promulgués à partir du 17 novembre 1916. Par exemple, les *orders in Council* du 17 novembre 1916 ajoutent aux *Defence of the Realm Regulations* des règles nouvelles, — portant les numéros 2 F ; 2 G ; 2 H, — qui confèrent au *Board of Trade* le pouvoir d'édicter des mesures pour atteindre les buts indiqués par Mr. Runciman dans son discours à la Chambre des Communes. Et en exercice de ces pouvoirs, le 20 novembre 1916, le *Board of Trade* a fixé les prix maxima du lait ; le pourcentage de la farine à extraire du froment ; prescrit la déclaration des stocks de pommes de terre.

Les *Regulations* du 17 novembre 1916 prévoient les sanctions suivantes contre les contrevenants : l'infraction est un délit sommaire (*summary offence*) de la compétence d'un tribunal de juridiction sommaire (*Court of summary jurisdiction*) ; les peines applicables sont l'emprisonnement jusqu'à 6 mois (avec ou sans travail forcé) ou l'amende n'excédant pas £ 100 (2.500 fr.), ou les deux peines cumulativement ; la confiscation des choses pour lesquelles il y a eu contravention (*Regulation 58, Defence of the Realm Regulations*).

Toutes ces mesures ont été accueillies avec faveur par l'opinion publique (1).

Le 29 novembre 1916, un nouvel *Order in Council (Regulation 9 F)* a conféré au *Board of Trade* le pouvoir de prendre possession des mines de charbon.

Le 5 décembre 1916, un *Order in Council* (Regulation 2 K)

___

(1) Sur l'accueil fait aux propositions de Mr. Runciman, aux *Regulations* et aux ordonnances du *Board of Trade*, voyez le *Times*, 18 novembre 1916, p. 9 et 10 : *Food Rules* ; 20 novembre 1916, p. 9 : *Food Control. The New Rules welcomed. Business men's Views* ; 21 novembre 1916, p. 9 : *Food orders* ; 22 novembre 1916, p. 9 : *A Census of potato stock*, etc.

a autorisé le *Board of Agriculture and Fisheries* à prendre possession de tout terrain non cultivé et à le cultiver ou à le faire cultiver par un fermier ou autrement (1).

4° Enfin — et peut-être surtout, — la Chambre des Communes exerce un contrôle incessant sur l'action de l'Exécutif au moyen de questions très nombreuses, très précises, — orales ou écrites, — dont le nombre n'a été, à aucune époque, aussi considérable qu'aujourd'hui (2) ; au moyen de motions qui sont l'occasion de vastes interpellations ; au moyen de critiques formulées à l'occasion des *Votes of credit*, des *Finance Bills*, des *Appropriations Bills*, etc. Il faut aussi noter que, depuis l'ouverture des hostilités, les séances du Parlement ont été beaucoup plus nombreuses qu'avant la guerre, — sans qu'on puisse, d'ailleurs, parler de session permanente.

En somme, l'impression générale semble être que, dans l'opinion du Parlement et du pays, le Gouvernement, loin d'abuser des pouvoirs extraordinaires dont il a été investi par les *Defence of the Realm Acts*, s'est montré trop nonchalant.

---

(1) Le même *Order* contient d'autres dispositions, en particulier sur l'interdiction de la vente de la cocaïne ou de l'opium (Regulation 40 B), etc. Un *order in Council* du 13 décembre 1916 (Regulation 7 A) autorise le *Board of Trade* à prendre possession de wagons appartenant à des particuliers, à prescrire le chargement et le déchargement rapide des wagons, à modifier les tarifs de transport des voyageurs, à interdire certains transports, etc., etc.

Le 10 janvier 1917, un nouvel *Order in Council*, édicté en vertu des *Defence of the Realm Acts*, confère de nouveaux pouvoirs très larges au *Food Controller*, par voie de modification, d'addition aux *Defence of the Realm Regulations* (articles 2 F à 2 J, 2 JJ, 2 L, 2 M, 2 N, 2 O, 2 P, 2 Q, 25 B, 25 C, 35 A, 39 D, 41 A, 41 AA.) — Par exemple, le *Regulation* 2 F 3) donne au *Food Controller* le pouvoir de décider que *tous contrats ou toute catégorie de contrats, ou tout contrat particulier*, touché par l'ordonnance, *seront abrogés ou maintenus en vigueur nonobstant l'ordonnance*, mais avec les exceptions ou modifications stipulées par l'ordonnance, etc.

(2) Voyez sur ce point la déclaration de Mr. ASQUITH, à la Chambre des Communes, le 28 juillet 1915 (*P. D.*, vol. 73, p. 2.306 et 2.307) ; et *Revue du Droit public*, 1916, p. 446 et s.

CHAPITRE III

L'Italie est une monarchie constitutionnelle démocratique. Elle pratique le Gouvernement parlementaire : le Roi règne, mais ne gouverne pas (1); les Ministres sont politiquement, individuellement et solidairement, responsables devant la Chambre des députés, laquelle, depuis la loi de 1912 (2), est élue au suffrage universel (3) direct, au scrutin secret (vote sous enveloppe officielle avec isoloir). Le Sénat, composé de sénateurs à vie nommés par le Roi, ne joue qu'un rôle très effacé. Enfin l'histoire politique de l'Italie n'a pas créé, dans la Chambre populaire, un esprit de défiance latente envers l'Exécutif. Bien au contraire, la dynastie, qui a réalisé l'unité nationale et n'a pas essayé d'établir en Italie un régime absolutiste, jouit d'un grand prestige.

Ceci rappelé, il faut constater que, dès son entrée en guerre,

---

(1) Dans une étude récente, un auteur italien développe le point de vue suivant : « Les prérogatives (du Roi d'Italie), tout en ayant leur origine dans la tradition monarchique, ne sont pas un droit propre personnel du monarque; elles sont attribuées par la loi » (E. CROSA, *La Competenza regia nel diritto italiano*, 1916, p. 19). « Rex debet esse sub lege, quia lex facit regem ». Il rappelle que le droit constitutionnel italien repousse absolument la thèse affirmée par Guillaume II, le 26 août 1910, à Königsberg, à savoir que la Couronne de Prusse est son droit propre (p. 22, texte et note). Voyez aussi toute la deuxième partie : Conclusions, p. 113 et s.

(2) Sur la réforme électorale opérée par la loi de 1912, voyez *Revue du Droit public*, 1912, p. 775 et s., l'étude du professeur I. TAMBARO, *La réforme électorale en Italie*.

(3) Les listes politiques de 1908 sur lesquelles furent faites les élections générales comprenaient 2.930.473 électeurs inscrits. La réforme de 1912 a porté le nombre des électeurs à 7.701.000.

l'Italie s'est placée sous le *régime des pleins pouvoirs*. Plus exactement, quelques heures avant la déclaration de guerre à l'Autriche (24 mai 1915), le Parlement italien a voté une loi des pleins pouvoirs. C'est la loi du 22 mai 1915 n. 671.

I. — *La loi du 22 mai 1915, n. 671.*

Cette loi est très courte. En voici le texte :

« *Article unique.* — Le Gouvernement du Roi a la faculté, en cas de guerre et pendant la guerre même, d'édicter des dispositions ayant force de loi pour autant que l'exigent la défense de l'Etat, la protection de l'ordre public et les besoins urgents ou extraordinaires de l'économie nationale. Restent en vigueur les dispositions dont il est question aux articles 243 à 251 du Code Pénal pour l'armée.

« Le Gouvernement du Roi a la faculté d'ordonner les dépenses nécessaires et de pourvoir par des moyens extraordinaires aux besoins du Trésor.

« Le Gouvernement du Roi est autorisé à appliquer provisoirement, en tant qu'ils ne sont pas approuvés par des lois et jusqu'au 31 décembre 1915, les budgets pour les administrations de l'Etat, de l'exercice 1915-16 d'après les états de prévision des recettes et des dépenses et les projets de loi relatifs avec les modifications qui en découlent déjà proposés à la Chambre des députés, ainsi qu'à pourvoir aux moyens extraordinaires pour faire face aux déficits éventuels des budgets provenant des augmentations de dépenses ou des diminutions de recettes » (1).

---

(1) « Articulo Unico. — Il governo del re ha facoltà, in caso di guerra a durante la guerra medesima, di emanare disposizioni aventi valore di legge per quanto sia richiesto dalla difesa dello Stato, dalla tutela dell' ordine pubblico e da urgenti o straordinari bisogni dell'economia nazionale. Restano ferme le disposizioni di cui agli articoli 243 a 251 del Codice penale per l'esercito.

Il governo del re ha facoltà di ordinare le spese necessarie e di provvedere con mezzi straordinari ai bisogni del tesoro.

Il governo del re è autorizzato a esercitare provvisoriamente, in quanto non siano approvati per legge e non oltre il 31 dicembre 1915, i balanci per le

Les pleins pouvoirs conférés au Gouvernement italien par la loi du 22 mai 1915, n. 671 paraissent pratiquement illimités, à raison des formules très larges employées. Le Gouvernement reçoit le pouvoir de prendre *toutes* mesures — y compris, par conséquent, les mesures de nature *législative* — : 1° pour la *défense de l'Etat*; 2° pour la *protection de l'ordre public*; 3° pour les *besoins urgents ou extraordinaires de l'économie nationale*.

De plus, le Gouvernement reçoit le pouvoir d'engager et d'effectuer toutes *les dépenses nécessaires*.

Enfin, il peut créer toutes les *ressources extraordinaires* indispensables pour les besoins du Trésor.

Comme l'a dit un juriste italien (1), « ces trois objets et ces trois formules sont tellement généraux et génériques qu'ils peuvent comporter et en même temps sembler justifier toute mesure arbitraire de la part du Gouvernement ».

Une seule limitation est apportée par la loi du 22 mai 1915, n° 671 : les pleins pouvoirs ne sont accordés que *pour la durée de la guerre*.

Telle est l'interprétation qui a prévalu devant les tribunaux italiens; ils ont donné à la loi du 22 mai 1915 une signification très large. C'est ainsi, par exemple, que la question s'est posée de savoir si les décrets du lieutenant général du 27 mai 1915 et du 20 juin 1915 n'excédaient pas les pouvoirs conférés au Gouvernement par la loi du 22 mai 1915. Le décret du

amministrazioni dello stato nell' esercizio 1915-1916, secondo gli stati di previsione dell' entrata e della spesa e i relativi disegni di legge con le susseguite modificazioni già proposte alla Camera dei deputati, nonchè a provvedere i mezzi straordinari per fronteggiere le eventuali deficienze di bilancio derivanti da aumenti di spese o da diminuzioni di entrate ».

(1) Professeur PIETRO COGLIOLO, *La legislazione di guerra nel Diritto civile e commerciale*, Milano, 1915. Un. Tip. Ed. Torinese, p. 10. Cpr. dans le même sens EMILIO CROSA, *La competenza regia nel diritto italiano*, Torino, 1916, p. 94 : « La specificazione dei poteri ha valore indicativo e comprende l'intera attività legislativa dello Stato : difesa dello Stato, tutela dell' ordine pubblico, provvedimente per urgenti e straordinari bisogni dell' economia nazionale, facoltà di disporre per i bisogni del Tesoro, esercizio provvisorio dei bilanci, questi con limitazione del tempo ».

27 mai 1915 modifie l'art. 1226 du Code civil, en déclarant que la guerre est considérée comme cas de force majeure non seulement lorsqu'elle rend *impossible* l'exécution d'une obligation contractuelle, mais encore lorsqu'elle rend cette exécution *excessivement onéreuse (quando rende la prestazione eccessivamente onerosa)*. D'autre part, le décret du 20 juin 1915 décide que toutes les fois qu'un contrat se rattache à un service public ou à un ouvrage public, les conditions créées par l'état de guerre ne peuvent plus servir de base à une action en résolution du contrat, même si la guerre en rend l'exécution impossible ; dans ce cas, les administrations publiques reçoivent la faculté de substituer *discrétionnairement* d'autres clauses à celles qui ne peuvent pas être exécutées à raison de l'état de guerre (1). On a soutenu que ces deux décrets excédaient les pouvoirs accordés par la loi du 22 mai 1915. Mais la jurisprudence, approuvée par la doctrine, a repoussé cette manière de voir. Nombreuses sont les décisions de justice affirmant la légalité des décrets critiqués (2). Et les juris-

(1) « È data facoltà alle pubbliche amministrazioni di sostituire con apprezzamento insindicabile altre clausole o pattuizioni a quelle che non siano più eseguibili per causa del suddetto stato di guerra ».

(2) Trib. Grosseto, 20 décembre 1915 (*Dir. com.*, 1916, II, 775); Trib. Roma, 31 janvier 1916 (*Fagiolo, Foro it.*, 1916, I, 571) : « Non puo sorgere dubbio che nel significato di economia nazionale debba comprendersi tutto cio che richiede l'intervento della pubblica amministrazione per indirizzare le attività individuali, non solo, ma assicurare altresi la cooperazione degli individui allo svolgimento della vita economica della nazione e tale intervento avviene da parte della pubblica amministrazione quale ente pubblico nell' interesse della collettività ». — Sentence arbitrale du 13 mai 1916 (*Société anonyme Artigrafiche c. Chemins de fer de l'Etat*) (dans *Il diritto dei pubblici appalti*, janvier-février 1917, p. 57 et s. et surtout p. 59) : « Non sussiste la questione d'incostituzionalità, perchè è innegabile che, qualunque sia la portata del decreto 20 giugno... si resterebbe sempre entro i limite assai vasti del conferimento di poteri dipendenti dalle legge 22 maggio 1915, e che riguarda *tutti i provvedimenti richiesti dalla difesa dello Stato, dalla tutela dell' ordine pubblico, e da urgenti e straordinari bisogni della economia nazionale*. Appunto la necessità di difesa dello Stato, che occorreva tutelare nella sua qualità di esercente dei pubblici servizi, la tutela dell' ordine pubblico che l'interruzione di essi avrebbe disturbato, e anche le straordinarie e urgenti necessità dell' economia nazionale, ispirano il decreto luogotenenziale del 20 giugno 1915 ».

consultes italiens considèrent ces critiques comme sans valeur (1).

II. — *Les précédents* (2).

La loi du 22 mai 1915 n'est pas autre chose qu'une édition nouvelle des lois de pleins pouvoirs édictées pendant les guerres entreprises pour l'indépendance de l'Italie.

Le 2 août 1848 fut promulguée la loi suivante :

« Le Gouvernement du Roi est investi, pendant la présente guerre de l'indépendance, *de tous les pouvoirs législatifs et exécutifs* ; en conséquence, il pourra, par simples décrets royaux et sous la responsabilité ministérielle, sauf les institutions constitutionnelles, faire tous les actes qui seront nécessaires pour la défense de la patrie et de nos institutions » (3).

Des formules analogues se trouvent dans la loi du 26 avril 1859 ; et même, le Gouvernement du Roi se voit accorder *expressément* — bien qu'à titre provisoire pendant la durée de la guerre, — *le pouvoir de limiter la liberté de la presse et la liberté individuelle*.

En 1866, les pleins pouvoirs sont conférés au Gouverne-

(1) Cpr. l'étude du substitut de l'avocat du fisc à Rome, Ranieri Babboni (*Il diritto dei pubblici appalti*, janvier-février 1917, no 1, p. 36) : « Quanto alla costituzionalità, i dubbi proposti non hanno seria consistenza di fronte alla legge 22 maggio 1915, n. 674, *che conferisce poteri straordinari al Governo del Re in caso di guerra* ».

(2) Sur ce point voyez surtout Emilio Crosa, *La Competenza Regia nel Diritto italiano*, Torino, Bocca, 1916, p. 85 et s., et surtout p. 94 et s. Cpr. aussi Angelo Criscuoli, *La delegazione del potere legislativo nel moderno costituzionalismo*, Napoli, 1910 ; Gamberini, *I decreti per delegazione legislativa*, Bologna, 1904.

(3) « Il Governo del Re è investito durante l'attuale guerra dell' indipendenza di tutti i poteri legislativi ed esecutivi, e potrà quindi per semplici Decreti Reali e sotto la responsabilità ministeriale, salve le istituzioni costituzionali, fare tutti gli atti che sarranno necessari per la difesa della patria e delle nostre istituzioni ». A rapprocher de ce texte, 1o la discussion à la Chambre, séances du 29 juillet et du 15 novembre 1848 ; 2o le rapport du député Ravina (15 novembre 1848) qui conteste la validité des lois des pleins pouvoirs ; 3o le rapport du sénateur Musio (27 novembre 1848).

ment du Roi par plusieurs lois successives, qui procèdent par attribution de groupes de matières déterminées. Ainsi, la loi du 1er mai 1866, tout en fixant au 31 juillet la durée de l'octroi des pouvoirs extraordinaires, donne au Gouvernement des attributions extraordinaires pour les *dépenses* nécessaires à la défense de l'Etat. La loi du 18 mai, sous la même réserve de temps, accorde des pouvoirs exceptionnels pour *pourvoir à la sûreté intérieure de l'Etat*, et en particulier le pouvoir de restreindre *la liberté de la presse et la liberté individuelle*. La loi du 28 juin 1866 proroge jusqu'au 31 décembre 1866 la limite fixée primitivement au 31 juillet.

Etant donné ces précédents, on peut dire que l'attribution au Gouvernement des pleins pouvoirs en temps de guerre fait partie du droit public coutumier de l'Italie. Sans doute, la Constitution n'en fait pas mention, mais la tradition est bien établie par tous les précédents (1).

Si maintenant nous comparons la rédaction de la loi du 23 mai 1916 avec les formules de 1848, de 1859 et de 1866, nous constatons tout d'abord qu'il n'y est fait aucune allusion à la *responsabilité ministérielle*, ni à la *réserve des institutions constitutionnelles*.

Cela a paru tout à fait inutile : à l'heure actuelle, avec le développement du gouvernement parlementaire, il était superflu de rappeler que pour tous les actes du Roi le contreseing d'un ministre est nécessaire, et que ce contreseing engage la responsabilité ministérielle. Il n'est pas non plus nécessaire d'affirmer que des pouvoirs essentiellement temporaires ne peuvent servir à supprimer ou à modifier les institutions fondamentales constitutionnelles.

(1) En ce sens, EMILIO CROSA, *La competenza regia, op. cit.*, p. 94 : « Nel nostro Diritto pubblico l'istituto della delegazione della competenza ha così acquistato salde radici, per una consuetudine che dagli inizi del regime costituzionale viene sino a noi. Non è istituto previsto dal Diritto positivo, poichè nè la Costituzione nè susseguenti leggi stabilirono quando potesse automaticamente avverarsi una estensione temporeana della competenza regia. Ma affermatasi colla consuetudine la coscienza della legalità d'una tale procedura, a cui non sono di ostacolo alcuno impedimenti giuridici, la delegazione assume quella pieghevolezza, quella esauriente rispondenza alle circonstanze che l'impongono ».

De plus, on remarquera qu'à la différence des lois de 1859 et de 1861, il n'est fait, dans la loi de 1915, aucune allusion à des limitations possibles à la liberté de la presse et à la liberté individuelle. Cela ne signifie pas du tout que des restrictions de ce genre ne sont pas autorisées. Ces limitations sont parfaitement possibles ; mais il n'a pas paru désirable d'énumérer les matières sur lesquelles le gouvernement pourrait légiférer, ni même de donner des exemples. Il a semblé suffisant d'indiquer les buts en vue desquels les pleins pouvoirs pourraient être exercés.

III. — *La légalité des lois de pleins pouvoirs, et, en particulier, de la loi du 22 mai 1915. Le contrôle juridictionnel des pleins pouvoirs.*

I. — En 1848, on a beaucoup discuté sur la validité des lois des pleins pouvoirs, à l'occasion de la loi du 2 août 1848. A la Chambre des députés, la constitutionnalité de cette loi fut violemment attaquée par les députés Chenal, Levet, Ravina (1). Lorsque la loi du 16 décembre 1848 vint déclarer que les pleins pouvoirs avaient cessé à partir du 17 octobre, certains affectèrent de voir dans cette loi une *ratification* implicite des actes accomplis par le Gouvernement en vertu de la loi des pleins pouvoirs (2).

Mais l'opinion générale des juristes s'est prononcée tout de suite dans le sens de la légalité des lois de pleins pouvoirs (3).

(1) Voyez séances du 29 juillet 1848. du 15 novembre 1848 ; voyez le rapport du député Ravina, 15 novembre 1848.

(2) Cpr. sur ce point, Arangio Ruiz, *Diritto costituzionale*. Torino, 1913, p. 473 ; Emilio Crosa, *La Competenza Regia, op cit.*, p. 91.

(3) En jurisprudence, il y a eu au début quelque hésitation. La Cour d'appel de Gênes, le 14 juillet 1856, a nié la constitutionnalité de la délégation. Mais la Cour de Cassation de Turin, par arrêt du 30 mars 1857, a annulé cette décision. La Cour d'appel de Casale ayant repris la thèse de la Cour de Gênes (26 juin 1857), la Cour de Cassation de Turin, toutes chambres réunies, a, par arrêt du 1er mars 1858, affirmé la constitutionnalité des délégations législatives. Cpr. sur ce point Racciopppi e Brunelli, *Commento allo Statuto del Regno*, Torino, 1909, I, p. 176. Cpr. aussi E. Crosa, *La competenza regia, op. cit.*, p. 90, texte et note 3.

Par conséquent, aucune ratification n'est nécessaire (1).

Aussi, en 1915, les publicistes d'Italie ne semblent pas avoir examiné le problème de la *constitutionnalité* de la loi des pleins pouvoirs, de la loi du 22 mai 1915. C'est évidemment parce que la constitutionnalité de la loi des pleins pouvoirs ne leur paraît pas douteuse. Le Parlement italien pouvait-il constitutionnellement se dessaisir au profit du Gouvernement, *d'une manière générale*, de ses pouvoirs législatifs et financiers? La solution affirmative résulte manifestement des précédents, du silence gardé par les hommes politiques, par les juristes, par la presse.

En effet, la Constitution italienne appartient au groupe des constitutions *flexibles, souples*. Le *Statuto* italien n'est pas du type rigide. Il n'y a pas, en Italie, de procédure spéciale de revision constitutionnelle.

« En Italie, écrit le professeur G. Arangio-Ruiz (2), la distinction (entre les lois constitutionnelles et les lois ordinaires) n'existe pas juridiquement : le *Statuto* ne prévoit pas de modifications ; *la conséquence logique est qu'il n'y a pas de distinction entre les lois constitutionnelles et les lois ordinaires. Le Parlement italien, comme le Parlement anglais, se considère, à cet égard, omnipotent, constituant en permanence* » (3).

<hr>

(1) Emilio Crosa, *op. cit.*, p. 91 : « La delegazione conferisce all' organo regio la competenza degli altri organi collaborante, in ispecie il Senato e la Camera, con ciò l'atto emanante dalla Corona entro i limiti dell' obbietto o del tempo e' giuridicamente completo, *e non è necessaria alcuna integrazione da parte degli altri organi*, quando non ne sia stata posta la condizione nella legge di delegazione. » Dans le même sens, Racciopri e Brunelli, *op. cit.*, I, p. 342. Cpr. Arangio Ruiz, *op. cit.*, p. 473.

(2) *Istituzioni di Diritto Costituzionale italiano*, Milano, 1913, Bocca, p. 465 et s., no 491.

(3) Prof. G. Arangio-Ruiz, *Istituzioni di diritto costituzionale italiano, op. cit.*, 1913, p. 464 et s., nos 490 et 491 : « Per legge costituente si suole intendere lo Statuto, la Carta fondamentale ; leggi costituenti sono di conseguenza quella che modificano la Carta, onde tutte le altre leggi materiali sono, di fronte ad esse, ordinarie. Ne deriva una funzione o un potere costituente in distinzione della funzione o dal potere legislativo... Nei paesi ove la distinzione ha applicazione, importa che la Carta sia modificata o da

En fait, deux articles du *Statuto* ont été modifiés par le Parlement : l'article 5o et l'article 69. L'article 5o du *Statuto* prescrivait la gratuité des fonctions de député et de sénateur ; la loi du 3o juin 1912 a établi l'indemnité parlementaire (1). L'article 69 du *Statuto* déclarait inamovibles tous les juges nommés par le Roi, *à l'exception des juges de canton :* une loi du 16 décembre 1865 a étendu l'inamovibilité à ces derniers.

Etant donné le caractère souple de la Constitution italienne, aucun obstacle juridique n'empêchait le Parlement de conférer au Gouvernement des pouvoirs législatifs illimités. La loi des pleins pouvoirs du 22 mai 1915 est donc considérée, à juste titre, comme étant d'une régularité constitutionnelle parfaite.

D'ailleurs, sur la justification théorique de la délégation de pleins pouvoirs législatifs au Gouvernement, les juristes italiens sont en désaccord (2).

D'après les uns, la compétence appartient, comme droit

---

organi appositi, o con limiti, modi e termini speciali prescritti agli organi ordinari, laddove le leggi ordinarie sono discusse e votate dal parlamento nei modi consueti. *In Italia la distinzione giuridicamente non esiste : lo Statuto non prevede la sua modificazione : logica conseguenza è che non evvi distinzione fra leggi costituenti e leggi ordinarie.* Politicamente se non discuteva ai primordi costituzionali e nella formazione dell'unità, *oggi non più : il parlamento italiano, come quello inglese, si reputa, per tale rispetto, omnipotente, costituente in permanenza ;* il parlamento inglese ha fatta la Costituzione, onde questa si designa come organica o cumulativa ; *e se in Italia il parlamento ripete l'origine della Costituzione, essendo questa decretata, esso ha poi modificati ampiamente molti articoli statutari per via indiretta altri no ha sviluppati, due soli, gli articoli 50 e 69, ha modificati direttamente ».* Cpr. dans le même sens Emilio Crosa, *La competenza regia, op. cit.,* p. 87 : « Il nostro Diritto reconosce agli organi legislativi collaboranti il potere di derogare o mutare la Costituzione ».

(1) Voyez *Revue du Droit public,* 1912, p. 789 et s., l'étude du prof. Tambaro.

(2) Je laisse de côté les rares juristes pour qui la délégation législative serait *théoriquement* injustifiable *au point de vue juridique,* pour le motif que la compétence ne peut pas être déléguée ; on ne pourrait, d'après eux, invoquer que des arguments politiques, de convenance (Arangio Ruiz, *op. cit.,* p. 472).

subjectif, à l'État, mais est distribuée entre les organes par le droit positif. Il est, dès lors, possible de modifier les différentes compétences des organes : la compétence est, pour l'organe, une règle déterminée par l'État (1). Par conséquent, l'extension de compétence, temporaire, limitée soit quant à l'objet, soit quant au temps, est régulière, *lorsqu'elle est effectuée par une loi*, c'est-à-dire par une déclaration expresse du droit objectif.

D'après d'autres (2), la délégation législative serait une interversion des compétences : la sanction serait attribuée au Parlement, la confection de la loi à la Couronne ; et la sanction parlementaire serait donnée par avance.

II. — Une question voisine est celle du *contrôle juridictionnel* de l'exercice des pleins pouvoirs.

Les juristes italiens se sont demandé si les mesures prises par le Gouvernement italien en vertu de la loi des pleins pouvoirs étaient soumises au contrôle juridictionnel des tribunaux italiens.

Ce problème soulève deux difficultés.

La première est celle de savoir si, d'une manière générale, les tribunaux ont en Italie compétence pour vérifier la légalité et la constitutionnalité des lois.

La deuxième est celle de savoir s'il y a lieu d'appliquer les articles 2, 3 et 4 de la loi de 1865 sur le contentieux administratif, laquelle confère à l'*autorité judiciaire* le pouvoir de vérifier *la conformité des actes administratifs* aux lois existantes.

Sur la deuxième question, l'opinion unanime des juristes italiens a été que les décrets-lois pris en vertu de la loi des pleins pouvoirs sont des *actes législatifs proprement dits* ; ils ne rentrent donc pas dans la définition de la loi de 1865 (3).

Quant au problème général du contrôle juridictionnel de la légalité et de la constitutionnalité des décrets-lois, certains estiment qu'il ne se pose pas *pratiquement* : l'appréciation des décrets-lois ne pourrait être que politique et non pas juri-

---

(1) En ce sens, EMILIO CROSA, *La competenza regia*, op. cit., p. 86 et s.
(2) ORLANDO, *Principî di Diritto costituzionale*, 1909, p. 134 et s.
(3) Prof. PIETRO COGLIOLO, *op. cit.*, 1916, p. 11.

ridique (1). Pour d'autres, les tribunaux ont le pouvoir de vérifier si la compétence du Gouvernement s'est exercée dans les limites de la loi des pleins pouvoirs, en particulier *dans les limites de temps* (2). A cela serait d'ailleurs limité le contrôle juridictionnel des décrets-lois.

Ce contrôle juridictionnel, les tribunaux italiens n'ont pas hésité à l'exercer à diverses reprises : ils ont écarté, d'ailleurs, en invoquant les termes généraux de la loi du 22 mai 1915, les critiques dirigées contre certains décrets-lois du Gouvernement (3).

IV. — *Usage des pleins pouvoirs par le Gouvernement italien.*

Le Gouvernement italien a fait un très large usage des pleins pouvoirs à lui conférés par la loi du 22 mai 1915 (4). Très nombreux sont les décrets-lois édictés par le Gouvernement, dans divers domaines. Le nombre de ces décrets-lois est si considérable qu'il ne peut être question d'en donner la liste. Voici quelques exemples de ces *décrets-lois* : tous, dans leur préambule, rappellent la loi des pleins pouvoirs du 22 mai 1915.

En matière de *moratorium*, on peut citer les décrets-lois du 27 mai 1915, n° 739 ; du 25 juillet 1915, n° 1143.

Touchant l'*exécution des obligations*, les décrets-lois du

(1) P. Cogliolo, *op. et loc. cit.*

(2) Emilio Crosa, *op. cit.*, p. 87 et 88 : « I conflitti di competenza debbono risolversi coll' interpretazione del diritto obbiettivo, da cui l'organo trae la giuridica competenza a manifestare la volontà statuale. *E nel nostro caso speciale esiste la norma di diritto obbiettivo determinante la competenza regia e alla constatazione di questo fatto deve fermarsi il sindacato giurisdizionale. Ma come questa norma obbiettiva limita il potere regio nella materia o nel tempo, così logicamente ogni atto che superasse questi limiti dovrebbe ritenersi nullo e sull' interpretazione di essi potrebbe richiamarsi il sindacato giurisdizionale* ».

(3) Voyez les décisions précitées du tribunal de Grosseto, 20 décembre 1915, du tribunal de Rome, 31 janvier 1916 ; la sentence arbitrale du 13 mai 1916. *Supra*, p. 42, note 2.

(4) Consulter sur cet usage le livre du professeur Pietro Cogliolo, *La legislazione di guerra, op. cit.*, Milan, 1916.

13 juin 1915, n° 845; du 26 juin 1915, n° 930; du 27 juin 1915, n° 926; du 11 juillet 1915, n° 1076; du 25 juillet 1915, n° 1136; du 30 janvier 1916, n° 62.

Touchant les *dommages de guerre*, les décrets-lois du 24 juin 1915, n° 1014; du 14 novembre 1915, n° 1642; du 30 mai 1915, n° 814; du 17 juin 1915, n° 957; du 8 août 1915, n° 1228; du 30 octobre 1915, n° 1570; du 11 novembre 1915, n° 1605; du 2 janvier 1916, n° 7.

Touchant les *réquisitions*, les décrets-lois du 6 janvier 1916, n° 43; du 8 janvier 1916, n° 4 et n° 5.

Touchant la *mobilisation industrielle*, le très important décret-loi du 22 août 1915, n° 1277.

Touchant la *production des explosifs* (récupération des huiles légères pour la production du benzol et du toluol), le décret-loi du 31 octobre 1915, n° 1677.

En matière fiscale, c'est en vertu de décrets-lois que *les trois derniers emprunts nationaux* de guerre ont été émis : décret-loi du 15 juin 1915, n° 859; décret-loi du 22 décembre 1915, n° 1800; décret-loi du 2 janvier 1917, n. 3 (1).

De même, les *impôts de guerre* ont été établis par des décrets-lois édictés en vertu des pleins pouvoirs : décret-loi du 12 octobre 1915, n° 1510, « édictant des mesures destinées à pourvoir aux besoins extraordinaires du Trésor » (créant l'impôt sur les exemptions du service militaire; l'impôt sur les profits des administrateurs des sociétés anonymes et des sociétés en commandite par actions; apportant des modifications aux lois relatives aux taxes sur les affaires, au tarif des droits cadastraux, aux taxes postales, télégraphiques et téléphoniques) (2); — décret-loi du 21 novembre 1915, n. 1643 « donnant valeur de loi, pour la durée de la guerre, à diverses mesures destinées à pourvoir aux besoins extraordinaires du Trésor » (créant la contribution du centime de guerre, l'impôt

---

(1) Cpr. sur ces emprunts et sur ces textes, JÈZE, *l'Emprunt de guerre italien 4 1/2 0/0 net*, *Revue de sc. et de lég. fin.*, 1915, p. 409 et s. et p. 447 et s ; *les Finances de guerre de l'Italie*, même *Revue*, 1916, p. 497 et s., p. 538 et s.

(2) Voyez ces textes dans la *Revue de sc. et de lég. finan.*, 1916, p. 528 et s.

sur les bénéfices provenant de la guerre ; modifiant la loi sur les taxes de timbre, la loi sur taxe des vélocipèdes , abrogeant des privilèges en matière de droits d'enregistrement ; modifiant la loi sur la taxe de fabrication des allumettes ; modifiant le tarif des prix de vente des sels ; modifiant le tarif postal sur les correspondances ordinaires) ; — décret-loi du 23 décembre 1915, n° 1893, modifiant et complétant le décret-loi du 21 novembre 1915 relativement à l'impôt sur les bénéfices de guerre ; — etc.

L'interprétation très large donnée à la loi des pleins pouvoirs en matière financière mérite de retenir l'attention. Les matières financières sont celles pour lesquelles les Parlements montrent la plus grande jalousie. D'autre part, les termes de la loi du 22 mai 1915 ne sont pas très catégoriques : l'alinéa 2 confère simplement au Gouvernement du Roi « la faculté.... de pourvoir *par des moyens extraordinaires* aux besoins du Trésor ».

Parmi les *moyens extraordinaires*, les pouvoirs publics italiens n'ont pas hésité à ranger non pas seulement les emprunts à court terme (bons du Trésor), mais *les emprunts à longue échéance* et aussi les *impôts*. C'est là une interprétation remarquable des mots : *moyens extraordinaires* (1).

En fait, il convient d'observer que le décret-loi sur les bénéfices de guerre a été confirmé par le Parlement et déclaré valable pour les exercices financiers 1915, 1916 et 1917 par la *loi* du 21 décembre 1915.

V. — *Attitude du Parlement italien.*

Après avoir conféré de si larges pouvoirs au Gouvernement, le Parlement italien a observé une attitude très réservée. Son contrôle s'est exercé surtout dans les Commissions du budget et dans les Commissions financières, — en particulier, en ce qui concerne les questions financières, lors de la discussion

---

(1) Rapprochez, par opposition, l'interprétation qui a prévalu en France sur la loi du 5 août 1914 : G. JÈZE, *Les Finances de guerre de la France, Revue de Sc. et de lég. fin.*, 1915, p. 536 et s.

des exposés financiers présentés par le Ministre du Trésor (1). En séance publique, les discussions ont été très générales : elles ont porté sur la politique générale du Gouvernement, beaucoup plus que sur les mesures particulières prises par le Gouvernement. En tout cas, on n'a pas accusé le Gouvernement d'avoir excédé la compétence à lui accordée par la loi du 22 mai 1915.

Fait encore plus remarquable, les Chambres italiennes n'ont pas manifesté le désir de siéger en permanence, comme cela a été le cas en France, ou presque en permanence, comme en Angleterre. Le Parlement italien a siégé, depuis la guerre, moins qu'en temps de paix. Et, pour marquer sa confiance au Cabinet, la Chambre des députés italienne, en se séparant, s'en remet au Gouvernement, comme celui-ci le lui demande, pour fixer l'époque de sa prochaine réunion. A peine quelques socialistes officiels et quelques neutralistes hostiles à la guerre protestent-ils en invoquant l'exemple de la France. L'immense majorité des députés estime que des sessions trop prolongées, avec les discussions tumultueuses que ne manque pas de soulever une poignée de pacifistes, ne peuvent que servir à troubler l'opinion publique (2).

Enfin, l'opinion publique italienne et l'avis des juristes n'ont pas été sévères pour l'usage que le Gouvernement a fait de ses pleins pouvoirs. On aurait pu craindre que les très nombreux décrets-lois rendus par le Gouvernement italien en matière civile ou commerciale auraient provoqué des récriminations de la part des juristes. Tel n'a pas été le cas, s'il faut en croire le professeur P. Cogliolo, de l'Université de Gênes, qui a publié une étude des décrets-lois rendus en matière civile et commerciale. « Il faut reconnaître, dit-il,

______

(1) Voyez les très remarquables *Esposizione Finanziarie* faites par le Ministre du Trésor PAOLO CARCANO à la Chambre des députés (séances du 8 décembre 1915, du 14 décembre 1916).

(2) C'est ainsi que, le 25 mars 1917, la Chambre des députés, sur la demande du président du Conseil des ministres Boselli, a décidé, par 283 voix contre 31, sur 314 votants, de s'ajourner *sine die*, et de laisser au Gouvernement le soin de la convoquer à nouveau. Voyez la protestation du député TURATI.

que, sauf quelques cas, les mesures gouvernementales jusqu'ici édictées ont reçu l'approbation de la conscience publique, c'est-à-dire qu'ils répondent à des besoins vivement
ressentis (I) ».

(1) Prof. PIETRO COGLIOLO, *op. cit.*, p. 10 : « Queste tre fonti e queste tre formole sono cosi generale e generiche che potreberro portare e nello stesso tempo apparentamente giustificare qualunque arbitrio da parte del governo, ma bisogna riconoscere che, eccettuati alcuni casi, che a suo tempo esamineremo, i provvedementi governativi finoru emanati trovarono una eco di plauso nella coscienza pubblica, cioè rispondevano a bisogni vivamente sentiti ».

CHAPITRE IV

La Suisse est une république fédérative du type le plus démocratique qui soit à l'heure actuelle. C'est le pays du referendum, de l'initiative populaire, etc.

En ce qui concerne le Gouvernement fédéral, l'Assemblée fédérale est, sans contestation, l'organe politique nettement prépondérant. Le Conseil national et le Conseil des Etats dictent à l'Exécutif, — le Conseil fédéral ou Bundesrat — sa ligne de conduite.

D'après la lettre et l'esprit de la Constitution fédérale, l'Exécutif est organisé selon le modèle le moins autoritaire possible. Il est de forme collégiale. Il n'y a pas de Premier Ministre véritable : le président de la Confédération n'est en effet qu'un ministre, *primus inter pares*, président matériel des délibérations, sans influence prédominante, ni même voix prépondérante en cas de partage ; il a un traitement annuel de 17.000 francs ; il est élu pour un an et non immédiatement rééligible ; il prend part, comme les autres conseillers fédéraux, aux discussions de l'Assemblée fédérale. Le Conseil fédéral n'a aucune homogénéité politique : l'Assemblée fédérale qui le nomme pour un temps très court (trois ans) prend soin de choisir les conseillers fédéraux dans les différentes régions de la Suisse (allemande, romande, italienne) (1) et dans les différents partis politiques ; la minorité y est représentée. Aussi est-il purement

---

(1) Et même le président de la Confédération. Ainsi, en 1915, le président a été M. Motta (de la Suisse italienne) ; en 1916, M. Decoppet (de la Suisse romande) ; en 1917, M. Schulthess (de la Suisse allemande).

et simplement l'agent d'exécution, l'instrument des volontés de l'assemblée.

C'est un corps d'administrateurs plus qu'un corps de gouvernants. L'initiative gouvernementale n'appartient pas au Conseil fédéral ; elle est à l'Assemblée fédérale. Et celle-ci encore, d'après la Constitution, la loi ou la pratique, a la nomination des grands fonctionnaires publics, en particulier celle du général en chef (1).

D'autre part, la Constitution fédérale ne reconnaît au Conseil fédéral le pouvoir réglementaire qu'avec une double limitation : 1° Il ne peut formuler une *règle de droit* qu'en vertu d'une décision expresse de l'Assemblée fédérale. 2° En chargeant le Conseil fédéral de faire un règlement, l'Assemblée fédérale peut s'en réserver l'approbation (2).

Le Conseil fédéral rend annuellement un compte général de sa gestion à l'Assemblée et peut être appelé à faire un rapport spécial sur des affaires déterminées.

Enfin, il est de principe que les décisions prises par le Conseil fédéral peuvent être modifiées ou annulées par l'Assemblée fédérale (3).

La pratique a quelque peu relâché cette étroite dépendance, voulue par la tradition et par la Constitution fédérale suisse.

Le Conseil fédéral jouit, en fait, de quelque liberté d'action, *surtout en matière de politique étrangère* (4). La guerre actuelle n'a fait qu'augmenter cette liberté d'action.

Ces notions générales sur les institutions politiques de la Suisse une fois rappelées, il est très curieux de constater que la Suisse pratique le procédé des pleins pouvoirs de l'Exécutif *depuis le premier jour de la guerre.*

(1) On trouvera dans le très beau livre de mon savant ami, le professeur Joseph Barthelémy, *Le rôle du pouvoir exécutif dans les Républiques modernes*, 1907, p. 256 et s., le développement des idées capitales que je ne fais qu'exprimer succinctement.

(2) J. Barthelémy, *op. cit.*, p. 322.

(3) Ce point a été contesté, mais la pratique est en ce sens. J. Barthelémy, *op. cit.*, p. 305.

(4) J. Barthélémy, *op. cit.*, p. 346 et s. tout le chapitre consacré à la subordination de l'Exécutif au Législatif dans la pratique.

§ I

La loi des pleins pouvoirs du 3 août 1914.

Dès le 3 août 1914, l'Assemblée fédérale de la Confédération suisse, sur la proposition de l'Exécutif (Conseil fédéral), a pris sans discussion un arrêté dont les articles 3 et 4 disposent :

« Art. 3. L'*Assemblée fédérale donne pouvoir illimité au Conseil fédéral de prendre toutes les mesures nécessaires à la sécurité, à l'intégrité et à la neutralité de la Suisse*, à sauvegarder le crédit et les intérêts économiques du pays et, en particulier, à assurer l'alimentation publique.

« Art. 4. A cet effet. il est ouvert au Conseil fédéral un crédit illimité. Autorisation lui est, en particulier, donnée de contracter les emprunts nécessaires.

« Art. 5. Le Conseil fédéral rendra compte à l'Assemblée fédérale, dans sa plus prochaine session, de l'emploi qu'il aura fait des pouvoirs illimités qui lui sont accordés. »

En 1870, lors de la guerre franco-allemande, le Conseil fédéral avait aussi été investi de pleins pouvoirs. La guerre de 1870-71 ayant été très courte, et la neutralité de la Suisse n'ayant pas été menacée, le Conseil fédéral n'eut pas à faire un très grand usage de ses pleins pouvoirs (1).

Tout autre a été la situation dans la guerre actuelle.

Sur la base de l'arrêté de l'Assemblée fédérale du 3 août 1914, une foule d'arrêtés du Conseil fédéral modifiant la législation en vigueur, établissant des impôts nouveaux, etc., ont été promulgués. Tous ces actes visent la loi du 3 août 1914 : ils débutent ainsi :

« Le Conseil fédéral suisse,

En application (*ou en vertu*) de l'arrêté fédéral du 3 août 1914 sur les mesures propres à assurer la sécurité du pays et le maintien de sa neutralité ;

Sur la proposition de son Département de...

Arrête : ...... »

On retrouve constamment cette formule, reproduite de la loi du 3 août 1914. Voici quelques exemples : arrêtés du Conseil fédéral du 27 août 1914, concernant la *fabrication et la vente d'alcool monopolisé;* du 9 septembre 1914 concernant

---

(1) Sur le précédent de 1870, voyez le discours de M. Ador au Conseil national. le 15 décembre 1915. *Gazette de Lausanne,* 18 décembre 1915, p. 2, et *infra,* p. 81 et 82.

la Caisse de prêts de la Confédération suisse ; du 10 octobre 1914, concernant *la vente d'alcool monopolisé ;* du 15 janvier 1915, relatif *à la taxe militaire pendant le service actif ;* du 2 juillet 1915, concernant *les outrages* envers les peuples, chefs d'État et gouvernements étrangers (emprisonnement, amende contre les contrevenants, compétence du Tribunal Fédéral)(1) ; du 12 septembre 1916, concernant l'*interdiction du commerce du lait ;* du 13 septembre 1916, concernant le *ravitaillement du pays en pommes de terre* (frappant de nullité les contrats de vente en violation du présent arrêté, d'amende jusqu'à 10.000 francs et d'emprisonnement jusqu'à trois mois les contrevenants) ; du 18 septembre 1916, concernant l'*impôt fédéral sur les bénéfices de guerre* (2) ; du 30 septembre 1916 concernant le *commerce du coton brut, des fils de coton simples et retors et des tissus de coton* (prix maximum, nullité des contrats, amende jusqu'à 10.000 francs, emprisonnement jusqu'à 6 mois, confiscation) ; du 26 juin 1917 opérant une nouvelle répartition des départements entre les conseillers fédéraux, etc.

Dans tous les exemples cités — on pourrait les multiplier (3), — le Conseil fédéral suisse, c'est-à-dire l'Exécutif fédéral, agissant en vertu de la loi des pleins pouvoirs du 3 août 1914, a édicté des dispositions qui, sans contestation possible, rentrent dans la compétence normale du Législatif, c'est-à-dire de l'Assemblée fédérale (Conseil national et Conseil des États) ou même du *pouvoir constituant (revision constitutionnelle).*

§ 2

Constitutionnalité de la loi des pleins pouvoirs.

L'attribution de compétence ainsi faite par la loi du 3 août 1914 est, à coup sûr, extraordinaire. Est-elle constitu-

(1) Voyez *infra,* p. 63 et s. l'affaire jugée par la Cour pénale du Tribunal fédéral le 14 décembre 1915, condamnant le prof. MILLIOUD, directeur de la *Bibliothèque universelle,* pour publication d'un article contenant des outrages au chancelier et à l'Empereur allemands.

(2) Sur cet arrêté, voyez *infra,* p. 73 et s.

(3) Voyez, par exemple, les modifications apportées en 1915 et 1916 par le Conseil fédéral au Code pénal militaire du 27 août 1851.

tionnelle? La réponse affirmative est considérée *généralement* en Suisse comme non douteuse.

La raison n'est pas celle qui est à la base des lois anglaise ou italienne des pleins ponvoirs. Dans ces pays, le Parlement est souverain ; ses pouvoirs ne sont pas limités par une Constitution rigide ; la Constitution est du type souple, c'est-à-dire qu'il y a une procédure législative unique pour toutes les lois, *quelles qu'elles soient*. Le Parlement anglais et le Parlement italien peuvent donc, à tout moment, faire à l'Exécutif les attributions de compétence qui paraissent utiles.

La Constitution fédérale suisse, au contraire, est une constitution rigide, c'est-à-dire qu'elle ne peut, — comme la Constitution fédérale américaine, comme les lois constitutionnelles françaises de 1875, — être modifiée que par une procédure spéciale, dite procédure de revision constitutionnelle. Les Chambres fédérales n'ont donc de pouvoirs que ceux qui leur sont conférés par la Constitution. Ces pouvoirs, elles doivent les exercer elles-mêmes ; elles ne peuvent pas les déléguer.

Sur quelle base les juristes suisses font-ils donc reposer la compétence de l'Assemblée fédérale de déléguer ses pouvoirs législatifs au Conseil fédéral ?

A ma connaissance, ce problème n'a pas été discuté. La nécessité politique des pleins pouvoirs a paru tellement impérieuse que cette nécessité a paru la meilleure justification de la délégation. De plus, il y avait le précédent de 1870 (1). Enfin, on peut invoquer l'article spécial de la Constitution fédérale suisse, qui prévoit expressément les périodes de *crise internationale* (2). L'article 84 de la Constitution fédérale suisse du 29 mai 1874, actuellement en vigueur, contient un article 85-6° ainsi conçu :

« Les affaires de la compétence des deux Conseils (*Conseil National et Conseil des Etats*) sont notamment les suivantes :... 6. *les mesures pour la sûreté extérieure ainsi que pour le maintien de l'indépendance et de la neutralité de la Suisse...* »

(1) V. *supra*, p. 56.
(2) Voyez le rapport de M. Spahn au Conseil national, le 15 mars 1916, *infra*, p. 84.

Si l'on rapproche de ce texte les termes de la loi fédérale du 3 août 1914, on voit que l'attribution des pleins pouvoirs, faite au Conseil fédéral par l'Assemblée fédérale, est l'application de l'article 85-6° de la Constitution fédérale de 1874.

A vrai dire, en 1914, cette argumentation n'a même pas été présentée. L'attribution des pleins pouvoirs n'a soulevé aucune protestation. La loi du 3 août 1914 a été votée sans discussion par l'Assemblée fédérale. Elle a paru alors parfaitement correcte du point de vue constitutionnel.

En exécution de cette loi, le Conseil fédéral suisse a donc pu très régulièrement prendre des mesures ayant le caractère *législatif* et rentrant, par conséquent, dans la compétence normale de l'Assemblée fédérale.

Il convient enfin de signaler que le droit public fédéral suisse interdit aux *tribunaux* de vérifier la constitutionnalité des lois. Par conséquent, aucun tribunal suisse n'a compétence pour dire si l'arrêté du 3 août 1914 conférant les pleins pouvoirs est ou non contraire à la Constitution fédérale.

La Constitution fédérale, dans son article 113 *in fine*, dispose, en effet, que « *le Tribunal Fédéral appliquera les lois votées par l'Assemblée fédérale et les arrêtés qui ont une portée générale. Il se conformera également aux traités que l'Assemblée fédérale aura ratifiés.* » Ainsi que l'enseigne un auteur récent (1), « *le Tribunal Fédéral, et, par conséquent, tous les tribunaux cantonaux n'ont pas à apprécier la constitutionnalité des lois fédérales. A cet égard, l'Assemblée fédérale est, sous réserve des droits du peuple suisse, la gardienne de la Constitution fédérale. Cette conception est contraire à celle de la Constitution des Etats-Unis d'Amérique* ». Qu'on le remarque bien, il ne s'agit pas là d'une thèse contestée ou contestable. C'est la solution unanimement acceptée, en jurisprudence (2) et en doctrine, même par ceux qui la trouvent *poli-*

____

(1) Georges Werner, *Le contrôle judiciaire à Genève*. Genève, 1917, p. 31. Cpr. dans le même sens W. Burckhardt, *Kommentar der Schweig. Bundesverfassung vom 29 mai 1874*, Bern, 1905, p. 865 ; Westerkamp, *Staatenbund und Bundesstaat*, p. 350.

(2) Voyez *infra*, p. 66 l'arrêt de la Cour pénale du Tribunal Fédéral en date du 14 décembre 1915 dans l'affaire *Millioud*.

tiquement mauvaise. « Il est indispensable, dit M. Werner (1), que les autorités judiciaires, dans toutes les causes qui leur sont soumises, aient le droit d'apprécier la constitutionnalité des lois et la légalité des règlements. La suprématie de la Constitution sur les lois, celle des lois sur les règlements de l'autorité administrative, sont des principes fondamentaux que les tribunaux, en vertu même de la mission qu'ils ont à remplir, doivent faire respecter. *La Constitution Fédérale, dans son article 113, ordonne au Tribunal Fédéral d'appliquer les lois votées par l'Assemblée fédérale et les arrêtés de cette Assemblée qui ont une portée générale. C'est là, très certainement, une erreur de notre droit public suisse.* Le Tribunal Fédéral devrait être, d'une manière complète, le gardien de la Constitution fédérale » (2).

(1) G. WERNER, *op. cit.*, 1917, p. 24.

(2) En droit public *cantonal*, la solution est toute différente. Le contrôle juridictionnel de la constitutionnalité des lois *cantonales* est assuré par deux procédés juridiques : 1° le *recours en annulation* devant le Tribunal Fédéral, 2° *l'exception d'inconstitutionnalité* devant les tribunaux *cantonaux* :

1° Le *recours du droit public au Tribunal Fédéral* permet de faire prononcer l'*annulation* d'une disposition légale inconstitutionnelle. « Suivant la jurisprudence constante du Tribunal Fédéral, le recours peut être intenté non seulement contre la disposition légale elle-même, mais aussi contre une décision faisant application de cette disposition légale ; et, très généralement, il est intenté contre une semblable décision » (G. WERNER, *op. cit.*, p. 44 et A. AFFOLTER, *Die individuellen Rechte*, 2e édit., 1915, p. 161 et la jurisprudence citée par cet auteur, p. 162 note 1).

2° L'*exception d'inconstitutionnalité* devant les tribunaux *cantonaux* est admise par la jurisprudence des cantons et par celle du Tribunal Fedéral (4 juin 1908, *Ville et Etat de Genève c. Perrin*, cité par G. WERNER, *op. cit.*, p. 40 et 41). Elle est la conséquence logique du recours de droit public. « Si l'on refuse aux tribunaux cantonaux le pouvoir d'apprécier la constitutionnalité des lois, ils se trouvent contraints, dans le cas où est requise l'application d'une loi qu'ils jugent inconstitutionnelle, de prononcer une décision qu'ils estiment également inconstitutionnelle. Et cela, tout en ayant la conviction que leur décision sera annulée, comme la loi elle-même, par le Tribunal Fédéral. (Le dispositif de l'arrêt du Tribunal Fédéral prononcera l'annulation de la décision cantonale qui est attaquée par le recours ; la loi elle-même se trouvera cassée par les motifs de l'arrêt. Voir AFFOLTER, *ibid.*, p. 162 note 1). Des juges peuvent difficilement accepter une telle situation, incompatible

§ 3

Etendue des pleins pouvoirs.

Si le principe de la délégation des pleins pouvoirs au Conseil fédéral n'a pas été contesté, il n'en est pas de même des deux questions suivantes :

1° Quelle est la *nature* des arrêtés *généraux* pris par le Conseil fédéral en exercice des pleins pouvoirs ? Sont-ce des actes législatifs soumis au régime des actes législatifs accomplis par l'Assemblée fédérale, en particulier soustraits au contrôle juridictionnel du Tribunal Fédéral par application de l'art. 113 de la Constitution fédérale ? Ou bien, au contraire, sont-ce des actes de l'Exécutif, soumis au régime normal des actes accomplis par le Conseil fédéral, en particulier soumis au contrôle juridictionnel du Tribunal Fédéral ?

Le Tribunal Fédéral a jugé, le 14 décembre 1915, que les ordonnances *générales* édictées par le Conseil fédéral en vertu des pleins pouvoirs doivent être considérées comme des « arrêtés de l'Assemblée fédérale qui ont une portée générale » et sont, par suite, soustraites au contrôle juridictionnel (1).

Pour un juriste, cette solution paraît difficilement acceptable. La règle du droit public suisse est le contrôle juridictionnel des actes *généraux* accomplis par l'Exécutif (2). L'exception inscrite dans la Constitution fédérale, art. 113, c'est que les tribunaux n'ont pas à vérifier la constitutionnalité dès *lois* et *arrêtés généraux* de l'*Assemblée fédérale*. Manifestement le texte de l'art. 113, quelque large que soit l'interprétation, ne

avec leur dignité. C'est là, semble t-il, la raison profonde pour laquelle la Cour de justice (Genevoise) ... a reconnu aux tribunaux genevois la compétence d'affirmer la constitutionnalité des lois. L'affirmation de cette compétence est donc en relation étroite avec l'exercice du recours du droit public, et avec la jurisprudence du Tribunal Fédéral qui vient d'être rappelée » (G. WERNER, *op. cit.*, p. 44 et 45).

(1) Voyez *infrà*, p. 63 et s., l'affaire *Millioud*.

(2) BURCKHARDT, *op. cit*, p. 865 : « Bundesrat-*Verordnungen* dagegen *kann* das Bundesgericht auf ihre Uebereinstimmung mit der Verfassung und dem Gesetz prüfen ».

permet pas de couvrir les actes *généraux* du *Conseil fédéral*. Remarquons que, placés en présence d'un problème analogue, les tribunaux anglais et les tribunaux italiens n'ont pas hésité à apprécier la légalité des mesures générales édictées par l'Exécutif en vertu des lois de pleins pouvoirs (1). Ils n'ont pas cru que ces mesures bénéficiaient du régime applicable aux actes généraux accomplis par le Parlement souverain. Il est permis de croire que le Tribunal fédéral suisse a été influencé par des considérations *politiques*, beaucoup plus que par des arguments juridiques : il a craint de compliquer la tâche de l'Exécutif par des scrupules de légalité ; il a redouté de sacrifier le pays à la légalité.

2° Les pouvoirs du Conseil fédéral sont-ils *illimités*, comme l'affirme l'article 3 de l'arrêté précité de l'Assemblée fédérale du 3 août 1914 ?

Malgré les termes très généraux de la loi du 3 août 1914, n'est-il pas évident que l'Assemblée fédérale n'a pas pu conférer à l'Exécutif des pouvoirs refusés par la Constitution fédérale ? L'Assemblée fédérale n'est pas une assemblée souveraine : elle n'a que des pouvoirs limités par la Constitution fédérale. Si donc une mesure, jugée désirable par le Conseil fédéral, aboutit à modifier la Constitution fédérale, se heurte à une disposition constitutionnelle, la loi du 3 août 1914 sur les pleins pouvoirs ne permet pas au Conseil fédéral d'édicter cette mesure. Si la mesure est jugée indispensable, il faudra *d'abord* modifier la Constitution selon les formes prescrites.

Cette thèse, juridiquement irréfutable, n'est pourtant pas celle qui a triomphé : elle a été repoussée par le Tribunal Fédéral et aussi par l'Assemblée fédérale au nom de la *nécessité politique* : il ne faut pas sacrifier le pays à la légalité (2).

Ces questions se sont posées pratiquement plusieurs fois, en

___

(1) Pour l'*Angleterre*, v. *supra*, p. 27 et s. ; pour l'*Italie*, v. *supra*, p. 48 et s.

(2) Voyez *infra*, p. 65, l'argumentation du procureur général, professeur BURCKHARDT, dans l'affaire *Millioud*, jugée par le Tribunal fédéral, le 14 décembre 1915. Voyez aussi le texte de l'arrêt dans cette affaire ; Cpr. aussi *infra*, p. 71 et p. 73, les déclarations faites à l'Assemblée fédérale lors de l'établissement de *l'impôt de guerre* et de *l'impôt sur les bénéfices de guerre*.

particulier à propos de l'arrêté du Conseil fédéral du 2 juillet 1915 concernant les *outrages envers les peuples, chefs d'Etat et gouvernements étrangers*, à propos de l'*impôt de guerre* et à propos de l'*impôt sur les bénéfices de guerre*.

I. — *Ordonnance du Conseil fédéral du 2 juillet 1915* « concernant les outrages envers les peuples, chefs d'Etat et gouvernements étrangers ».

L'étendue des pleins pouvoirs du Conseil fédéral a été très soigneusement discutée lors du procès fait au professeur Millioud pour avoir publié dans la Revue qu'il dirige (*Bibliothèque universelle*) un article du professeur français Paul Stapfer, contenant des « outrages » envers le chancelier de l'Empire allemand et l'empereur allemand.

Le grand intérêt juridique de l'affaire *Millioud* est rehaussé par le fait que le procureur général *ad hoc*, dans cette affaire, était le professeur Burckhardt, auteur d'un Traité bien connu sur le Droit public de la Suisse sous la forme de commentaire de la Constitution fédérale de 1874.

Rappelons d'abord d'une manière précise les problèmes juridiques soulevés par cette affaire.

L'Ordonnance du Conseil fédéral du 2 juillet 1915, d'après son titre même, concerne « la répression des outrages envers les peuples, chefs d'Etat et gouvernements étrangers ».

Il est dit, dans le préambule : « Le Conseil fédéral suisse, — *se fondant sur l'article 102, chiffre 9, de la Constitution fédérale du 29 mai 1874 et sur l'arrêté fédéral du 3 août 1914* concernant les mesures propres à assurer la sécurité du pays et le maintien de sa neutralité, — Arrête… »

La disposition sur laquelle a porté la discussion est celle de l'article 4 : « La poursuite pénale n'a lieu qu'ensuite d'une décision du Conseil fédéral. *Le jugement est rendu par la Cour pénale fédérale* ».

Poursuivi devant la Cour pénale du Tribunal Fédéral, le professeur Millioud a fait soutenir par son avocat, le professeur de Félice, que l'ordonnance du 2 juillet 1915, base de la poursuite, était inconstitutionnelle, pour le motif que l'art. 4 de la dite ordonnance, qui prescrit le jugement sans l'assistance du Jury, violait l'article 112, chiffre 2, de la Constitution fédérale, lequel ordonne le jugement par Jury (1).

« On prétendra sans doute, a dit en substance M. de Félice (2), que le Tribunal Fédéral, chargé d'appliquer les lois votées par l'Assemblée fédérale et les arrêtés de cette Assemblée qui ont une portée générale n'a pas à en examiner la constitutionnalité. *Mais ce qu'on a voulu, en introduisant l'art. 113 dans la Constitution fédérale, c'est couper court aux contestations jadis trop fréquentes entre la Confédération et les cantons.* Il serait imprudent de trop généraliser et de faire de cette disposition un principe intangible ».

Ceci posé, le prof. de Félice s'est attaché à démontrer à la Cour pénale que l'ordonnance du 2 juillet 1915 excédait les pouvoirs conférés par l'arrêté fédéral du 3 août 1914 :

« On pourrait dire et je crois qu'il faut dire que, malgré la notion très large des pleins pouvoirs donnés en temps de guerre au Conseil fédéral, *il n'est pas admissible que l'Assemblée fédérale transfère au Conseil fédéral des pouvoirs plus étendus que ceux qu'elle a elle-même.* Si, sous cette forme, l'affirmation est discutable, on pourrait dire, en tout cas, *qu'il ne dépend pas de l'Assemblée fédérale* — à supposer qu'elle puisse elle-même imposer au Tribunal Fédéral des lois qui seraient contraires à la Constitution — *que ce privilège soit transféré.* Car je puis avoir le droit d'abuser, mais en tout cas je ne puis le céder.

Il s'agit de savoir si une violation flagrante et formelle de la Constitution peut s'étayer sur les pleins pouvoirs. Je ne le crois pas. *Les Chambres n'ont d'ailleurs pas voulu transférer le pouvoir de violer la Constitution. Il y a, dans la Constitution, des principes fondamentaux qui tiennent à l'organisation même de l'Etat, qui sont ses os et sa moelle. Ce sont les articles qui instituent les pouvoirs publics, et, parmi eux, le Jury fédéral. On n'a pas pu supprimer ces principes, et on ne l'a d'ailleurs pas voulu.*

Dans quelles conditions a été fait l'arrêté accordant les pleins pouvoirs ? C'était en août 1914, à une heure tragique s'il en fût. Mais M. Motta l'a déclaré lui-même aux Chambres : *ces pouvoirs ne sont pas illimités ; ils*

(1) Signalons en passant que, en juillet 1915, l'inconstitutionnalité de l'ordonnance semble n'avoir pas été aperçue. C'est ainsi que la *Gazette de Lausanne* du 3 juillet 1915 (p. 1 : *L'ordonnance sur la neutralité*) ne formule aucune protestation contre le jugement des délits d'outrage par le Tribunal Fédéral sans l'assistance du Jury : « Le Conseil fédéral a *été bien inspiré* aussi en confiant le jugement des infractions à son ordonnance à la Cour pénale du Tribunal Fédéral plutôt qu'aux Tribunaux militaires. *Cette mesure sera certainement bien accueillie par la presse* ».

(2) *Gazette de Lausanne*, n° 15 décembre 1915, p. 2.

se bornent aux mesures propres à assurer la sécurité du pays et à main-
tenir sa neutralité. Cela ne veut donc pas dire que le Conseil fédéral puisse
s'arroger le droit de chambarder les institutions du pays ».

M. de Félice a donné ensuite lecture des passages du bulle-
tin sténographique des Chambres fédérales relatant le débat
sur l'impôt de guerre (1), où la plupart des orateurs ont
soutenu que l'Assemblée fédérale ne pouvait pas modifier
la Constitution.

« A plus forte raison, a-t-il conclu, le Conseil fédéral ne saurait-il valablement le faire. De toute cette discussion, il ressort sans aucune équivoque que
les Chambres n'ont pas pu et n'ont pas voulu conférer au Conseil fédéral des
pouvoirs inconstitutionnels ».

Le procureur général, professeur Burckhardt, a combattu
cette thèse et a développé l'argumentation suivante, reposant
tout entière sur la nécessité politique et le principe : *salus
populi suprema lex :*

« Le texte de l'ordonnance du 3 août 1914 parle des pouvoirs *illimités*
qui sont conférés au Conseil fédéral. Le mot *illimité* doit-il être entendu
en ce sens que *le Conseil fédéral ne pourra cependant agir que dans les
limites tracées par la Constitution ? Non, cela n'était pas possible en
fait, vu les circonstances.* Nombre de mesures, dans tous les domaines,
ont été prises, *qui sont contraires aux principes généraux de la Constitution fédérale.* Au moment où la situation politique risquait de cesser
d'être simplement menaçante pour devenir tragique, ON N'A PAS ENTENDU
SACRIFIER LE PAYS A LA LÉGALITÉ. C'est le bon sens même qui plaide pour la
nécessité politique. *Il était impossible d'accorder les pleins pouvoirs au
Conseil fédéral, tout en le forçant à respecter la Constitution.*
Toutes les lois fédérales (civiles, pénales ou publiques) sont, en outre, obli-
gatoires pour le Tribunal Fédéral qui ne peut en aucun cas en examiner la
constitutionnalité. Le Tribunal Fédéral ne peut se demander si une mesure
prise pendant le *Notstand* est opportune ou non. Cela est du ressort des
autorités politiques. On ne saurait également faire état de discussions aux
Chambres. Si l'on cherchait à établir un droit public d'après les opinions
émises aux Chambres lors de ces discussions, on se heurterait à une impossibilité. Les libertés publiques auxquelles nous tenons ne sont pas menacées.
Il a fallu, momentanément, les restreindre dans l'intérêt de la patrie. »

(1) V. *infra,* p. 271 et s.

C'est la thèse du procureur général Burckhardt qui a été adoptée par la Cour pénale du Tribunal Fédéral, dans son arrêt du 14 décembre 1915. Voici la partie de l'arrêt, consacrée à la solution des problèmes *juridiques* (1) :

« Le prévenu soutient que l'ordonnance du 2 juillet 1915 est inconstitutionnelle, car elle place dans la compétence de la Cour pénale fédérale la répression des outrages envers les peuples, chefs d'Etat et gouvernements étrangers, alors que, d'après l'article 112, chiffre 2, de la Constitution fédérale, c'est le Tribunal Fédéral, assisté du jury, qui connaît des crimes et délits envers le droit des gens.

Cette argumentation repose sur l'idée que les délits prévus par l'ordonnance du Conseil fédéral sont des délits contre le droit des gens. Or, cette idée est erronée. L'ordonnance en question fait partie de l'ensemble des mesures destinées à assurer, pendant la guerre, la sécurité du pays et le maintien de sa neutralité. Estimant que, dans les conjonctures actuelles, la publication d'articles ou d'images outrageantes pour des gouvernements ou des peuples étrangers serait de nature à mettre en péril nos relations avec l'étranger et aussi la paix et l'union nécessaires à l'intérieur du pays, le Conseil fédéral a jugé à propos d'interdire de telles publications. S'il l'a fait, ce n'est pas dans l'intérêt du gouvernement ou du peuple visé, mais dans notre intérêt national. Ce qui le prouve, c'est non seulement le préambule de l'ordonnance qui déclare celle-ci motivée par le souci de notre sécurité et de notre neutralité, mais aussi et surtout le fait que les poursuites sont ordonnées indépendamment de toute plainte de gouvernement étranger et même en l'absence de réciprocité avec l'Etat étranger.

Les deux exigences s'imposeraient évidemment si le but de l'ordonnance était, comme celui de l'art. 42 du Code pénal fédéral, de protéger les intérêts de la nation étrangère ; au contraire, elles deviennent superflues, si c'est l'intérêt de la Suisse elle-même qui commande les poursuites. Du moment que les délits prévus par l'ordonnance ne sont pas des délits contre le droit des gens, ils ne rentrent pas dans la catégorie de ceux que l'art. 112, chiffre 2 de la Constitution fédérale soumet au jugement du jury, et le Conseil fédéral a donc pu, sans porter aucune atteinte à cette disposition constitutionnelle, placer leur répression dans la compétence de la Cour pénale fédérale.

« *Mais, d'ailleurs, il n'appartiendrait pas à la Cour pénale fédérale de déclarer l'ordonnance inapplicable parce qu'inconstitutionnelle.* Aux termes de l'article 113, Constitution fédérale, le Tribunal fédéral doit appliquer les lois votées par l'Assemblée fédérale et les arrêtés de cette Assem-

---

(1) On trouvera le texte de l'arrêt dans la *Gazette de Lausanne* du 16 décembre 1915, p. 3 ; et dans le *Journal de Genève* du 15 décembre 1915, p. 3.

blée qui ont une portée générale, sans pouvoir rechercher si ces lois et arrêtés sont conformes ou non à la Constitution. Or, en date du 3 août 1914, l'Assemblée fédérale a donné au Conseil fédéral pouvoir illimité de prendre toutes les mesures propres à assurer la sécurité du pays et le maintien de sa neutralité : *elle lui a ainsi délégué les pouvoirs législatifs qu'elle possède elle-même, et le Tribunal Fédéral ne peut pas plus examiner la constitutionnalité d'une ordonnance de portée générale rendue en vertu de ces pleins pouvoirs qu'il ne pourrait examiner celle d'une loi votée par l'Assemblée fédérale.*

C'est en vain que le prévenu s'attache à démontrer qu'en édictant l'ordonnance du 2 juillet 1915, le Conseil fédéral a excédé les pouvoirs qui lui avaient été confiés. *C'est l'Assemblée fédérale seule qui peut décider si le Conseil fédéral a outrepassé les droits qu'elle entendait lui donner,* et elle a, au moins tacitement, ratifié l'emploi prétendument abusif qu'il en a fait, puisque — réunie depuis le 2 juillet 1915 — elle n'a pas cru devoir révoquer ou désavouer l'ordonnance rendue à cette date.

Enfin, *il n'est pas non plus exact de prétendre que l'Assemblée fédérale n'a pas pu autoriser le Conseil fédéral à s'affranchir des règles constitutionnelles qui, en temps ordinaire, s'imposent à l'observation des autorités. Bien que la Constitution ne contienne pas de disposition formelle dans ce sens, il n'est pas douteux que lorsque, par suite de circonstances exceptionnelles, le Conseil fédéral est chargé de prendre toutes mesures exceptionnelles nécessaires pour le bien public menacé, il ne saurait être lié par la Constitution dans cette œuvre indispensable.*

Le prévenu reconnaît lui-même qu'il peut être amené à restreindre certaines des garanties constitutionnelles, mais il veut qu'il respecte au moins les dispositions organiques de la Constitution. Mais cette délimitation est tout arbitraire, et *il est manifestement impossible de prescrire au gouvernement de s'arrêter à un point déterminé si le salut du pays exige qu'il aille au-delà.* Quant à savoir si, dans tel cas particulier, par exemple en l'espèce, le Conseil fédéral avait des raisons suffisantes pour sortir du cadre tracé par la Constitution, l'autorité judiciaire ne peut s'arroger le droit d'en décider : *c'est l'autorité politique seule, soit le Conseil fédéral sous le contrôle de l'Assemblée fédérale (ordonnance du 3 août 1914, art. 5), qui est juge de la nécessité des mesures qu'elle ordonne dans la plénitude de sa responsabilité vis-à-vis du pays.*

En résumé, le Tribunal Fédéral n'est pas compétent pour rechercher si l'ordonnance fédérale est constitutionnelle ; d'ailleurs, elle n'est pas contraire au texte constitutionnel cité par le prévenu. Enfin, si même elle l'était, il ne s'ensuivrait pas qu'en l'édictant néanmoins le Conseil fédéral ait excédé ses droits.

Pour ces motifs, la Cour pénale fédérale écarte le déclinatoire soulevé. »

Ainsi, les principes constitutionnels proclamés par le Tribunal Fédéral dans l'arrêt du 14 décembre 1915 sont les suivants :

1° En cas de guerre, l'Assemblée fédérale peut déléguer au Conseil fédéral des pouvoirs *illimités*.

2° En vertu de ces pouvoirs illimités, le Conseil fédéral peut violer toutes les règles de la Constitution, quelles qu'elles soient : *Salus populi, suprema lex*.

3° Le *seul* contrôle auquel sont soumis les actes généraux accomplis par le Conseil fédéral dans l'exercice de ses pouvoirs illimités est le contrôle *politique* de l'Assemblée fédérale : les tribunaux ne peuvent pas apprécier la constitutionnalité des mesures *générales* ainsi édictées par le Conseil fédéral.

L'arrêt du 14 décembre 1915 a soulevé dans une partie de la Suisse et, en particulier, dans la Suisse romande une très vive émotion. On en trouve l'écho dans les deux principaux journaux publiés dans cette région.

« M. le prof. Millioud, écrivait le *Journal de Genève* (1), a été condamné à une amende de 500 francs et aux frais évalués à 200 francs. Auparavant, le Tribunal s'était déclaré compétent et avait ainsi assimilé l'ordonnance du Conseil fédéral du 2 juillet dernier aux lois fédérales et aux arrêtés de portée générale que le Tribunal Fédéral doit appliquer sans examiner s'ils sont conformes à la Constitution.

.. Ce qui est plus intéressant pour le public et pour l'avenir, c'est l'aspect juridique de la question...

...*La doctrine du salut public est extraordinairement élastique et dangereuse, surtout lorsqu'il s'agit des libertés personnelles du citoyen, et il est singulièrement périlleux de la substituer aux garanties précises et solides de la Constitution.* L'ordonnance du 2 juillet est en contradiction formelle avec certains articles de la Constitution de 1874, notamment avec l'article 106 alinéa 2, qui prévoit formellement le Jury pour toutes les affaires pénales. Le procureur général a soutenu et le tribunal a admis que le Tribunal Fédéral devait appliquer l'ordonnance du Conseil fédéral sans examiner si elle était conforme à la Constitution.

Cette thèse elle-même est contraire à l'article 113 de la Constitution fédérale, en vertu duquel le Tribunal Fédéral doit appliquer les lois votées par l'Assemblée fédérale et les arrêtés de cette Assemblée qui ont une portée générale, mais où il n'est pas question des ordonnances du Conseil fédéral.

Dans son commentaire de la Constitution (page 803), M. le professeur

(1) 16 décembre 1915, p. 1 : *A propos d'un procès*.

Burckhardt lui-même déclare expressément que les simples arrêtés de l'Assemblée fédérale et les Ordonnances du Conseil fédéral ne lient pas le Tribunal Fédéral, mais que les unes et les autres doivent être examinées par le Tribunal Fédéral, du point de vue de leur conformité à la Constitution.

Toute l'argumentation de M. Burckhardt et du Tribunal Fédéral repose sur les pleins pouvoirs et sur l'arrêté de l'Assemblée fédérale, qui les a accordés au Conseil fédéral. C'est en se fondant sur ces pleins pouvoirs que le procureur général a soutenu que le Tribunal Fédéral devait appliquer l'ordonnance, et le Tribunal a admis cette thèse.

Mais c'est précisément là que se pose la question suivante : *Le Conseil fédéral peut-il, en vertu des pleins pouvoirs, suspendre les libertés constitutionnelles ? L'Assemblée fédérale a-t-elle pu conférer au Conseil fédéral un droit qu'elle ne possède pas elle-même : celui de modifier la Constitution ou, tout au moins, de déroger momentanément à ses dispositions ?*

Nous sommes prêts à reconnaître que le Conseil fédéral a fait, en général, un usage modéré et sage des pleins pouvoirs et qu'il les a appliqués pour le bien du pays. *Mais il n'en reste pas moins que le jugement du Tribunal Fédéral crée dans notre pays une grande insécurité et instabilité de droit, s'il suffit d'une ordonnance du Conseil fédéral pour modifier, non seulement les lois, mais les constitutions, et cela même dans le domaine des libertés et droits personnels des citoyens, domaine dans lequel la stabilité du droit est particulièrement nécessaire.*

Encore une fois, nous ne voulons rien exagérer et nous faisons largement la part des circonstances exceptionnelles dans lesquelles nous vivons. Nous reconnaissons que le régime, en somme arbitraire, sous lequel nous vivons, est appliqué avec modération par le Conseil fédéral et le Tribunal Fédéral. Mais il n'en reste pas moins que ce régime d'insécurité du droit et d'arbitraire produit, dans une grande partie de notre peuple, une impression de malaise que l'arrêt récent du Tribunal Fédéral, malgré la modération avec laquelle il s'est appliqué en fait, ne réussira pas à dissiper ».

De son côté, la *Gazette de Lausanne* (1) a formulé les réserves suivantes :

« La condamnation de M. le professeur Millioud... ne nous a pas surpris. *Nous vivons sous la dictature des pleins pouvoirs.* C'est le régime des « Ordonnances » dans toute sa sauvage beauté. Le déclinatoire a été plaidé par M. de Félice avec une rigueur de logique impeccable. *Le distingué avocat avait pour lui tous les textes constitutionnels.* Mais il ne s'agissait pas de cela. Le ministère public, le Tribunal Fédéral lui ont démontré que *pleins pouvoirs et constitutionnalité sont des termes qui s'excluent..., On ne discute pas avec les pleins pouvoirs. On les subit.* Le Tribunal Fédéral constate que l'Assemblée fédérale a tacitement approuvé l'ordonnance de

(1) 17 décembre 1916, p. 1 : *En Suisse. La condamnation de M. Millioud.*

juillet en ne la critiquant pas. C'est tout dire en pareille matière, et il n'y a plus qu'à attendre qu'il plaise aux pouvoirs publics de sortir de l'arbitraire pour rentrer dans le droit, heureux que nous sommes encore de n'avoir pas trop pâti... »

Il est remarquable que l'arrêt du Tribunal Fédéral n'ait eu d'autre écho dans l'Assemblée fédérale qu'une proposition, présentée au Conseil national par M. Ador (1), de discuter enfin le rapport sur l'exercice des pleins pouvoirs, — discussion que le Conseil fédéral et la Commission chargée de rapporter sur l'exercice des pleins pouvoirs avaient demandé à l'Assemblée fédérale d'ajourner à une période moins critique.

« Mes amis politiques, a dit M. Ador, estiment que le Conseil national ne doit pas abdiquer, par un silence complet, les droits qu'il tient de la Constitution. Dans un procès qui vient d'être jugé, le Tribunal Fédéral a déclaré que c'est l'Assemblée fédérale seule qui peut accorder ses droits au Conseil fédéral et que l'Assemblée n'ayant pas révoqué ou approuvé l'ordonnance de juillet 1915, cet acte a une pleine valeur légale. Ainsi, nous dit le Tribunal Fédéral, toutes les fois que vous ne dites rien vous approuvez tacitement.

La question que nous soulevons est une question de compétence des pouvoirs : on ne peut pas empêcher un Parlement d'exercer ses droits.

Le Conseil fédéral sera le premier à désirer que l'Assemblée fédérale partage les responsabilités qu'elle a le droit de posséder. »

II. — *L'impôt de guerre*

Plus respectueux de la légalité s'est montré le Conseil fédéral lors de l'établissement de l'impôt de guerre en 1915.

D'après la Constitution fédérale de 1874, la Confédération ne peut pas percevoir d'*impôt direct* (2) : les impôts directs sont réservés, par la Constitution, aux cantons.

Ceci posé, au début de l'année 1915, le Conseil fédéral a estimé que l'état des finances publiques fédérales exigeait l'établissement d'un impôt direct fédéral de guerre.

C'est là un impôt *direct*, soustrait à la compétence *fédérale*, L'établissement d'un pareil impôt excédait-il les pouvoirs « illi-

____

(1) Conseil national, séance du 15 décembre 1915, *Gazette de Lausanne*, 18 décembre 1915, p. 2. V. *infra*, p. 83.

(2) Constitution fédérale de 1874, art. 28 et s. et surtout art. 42.

mités.» du Conseil fédéral? L'attitude du Conseil fédéral a été dans la circonstance très correcte ; il a proposé de suivre la procédure de revision constitutionnelle.

D'ailleurs, le Conseil fédéral, tout en affirmant sa volonté de recourir à la procédure de revision constitutionnelle, n'a pas hésité à soutenir qu'en cas d'extrême nécessité, il passerait outre à la légalité et invoquerait la règle : *salus reipublicæ lex esto*. Les termes du Message du Conseil fédéral (1) du 12 février 1915 sont catégoriques :

« ... Il ne nous paraît pas possible de recourir... à la mesure prévue par l'article 42 de la Constitution fédérale, en faisant appel aux contributions des cantons pour subvenir aux dépenses de la mobilisation... Depuis nombre d'années, les relations financières entre la Confédération et les cantons ne se sont point développées dans le sens des contributions cantonales versées à la Confédération, mais dans une tout autre direction, celle des subventions fédérales allouées aux cantons. Il suit de là qu'en appliquant aujourd'hui une disposition constitutionnelle qui déroge à des habitudes prises et n'a jamais été appliquée depuis 1849, on viendrait jeter une véritable perturbation dans les budgets cantonaux... La proposition tendant à la perception d'un impôt fédéral de guerre part de l'idée que le peuple suisse doit, par un unique et grand effort, venir en aide à la Confédération et assurer en même temps le développement normal des finances cantonales. Il s'agit ainsi d'un concours financier à apporter à la Confédération et qui doit lui permettre de renoncer à faire usage du droit qui lui est réservé par la Constitution de recourir aux contributions cantonales. *Mais un concours financier sous la forme où nous le proposons sort des limites de la Constitution ;* nous devons en conséquence pourvoir, en premier lieu, à la *création d'une base constitutionnelle*, ce qui implique nécessairement la coopération du peuple et des Etats... L'impôt de guerre que nous proposons doit être une *contribution directe sur la fortune et sur le produit du travail ;* cet impôt sera perçu par les cantons et versé à la Confédération, sauf une partie du produit réservée aux premiers. *La Constitution fédérale n'autorise pas la Confédération à percevoir des impôts directs ;* cette compétence ne peut être déduite du texte de l'article 42 litt. *f.*, de la Constitution, qui prévoit, en dernier lieu, pour subvenir aux dépenses de la Confédération, les contributions des cantons « que réglera la législation fédérale, en tenant compte surtout de leur richesse et de leurs ressources imposables ». En effet... cet article a reçu de tout temps la même interprétation... ; *il a été entendu que cette disposition*

(1) Message du Conseil fédéral à l'Assemblée fédérale du 12 février 1915 concernant un article additionnel 42 *bis* à insérer dans la Constitution fédérale (établissement d'un impôt de guerre non renouvelable).

constitutionnelle ne prévoit pas, pour la Confédération, des impôts à faire payer aux contribuables, mais des contributions à imposer aux cantons. En conséquence, *pour concéder à la Confédération le droit de lever un impôt de guerre sous la forme d'une contribution directe payée par les habitants du pays, il faut que le peuple suisse et les Etats aient conféré eux-mêmes ce droit, conformément à la Constitution...*

« Rebus sic stantibus, la Confédération n'a pas le droit, sans reviser la Constitution, de percevoir un impôt direct, fût-ce même sous la forme d'une contribution directe de guerre, levée une fois pour toutes à titre exceptionnel. *Nous ne voulons point dire par là que la Confédération ne puisse se trouver dans l'obligation de recourir à un impôt de guerre sans réviser préalablement la Constitution. Dans une extrême nécessité, si elle ne disposait d'aucun autre moyen de sauvegarder sa souveraineté et d'atteindre les buts primordiaux de l'Etat, nous estimons que la maxime « salus reipublicae lex esto » pourrait être prise en considération dans la question de savoir si la Confédération a ou n'a pas le droit de lever un impôt de guerre.* Heureusement, nous ne sommes pas encore dans cette situation, aussi longtemps que l'Etat dispose d'un excellent crédit pour satisfaire à ses engagements. *Il en résulte qu'une révision constitutionnelle s'impose pour l'impôt de guerre projeté.* Nous proposons, à cet effet, d'insérer dans la Constitution fédérale, un nouvel article 42 *bis* qui accorde à la Confédération le droit de percevoir une fois pour toutes un impôt direct de guerre. »

En fait, la Constitution a été revisée dans les formes prescrites (1) : la votation populaire a eu lieu le 6 juin 1915, et l'impôt de guerre est passé dans la législation fédérale suisse (arrêté de l'Assemblée fédérale du 22 décembre 1915).

(1) Il y a eu toutefois des particularités, tenant à ce que la révision est « *temporaire* » et « *étroitement liée aux circonstances exceptionnelles* ». La voie normale est d'insérer d'abord, dans la Constitution, un *principe absolument général* concernant la compétence, puis de rédiger une loi d'exécution avec referendum facultatif. On n'a pas procédé ainsi. Pour gagner du temps, on a fait entièrement décider la question de l'impôt de guerre par une seule votation populaire. On a soumis à la votation populaire une *disposition constitutionnelle détaillée*, impliquant tous les principes essentiels de la législation future (nature de l'impôt ; minima imposables ; taux de l'impôt pour les personnes physiques, mode d'imposition des sociétés anonymes et en commandite, associations et sociétés ; perception de l'impôt et participation des cantons). La votation populaire obtenue le 6 juin 1915, par 444.505 voix contre 27.352, le Parlement a édicté à titre définitif l'arrêté fédéral d'exécution. C'est l'arrêté fédéral du 22 décembre 1915, pris « en vertu de l'arrêté fédéral du 15 avril 1915 concernant l'adoption d'un article constitutionnel en vue de la perception d'un impôt de guerre non renouvelable, arrêté devenu exécutoire en vertu de la votation du peuple et des Etats du 6 juin 1915 ».

III. — *L'impôt sur les bénéfices de guerre*

Les scrupules constitutionnels ont été laissés de côté, en 1916, soit par le Conseil fédéral, soit par l'Assemblée fédérale, lorsqu'il s'est agi de l'*impôt sur les bénéfices de guerre*.

En juin 1916, les autorités fédérales, sous la pression de l'opinion publique, ont pensé qu'il convenait d'établir en Suisse un impôt fédéral sur les bénéfices de guerre. Cet impôt étant un impôt *direct*, devait-il être établi en vertu des pleins pouvoirs ou par voie de revision constitutionnelle, c'est-à-dire par *votation populaire*, comme on l'avait fait pour l'impôt de guerre en 1915 ?

Ce problème a été longuement discuté dans les deux Chambres de l'Assemblée fédérale : au Conseil national d'abord, le 14 juin 1916, au Conseil des Etats ensuite, le 21 juin 1916.

La quasi-unanimité des deux Chambres s'est prononcée pour le recours aux pleins pouvoirs, tout en reconnaissant que la procédure correcte était celle de la revision constitutionnelle.

Au Conseil national, c'est M. Secretan qui a été le principal champion de la thèse de l'inconstitutionnalité du recours aux pleins pouvoirs (1). Le *Journal de Genève* (2) a résumé de la manière suivante les arguments développés en faveur de cette thèse :

« Le Conseil national a consacré la plus grande partie de la séance du mercredi matin à la discussion de l'impôt sur les bénéfices de guerre... *Le principe de cet impôt n'a été contesté par personne. Il se justifie absolument et il n'est venu à l'idée d'aucun député de le repousser.* Mais le débat a porté sur deux points principaux : 1. *Le Conseil fédéral peut-il percevoir l'impôt sur les bénéfices de guerre en vertu de ses pleins pouvoirs, ou doit-il recourir à la procédure légale et normale d'une revision constitutionnelle ? 2. Si le Conseil fédéral décrète l'impôt en vertu de* ses pleins pouvoirs, faut-il lui laisser les mains libres pour fixer les moda-

____

(1) Voyez le texte du rapport général sur les pleins pouvoirs présenté par Secretan, dans la *Gazette de Lausanne*, 16 juin 1916, p. 1.

(2) 16 juin 1916, p. 1, *Chronique parlementaire* et p. 4 *Chambre fédérale*·

lités de cette taxe, ou bien les Chambres doivent-elles lui donner des directions spéciales, comme le voulait la minorité socialiste ?

Sur le premier point, le représentant des libéraux romands dans la commission, M. Sécretan, a été seul à soutenir le point de vue constitutionnel. Au vote, les députés libéraux romands présents dans la salle ont été seuls à l'appuyer avec un radical neuchâtelois, M. Piguet. Comme l'a très bien dit M. Sécretan : « Nous sommes peu nombreux à défendre cette opinion. Mais nous nous trouvons en bonne compagnie. Nous sommes avec la Constitution ». Il est vrai que c'est considéré comme peu de chose à l'heure actuelle, où chacun viole à qui mieux mieux notre pacte fondamental, que d'avoir la seule Constitution avec soi. Ceux qui en demandent le respect avec une inlassable persistance sont considérés comme d'insupportables doctrinaires, comme des coupeurs de cheveux en quatre, comme des théoriciens qui n'ont aucun sens pour les nécessités de la vie pratique. Ils acceptent avec beaucoup de sérénité ces critiques et ces accusations, certains que le peuple comprend beaucoup mieux leur fidélité à un principe que les adorateurs parlementaires de la doctrine des pleins pouvoirs, qui se recrutent malheureusement dans tous les partis et dans toutes les régions.

Les principaux défenseurs de la perception de l'impôt sur les bénéfices de guerre en vertu des pleins pouvoirs ont été le rapporteur de la Commission, M. Suter, MM. Henri Fazy, Speiser, Musy, Maechler (St-Gall) et M. le Conseiller fédéral Motta. *L'argument essentiel qu'ils ont donné a été l'urgence de décréter cet impôt le plus vite possible afin de pouvoir atteindre tous ceux qui doivent être frappés.* C'est fort bien. Mais, dans ce cas et si le moindre retard porte, comme on l'a dit, un coup fatal au principe même de cet impôt, on se demande pourquoi au monde le Conseil fédéral a attendu près de deux ans pour mettre ce projet sur le tapis... Il y a un an au moins qu'on s'aperçoit que de gros bénéfices se réalisent en certaines industries de guerre et que l'idée d'un impôt spécial sur ces profits exceptionnels est à l'ordre du jour dans tous les pays. Chez nous on n'a rien fait dans cette direction ; et l'on s'est obstiné, en revanche, à étudier des projets comme le monopole du tabac ou l'impôt direct, qui n'ont aucune urgence et ne peuvent même pas être discutés sérieusement avant la fin de la guerre.

Tout d'un coup, on s'avise de l'impôt sur les bénéfices de guerre. Et alors il faut le réaliser immédiatement, du jour au lendemain, *sans consulter le peuple et sans en soumettre le détail aux Chambres, contrairement à toute doctrine constitutionnelle, comme l'ont reconnu nos meilleures autorités en matière de droit public. L'on crée ainsi un précédent fort dangereux et qui pourra se retourner contre ceux-là mêmes qui l'ont soutenu aujourd'hui.*

Que les adorateurs des pleins pouvoirs, ceux qui ne se tiennent pas de joie depuis que l'on a complètement éliminé les droits populaires, acceptent ce système, c'est leur affaire. Leurs conceptions politiques sont si radicalement opposées aux nôtres et leur mentalité nous est tellement étrangère que nous ne songeons pas même à discuter avec eux. *Mais qu'il se trouve de très nombreux représentants des minorités politiques et régionales pour partager cette manière de voir et renforcer ainsi la toute-puissance gouvernementale,* voilà qui serait bien fait pour nous surprendre si, depuis la guerre, il n'avait pas fallu s'accoutumer à tout, en particulier aux contradictions et au *fléchissement des principes* de beaucoup de ceux en qui autrefois on avait pris l'habitude de mettre sa confiance. »

Cette thèse a été reprise au Conseil des Etats, à la séance du 21 juin 1916, ainsi que le constate le *Journal de Genève* (1) :

« Le Conseil des Etats.... s'est occupé mercredi, à son tour, de l'impôt sur les bénéfices de guerre. La Commission des pleins pouvoirs du Conseil des Etats a proposé à ce Conseil d'accepter le postulat (2) déjà voté par le Conseil national et engageant le Conseil fédéral à décréter l'impôt sur les bénéfices de guerre en vertu de ses pleins pouvoirs. Les arguments donnés en faveur de cette solution sont les mêmes que ceux qui avaient déjà été exposés au Conseil national : d'un côté, le fait que le principe de cette nouvelle taxe n'est contesté par personne ; de l'autre, l'urgence : l'impôt sur les bénéfices de guerre ne pouvant, disent ses partisans, déployer tous ses effets que s'il est décrété et appliqué avec une extrême célérité.

Les objections constitutionnelles qui avaient été formulées par M. Secretan ont été reprises et développées au Conseil des Etats (3) par un député radical de Bâle-Ville, M. Scherrer (4), et par un député libéral de Genève, M. Rutty. MM. Scherrer et Rutty ont critiqué la facilité avec laquelle on passait par-dessus les arguments constitutionnels, et ils ont montré au contraire combien il est important de se montrer respectueux vis-à-vis de la Constitution, spécialement en matière d'impôt. *M. Rutty a rappelé que la Commission d'experts dont il avait fait partie s'était prononcée à une grande majorité*

(1) 24 juin 1916, p. 1, *Chronique parlementaire,* et nº du 23 juin pour la discussion au Conseil des Etats.

(2) On sait que, dans la langue constitutionnelle suisse, le terme *postulat* est synonyme d'*invitation* adressée par une autorité à une autre.

(3) Séance du 21 juin 1916, *Journal de Genève,* nº du 23 juin 1916, p. 4, *Chambres fédérales.*

(4) Voici l'analyse du discours de M. Paul SCHERRER sur la question constitutionnelle, d'après le *Journal de Genève,* nº 23 juin 1916, p. 4 : « La légèreté avec laquelle on passe sur les arguments constitutionnels lui paraît bien étrange. On a débattu beaucoup plus longtemps et plus sérieusement la constitutionnalité des nouvelles taxes postales et de la Caisse d'épargne postale. On entre dans une voie dangereuse. L'opinion se répand qu'il faut renoncer aux impôts impopulaires, tels que le monopole du tabac, pour se rabattre sur les impôts de guerre, très populaires parce qu'ils n'atteignent que les riches ».

pour une revision constitutionnelle. Il a déclaré que les raisons données l'an dernier en faveur de la nécessité de soumettre l'impôt de guerre au peuple militent aussi cette année pour la procédure constitutionnelle en ce qui concerne l'impôt sur les bénéfices de guerre.

Malgré les excellents arguments, l'urgence l'a emporté, et le Conseil des Etats a adhéré au postulat déjà accepté par le Conseil national. Il y a eu 7 à 8 abstentions motivées par les scrupules constitutionnels que MM. Scherrer et Rutty ont exposés ».

Ce qui est remarquable, c'est que à peu près tout le monde, au cours de cette discussion, a reconnu que la seule procédure régulière était celle de la revision constitutionnelle (1). Le conseiller fédéral Motta, partisan de l'exercice des pleins pouvoirs, l'a dit expressément au Conseil des Etats (2) :

« *Aucun doute,* a-t-il dit en substance, *n'existe sur la question consti-tutionnelle. La procédure proposée (pleins pouvoirs) ne serait évidemment pas admissible en temps normal (2).* Les circonstances n'ont pas permis au

(1) Toutefois, un membre du Conseil des Etats, M. Munzinger, a affirmé la constitutionnalité de la mesure : « La Confédération a besoin de nouvelles ressources considérables. Les diverses mesures de réforme financière se heurtent à de multiples oppositions. En revanche, le projet d'impôt sur les bénéfices de guerre rencontre l'approbation générale. La commission ne juge pas qu'il soit possible aux Chambres de fixer les modalités de cet impôt. *Quant à la question de compétence, le rapporteur estime que l'Assemblée fédérale est aussi compétente pour investir le Conseil fédéral du plein pouvoir de prélever un impôt de guerre qu'elle l'a été pour l'octroi général des pleins pouvoirs en août 1914.* Ces pleins pouvoirs s'appliquent non seulement aux mesures exigées par l'indépendance, la sécurité et la neutralité de la Suisse, mais encore aux mesures propres à maintenir le crédit de la Confédération. *Il est entendu que la procédure suivie en cette circonstance exceptionnelle ne constitue aucun précédent pour les temps normaux.* »

(2) Cet argument a été aussi présenté par M. Henri Scherrer (Saint-Gall), membre de la Commission, qui a dit (Conseil des Etats, 21 juin 1916) : « Le peuple est évidemment favorable à un impôt sur les bénéfices de guerre, mais en même temps il voit de bon œil le contrôle du parlement. *Cependant cet assentiment général ne serait pas un motif suffisant pour sortir de la voie d'une révision constitutionnelle.* Le motif principal, c'est l'urgence ». Pour d'autres membres du Conseil des Etats, le fait que l'impôt a l'assenti-ment populaire est un argument puissant en faveur de l'exercice des pleins

Conseil fédéral de prévoir plutôt un impôt sur les bénéfices de guerre. En 1915, nous avions introduit le système des taxes d'exportation. Ces taxes, d'abord minimes, sont maintenant l'une des ressources importantes de la Confédération... C'est pourquoi nous avons hésité d'abord à envisager un impôt spécial sur les bénéfices de guerre... *La popularité d'un impôt n'est pas une raison pour le soustraire à la ratification du peuple. Au contraire, plus un impôt est populaire, plus il y a des raisons de croire qu'il est injuste. Le motif déterminant qui nous a fait renoncer à la consultation populaire, c'est la question d'urgence.* La votation sur le texte constitutionnel n'aurait pu avoir lieu avant l'automne. Ensuite, les Chambres auraient dû discuter la loi d'exécution ; puis il y aurait eu encore l'ordonnance à élaborer. Toutes ces longueurs auraient rendu beaucoup plus difficile et plus pénible la perception de l'impôt sur les bénéfices de guerre ».

Pourtant, à la séance du Conseil national du 14 juin 1916, M. Motta avait déclaré (1) : « *L'opinion publique est unanime à approuver cet impôt ; ce fait est de première importance pour notre ligne de conduite. La consultation du peuple ne serait qu'une pure formalité et une cause très fâcheuse de retard.* »

Non seulement les orateurs ont reconnu le caractère inconstitutionnel de la procédure suivie, mais encore le texte du postulat adopté par les Chambres l'a souligné. Voici la formule présentée par la Commission des finances du Conseil national (2) et adoptée par le Conseil national et par le Conseil des Etats :

pouvoirs. M. Lewmann (Thurgovie) a développé ce motif : «Les 99 p. 100 du peuple accepteraient le projet constitutionnel d'impôt sur les bénéfices de guerre. *De ce côté-là,* notre conscience est tranquille et nous pouvons, en toute confiance, accorder au Conseil fédéral la compétence que l'urgence nous empêche de demander au peuple ».

(1) Au Conseil national, le 14 juin 1916, M. Motta avait fait aussi la déclaration suivante : « Nous avons soumis le cas à une Commission d'experts ; celle ci se prononça d'abord, par la voix de M. le professeur Burckhardt, en faveur de la revision constitutionnelle. *C'est la sous-commission de la neutralité qui, d'elle-même, reconnut les inconvénients d'une revision constitutionnelle, et qui fut suivie par la commission dans son ensemble. Avec la revision, l'impôt ne pourrait être perçu avant le milieu de 1917, et s'étendrait sur la période de trois ans ».*

(2) M. Suter (Argovie), séance du 14 juin 1916, *Journal de Genève,* n° du 16 juin 1916, p 4.

« L'Assemblée fédérale,

« Considérant qu'il est justifié de prélever un impôt fédéral sur les bénéfices de guerre ; *considérant, d'autre part, que les retards considérables qu'entraînerait une révision constitutionnelle compromettraient la perception de cet impôt ;* constate l'urgence d'une décision immédiatement exécutoire et invite le Conseil fédéral à user des pleins pouvoirs conférés le 3 août 1914, pour prendre les mesures nécessaires au prélèvement d'un impôt équitable sur les bénéfices extraordinaires réalisés pendant la guerre. »

On le voit, à raison même de la gravité de la mesure prise au point de vue constitutionnel, le Conseil fédéral a tenu à consulter les Chambres (1), et celles-ci ont consenti à ne pas laisser au Conseil fédéral seul la responsabilité de la décision. C'est pour ce motif qu'elles ont adopté le postulat (2).

La décision prise par les deux Chambres et par le Conseil

(1) Au Conseil national, le 14 juin 1916, M. Motta, conseiller fédéral, a dit en substance : « M. Secretan est seul jusqu'ici à s'opposer au principe du postulat. Mais, à titre éventuel, il se rallie à l'idée, en voulant laisser le Conseil fédéral entièrement responsable, de façon qu'on puisse le charger de tous les péchés d'Israël, tandis que la majorité pense que le Conseil fédéral, comme la femme de César, ne doit pas être soupçonné... Mais ici il n'y a ni péchés d'Israël, ni femme de César, il y a la nécessité. L'opinion publique est unanime à approuver cet impôt... La consultation du peuple ne serait qu'une pure formalité et une cause très fâcheuse de retard... Nous sommes en droit de demander au Parlement l'approbation de l'usage que nous avons fait des pleins pouvoirs qu'il nous a accordés ; cela, on le reconnaît. Mais cette approbation postérieure implique *a fortiori* la justification d'une approbation anticipée ; nous ne nous attendions pas sur ce point à des critiques. D'autre part, il ne faut pas lier le Conseil fédéral par des normes trop détaillées » (*Journal de Genève*, 16 juin 1916, p. 4).

(2) C'est ce qu'ont dit au Conseil national, le 14 juin 1916, M. Fazy (Genève) et M. Speiser (Bâle-Ville). — « L'urgence de cet impôt est indiscutable, a dit M. Fazy. S'il est un point sur lequel le peuple suisse est à peu près unanime, c'est bien celui-là. Si l'on introduit cet impôt, des mesures provisionnelles immédiates s'imposent. *Or, c'est seulement en votant le postulat que nous permettrons au Conseil fédéral de prendre ces mesures.* Contrairement à M. Secretan, *je suis d'avis que l'Assemblée fédérale doit s'associer à cette mesure et prendre sa part de responsabilité dans une décision aussi importante au point de vue constitutionnel.* En revanche, nous ne devons pas, avec la minorité, donner des instructions au Conseil fédéral ». — De son côté, M. Speiser a déclaré : « La solution de cette affaire est trop urgente pour que l'on puisse recourir à la voie si longue de la revision constitutionnelle. *Nous devons savoir gré au Conseil fédéral d'avoir consulté les*

fédéral est de la plus haute gravité, la chose n'est pas douteuse. Tout le monde l'a reconnu. Mais, comme on l'a dit, il y a là une mesure qui ne pourra, *à raison de sa gravité même*, constituer un précédent pour les périodes normales (1).

Quelques faits semblent permettre d'affirmer qu'il n'y aura pas d'autre impôt fédéral établi par arrêté du Conseil fédéral en vertu de la loi des pleins pouvoirs.

D'une part, le 18 décembre 1916, le Conseiller fédéral, M. Motta, en proposant au Conseil national d'établir un droit de timbre fédéral, a eu soin d'indiquer qu'il fallait procéder par voie de modification à la Constitution fédérale. Il a proposé l'adoption d'un article 41 *bis* à la Constitution, article ainsi rédigé :

« La Confédération est autorisée à percevoir des droits de timbre sur documents d'affaires, tels que titres, effets de change...... Les dispositions de détail sur la perception des droits de timbre feront l'objet d'*une loi fédérale* ».

« Cette revision constitutionnelle, a dit M. Motta, pourra

Chambres. Or, nous voyons aujourd'hui avec surprise que l'on veut rejeter sur le Conseil fédéral seul la responsabilité de cette mesure. Celle-ci ne peut être classée au nombre des pleins pouvoirs accordés le 3 août 1914. L'Assemblée fédérale doit prendre une nouvelle décision. On peut dire que les théories que nous appliquons sont dangereuses, mais les temps le sont aussi. »

(1) C'est ce qu'a dit au Conseil national, le 14 juin 1916, M. Musy (Fribourg) : « Il y a urgence, car si l'on recourt à une revision constitutionnelle, nous ne pourrons percevoir l'impôt qu'en 1917, et nous risquons d'arriver bien tard. *Les Chambres, qui ont accordé au Conseil fédéral les pleins pouvoirs, ont le droit de lui donner leur avis sur la manière d'en faire usage.* En revanche, la proposition de la minorité est anticonstitutionnelle (celle tendant à donner au Conseil fédéral des directions quant à l'impôt). *En qualité de fédéraliste, j'estime que, plus la procédure à laquelle nous recourrons sera extraordinaire, et moins elle sera dangereuse, car elle ne constituera pas un précédent... En qualité de fédéraliste, je dois dire que je ne me rallie à cette proposition qu'à titre nettement exceptionnel »* (*Journal de Genève*, 16 juin 1916). — Au Conseil des Etats, le 21 juin 1916, M. WINIGER (Lucerne) a aussi constaté que « au point de vue constitutionnel, les objections sont sérieuses. Mais enfin il s'agit d'une *mesure exceptionnelle et momentanée* qui exige aussi une procédure extraordinaire. Le motif d'urgence prime toutes les autres considérations » (*Gazette de Lausanne*, 23 juin 1916, p. 2).

être votée à la session de printemps (1917) et ratifiée par le peuple au cours du premier semestre ». La votation populaire a eu lieu le 13 mai 1917.

D'autre part, lorsque le 19 décembre 1916, le Conseil national a voté un *droit de statistique* (finance de statistique) sur le commerce extérieur, M. Ador a réussi à faire supprimer la clause d'urgence et à maintenir la possibilité du *referendum*. « Il y a un danger, a-t-il dit, à modifier des lois pour soustraire des projets au referendum. *Il y aurait une entorse à la Constitution. Or il n'y a pas de petites entorses à la Constitution.* »

On peut donc constater, malgré tout, une répugnance à s'écarter des procédures constitutionnelles et législatives normales, tout au moins en matière d'impôts (1).

§ 4. — *Contrôle de l'Assemblée fédérale.*

Le correctif des pleins pouvoirs accordés au Conseil fédéral, c'est le contrôle de l'Assemblée fédérale. Ce contrôle est visé expressément par la loi des pleins pouvoirs du 3 août 1914, art. 5 (2). Il est tout à fait dans l'esprit des institutions politiques fédérales suisses.

Comment ce contrôle s'exerce-t-il en fait ?

Il s'exerce de deux façons : 1° il y a un contrôle *préventif ;* 2° il y a un contrôle *a posteriori.*

I. — *Contrôle préventif.* — Comme le disait le conseiller fédéral Motta, à la séance du Conseil national du 14 juin 1916 (3), « les pleins pouvoirs ont été donnés au Conseil fédéral avec cette limitation que, *chaque fois qu'une question importante se poserait, le Gouvernement aurait le devoir de consulter les Chambres.* Puisque nous vous demandons *votre approbation après l'usage* que nous en avons fait, n'est-il pas indiqué *de consulter le Parlement avant,* pour lui fournir l'occasion de discuter les idées intéressantes pour

----

(1) Le même état d'esprit s'est manifesté à propos de l'augmentation du nombre des conseillers fédéraux : Conseil des Etats, 26 juin 1917, discours de M. Calonder. V. *infra.*

(2) *Gazette de Lausanne,* 16 juin 1916, p. 56.

(3) V. *supra,* p. 56.

l'économie nationale ? Un des articles fondamentaux du pacte de Berne (1) est un contrôle plus serré de l'autorité exécutive par le Parlement. C'est donc ce parti que nous appliquons. »

C'est ainsi que, lors de l'établissement de l'impôt sur les bénéfices de guerre, qui soulevait une grave question constitutionnelle, le Conseil fédéral n'a pas voulu user de ses pleins pouvoirs sans en référer d'abord à l'Assemblée fédérale. En conséquence, il a sollicité le vote, par l'Assemblée fédérale, d'un *postulat* (2).

D'ailleurs, au sein de l'Assemblée fédérale, certains ont critiqué cette attitude et signalé le danger de ces postulats.

« L'honorable chef du département des finances, a dit en substance M. Secretan (3), s'est servi d'un argument de plaidoirie en disant qu'en mars dernier (1916) nous avons demandé que le Conseil fédéral consultât les Chambres dans les cas importants : ce que nous avons demandé, c'est que les pleins pouvoirs fussent réduits, et aujourd'hui le Conseil fédéral vient nous demander de les étendre.... *Prenons garde que nous créons un précédent : nous invitons le Conseil à nous consulter toutes les fois qu'il voudra faire usage de ses pleins pouvoirs.* »

Cette manière de voir n'a réuni qu'une infime minorité. Au moment du vote, le *postulat* a été accepté par 133 voix contre 8 qui ont été à la proposition de rejet de M. Secretan.

II. — *Contrôle a posteriori.* — C'est celui exercé périodiquement *après* l'exercice des pleins pouvoirs.

Ce contrôle *a posteriori* a plus ou moins d'efficacité suivant qu'il intervient *tout de suite* après ou seulement *longtemps* après les mesures prises par le Conseil fédéral.

En 1870, le contrôle de l'Assemblée fédérale fut relativement rapide, ainsi que l'a rappelé M. Ador au Conseil national, le 15 décembre 1915 :

« A cette époque-là (*en 1870*), a dit l'honorable conseiller

(1) Voyez *infra,* p. 90, 91 et s.
(2) Voyez *infra,* p. 94 ; *supra,* p. 78.
(3) Conseil national, 14 juin 1916, *Gazette de Lausanne,* 16 juin 1916,
p. 2.

national, le Conseil fédéral déposa en novembre 1870, c'est-à-dire en pleine guerre, son message, accompagné d'un rapport du général Herzog, qui exposait avec une entière franchise les imperfections de notre organisation militaire. L'Assemblée fédérale approuva le message et renouvela les pleins pouvoirs du Conseil fédéral en lui demandant un nouveau rapport qui fut présenté en juillet 1871 » (1).

Dans la guerre actuelle, le contrôle *a posteriori* de l'Assemblée fédérale a été, *au début*, beaucoup plus tardif.

Comment le contrôle *a posteriori* s'est-il manifesté ?

On peut distinguer trois phases : 1° jusqu'à la fin de l'année 1915 ; 2° jusqu'au 15 mars 1916 ; 3° depuis le 15 mars 1916 (*pacte de Berne*).

1re phase. Jusqu'à la fin de l'année 1915. — Longtemps, en Suisse, le Conseil fédéral a cru que, dans l'intérêt public, le contrôle *a posteriori* de l'Assemblée fédérale devait n'être exercé qu'après la guerre. Animé de cette conviction, le Conseil fédéral, au cours de l'automne 1914, a demandé aux commissions de neutralité du Conseil national et du Conseil des Etats de ne point faire venir en discussion devant les Chambres le rapport sur l'exercice des pleins pouvoirs. Ainsi seraient évitées les controverses risquant de soulever des froissements à l'égard des puissances belligérantes voisines de la Suisse, et de compromettre la neutralité, risquant aussi et surtout de briser l'unité nationale intérieure si nécessaire pour maintenir l'indépendance de la patrie.

Il s'est fait, ainsi qu'on l'a dit, une « conspiration du silence ». Depuis le début de la guerre européenne jusqu'à la fin de l'année 1915, *l'Assemblée fédérale n'a point exercé son pouvoir de contrôle. La dictature du Conseil fédéral s'est exercée sans frein ni contrôle.*

2e phase. Jusqu'au 15 mars 1916. — Deux graves événements ont montré les très grands dangers de cette politique du silence. Le premier, c'est, en décembre 1915, l'affaire des poursuites contre le professeur Millioud, directeur de la

____

(1) *Gazette de Lausanne*, 18 décembre 1915, p. 2.

Bibliothèque universelle (1) ; le deuxième, c'est la très grosse affaire de l'État-major et des deux colonels Egli et de Wattenwyl en février 1916.

1° La condamnation du professeur Millioud, en vertu de l'ordonnance inconstitutionnelle du 2 juillet 1915, a profondément ému l'opinion publique de la Suisse romande. Le Tribunal fédéral ayant affirmé à cette occasion les pouvoirs absolument *illimités* du Conseil fédéral (y compris la violation de tous les principes constitutionnels), ayant déclaré solennellement que le seul contrôle était celui de l'Assemblée fédérale, il a paru à certains membres des Chambres que la politique du silence soigneusement suivie jusqu'alors ne pouvait pas être continuée. Au Conseil national, le 15 décembre 1915, M. Ador, au nom du centre libéral, a réclamé avec insistance la discussion publique, par les Chambres, de l'exercice des pleins pouvoirs du Conseil fédéral. Il a demandé à la Commission de neutralité de dire « quand elle pourrait faire le rapport qu'elle aurait dû présenter au cours de la session qui a suivi l'octroi, par les Chambres, des pleins pouvoirs au Conseil fédéral » (2).

« Depuis lors, a ajouté M. Ador, le Conseil national s'est réuni quatre fois déjà sans recevoir de cette Commission la moindre communication. Il est vrai que, dans son message, le Conseil fédéral a exprimé le désir qu'on ne discutât pas ces questions maintenant. Le Conseil national tiendra certainement compte de ce vœu, mais c'est au Conseil national lui-même de décider dans quelle mesure le message du Conseil fédéral peut être discuté.

Le désir du Conseil fédéral est d'ailleurs contraire au seul précédent connu : celui de 1870...... (3).

Il est vrai qu'aujourd'hui la guerre se prolonge et que nous ne savons ce qu'elle durera, mais *il est impossible que le Conseil fédéral ne complète pas son message de 1914. Est-il vraiment nécessaire d'ajourner toute discussion après la guerre ? Est-il dans l'intérêt du peuple suisse de faire la conspiration du silence ?* Personne, dans cette salle, ne songera à soulever des incidents qui puissent empêcher le Conseil fédéral de prendre des mesures nécessaires pour la sauvegarde de nos intérêts.

Nous sommes profondément reconnaissants au Conseil fédéral de ce qu'il a

(1) V. *supra*, p. 63 et s.
(2) *Gazette de Lausanne*, 18 décembre 1915, p. 2.
(3) V. *supra*, p. 81 et 82.

fait, mais le régime transitoire et exceptionnel que nous lui avons confié doit rester respectueux des prérogatives de l'Assemblée fédérale qui conserve son droit de contrôle sur le Conseil fédéral. Le silence produirait une impression fâcheuse sur le peuple au moment où l'on va faire appel à son esprit de sacrifice... »

En réponse à cet appel, le président de la Commission de neutralité, M. Spahn, annonça que le Conseil fédéral présenterait, *dans le premier trimestre de 1916*, un nouveau rapport où il rendrait compte des mesures par lui prises à partir de décembre 1914. Dès que ce rapport aura paru, ajoutait M. Spahn, la Commission décidera « *s'il est indiqué de le discuter au Parlement et exposera ses raisons à la Chambre.* »

De son côté, le Conseil fédéral, par l'organe du président de la Confédération, M. Motta, répondit à M. Ador d'une manière encore plus évasive :

« Nous désirons être respectueux des prérogatives que vous tenez de la Constitution. L'expérience a montré que, sans les pouvoirs que vous nous avez donnés, il n'eût guère été possible de faire face à la situation exceptionnelle dans laquelle nous nous sommes trouvés. Le sentiment de profonde confiance que vous nous avez témoigné a été pour nous un réconfort. »

Incontestablement, même après l'affaire *Millioud*, le Conseil fédéral et la majorité des membres de l'Assemblée fédérale étaient résolus à s'en tenir à la « politique de la conjuration du silence ».

Mais quelques jours après, l'affaire de l'Etat-major posait, à nouveau, la question du contrôle des pleins pouvoirs par l'Assemblée fédérale ; et, cette fois, le problème politique fut résolu dans un sens tout différent.

2° En février 1916, l'affaire de l'Etat-major a secoué très fortement l'opinion publique suisse ; elle a mis aux prises les deux grandes tendances qui se partagent l'opinion publique suisse : les tendances favorables aux Puissances centrales, qui existent surtout dans la Suisse alémanique ; les sympathies pour l'Entente, si ardentes dans les cantons de langue française.

Certains agissements de la gendarmerie militaire dans l'exercice de la police politique, certains propos contraires à la neutralité tenus par quelques grands chefs de l'armée fédérale, surtout les renseignements fournis par les colonels Egli et de Wattenwyl aux agents diplomatiques de l'Empire allemand ont donné à la Suisse romande l'impression que la neutralité était sur le point d'être violée — si même la chose n'était pas déjà faite, — au profit des Puissances centrales. Cette « trahison », comme certains n'ont pas hésité à l'appeler, a amené dans la Suisse romande une agitation et même des manifestations violentes hostiles à l'Allemagne et réprimées sans beaucoup de tact.

Les élus fédéraux de la Suisse romande ont réclamé énergiquement la réunion des Chambres.

Le Conseil fédéral a alors décidé de convoquer l'Assemblée fédérale aussitôt que le tribunal de la 5e division aurait rendu son jugement sur l'affaire des colonels. Il était temps.

« L'inquiétude, écrivait la *Gazette de Lausanne* (1), l'inquiétude qui règne dans le pays — dans la Suisse allemande comme dans la Suisse romande — provient en très grande partie de ce que, *depuis le 1er août 1914, toute discussion des intérêts généraux du pays a été systématiquement étouffée. Cette conspiration du silence doit ère rompue.* Nous avons cette confiance dans nos institutions républicaines et dans notre esprit démocratique qu'un débat public, loin de constituer un danger, sera, au contraire, un remède salutaire et rasséNérera l'atmosphère très lourde qui pèse sur les esprits. *Les députés vaudois demandent, entre autres, que les pleins pouvoirs soient limités « aux nécessités actuelles du pays ».* Ces mots ne visent pas les questions touchant l'alimentation nationale. *Nous reconnaissons que, dans ce domaine, les pleins pouvoirs sont indispensables,* mais un peuple ne vit pas de pain seulement. La question est plus haute. *Il s'agit de savoir qui gouverne en Suisse et quelles mesures doivent être prises pour que l'ordre constitutionnel soit rétabli.* Il s'agit aussi de notre neutralité que le peuple suisse tout entier veut loyale ».

La convocation de l'Assemblée fédérale posa, dans tout le pays, la question du maintien des pleins pouvoirs. Les plus ardents en exigeaient l'abolition en montrant qu'ils avaient conduit à un régime de subordination du pouvoir civil à l'autorité militaire, régime indigne d'une démocratie républicaine, et à la violation de la neutralité au profit des Puissances centrales. Les modérés demandaient seulement une

(1) *Gazette de Lausanne,* 9 février 1916, p. 2 : *La Convocation des Chambres.*

limitation des pleins pouvoirs. Dans la Suisse allemande, on réclamait le *statu quo*.

« Au sujet de la limitation des pleins pouvoirs aux nécessités actuelles du pays, écrivait la *Gazette de Lausanne* (1), la plupart des journaux suisses de langue allemande font observer avec raison que le régime institué en août dernier *(3 août 1914)* a surtout été utilisé par le Conseil fédéral pour prendre les mesures nécessaires au ravitaillement du pays et que, d'une façon générale, ce qui a été fait dans ce domaine a rencontré l'approbation du peuple. *Ceux qui parlent ainsi semblent oublier toutefois que les pleins pouvoirs se sont aussi exercés dans le sens d'une limitation de la liberté des individus et que les erreurs et les maladresses commises sur ce terrain entrent, pour une bonne part, dans l'état de malaise et d'inquiétude auquel l'affaire de l'état-major a mis le comble ».*

Avec beaucoup d'habileté, le Conseil fédéral, pour donner satisfaction à l'opinion de la Suisse romande, prit le 12 février 1916, trois arrêtés importants touchant les rapports de l'autorité civile et de l'autorité militaire : 1° limitation des pouvoirs des autorités militaires en ce qui concerne l'engagement des dépenses ; 2° limitation de l'action de la gendarmerie de l'armée à la police militaire ; 3° les tribunaux militaires ne connaîtront plus des infractions aux lois, arrêtés et ordonnances qui ne tombent pas dans la catégorie générale des délits militaires proprement dits ; pour ces infractions, rétablissement de la compétence des tribunaux cantonaux.

Cette réforme réussit à apporter quelque calme, mais sans mettre fin à l'agitation : c'est ce que constatait la *Gazette de Lausanne* (2) :

« Quant à la limitation ou la suppression des pleins pouvoirs et au licenciement en général, revendications qui ont été formulées soit par des délégations soit par la presse, *il est certain que le Conseil fédéral leur opposera une fin de non-recevoir ; aussi faut-il s'attendre à ce qu'elles forment un des principaux aliments des débats de la prochaine session parlementaire* ».

Ainsi, ce sont les événements connus sous le nom d'*Affaire de l'Etat-major* qui ont amené le Conseil fédéral et les Com-

(1) *Gazette de Lausanne*, 11 février 1916, p. 1 : *En Suisse. La situation intérieure.*

(2) *Gazette de Lausanne*, 16 février 1916, p. 1 : *La situation intérieure. Les discours du Conseil fédéral : « Les pilotes fédéraux jettent du lest ».*

missions de neutralité à modifier leur attitude et à se conformer à l'article 5 de l'arrêté fédéral du 3 août 1914 prescrivant
la reddition de compte à l'Assemblée fédérale « dans sa plus
prochaine session ». Ce sont ces événements qui ont amené le
Conseil fédéral à remplir la promesse par lui faite, en décembre 1915, sur la motion Ador, de présenter aux Chambres
un rapport sur les mesures prises jusqu'à fin 1915 en vertu des
pleins pouvoirs.

Dans son rapport du 19 février 1916 (1), le Conseil fédéral
affirme la *nécessité des pleins pouvoirs*.

Tout d'abord, *au point de vue financier*, « le Conseil fédéral
a besoin de conserver des pouvoirs financiers, notamment
le droit de pouvoir contracter des emprunts ».

De même, ces pleins pouvoirs lui paraissent nécessaires pour
les *mesures d'ordre juridique* et relatives aux saisies, à la fail-
lite, aux baux à loyer, à la liquidation forcée des entreprises
de chemins de fer, à la protection de l'industrie hôtelière, etc.

De même, ils lui semblent indispensables en *matière administrative proprement dite*. Passant aux matières *politiques*, —
les plus violemment attaquées, — le Conseil fédéral s'attache à
montrer la nécessité du maintien de l'ordonnance du 2 juillet
1915 sur la répression des outrages aux peuples et gouvernements étrangers, de l'arrêté du 27 juillet 1915 sur le contrôle de la presse (censure politique). Il s'efforce enfin de justifier la réglementation par lui faite des rapports du pouvoir
civil et des autorités militaires, et de la situation attribuée au
général en chef.

Le 1er mars 1916, les Commissions de neutralité du Conseil national et du Conseil des Etats se réunirent avec une
délégation du Conseil fédéral. La Commission du Conseil
national décida de demander la *limitation* et non la suppression des pleins pouvoirs. Le 3 mai, cette Commission votait
la déclaration suivante :

« La Commission, après avoir constaté la nécessité de maintenir au

(1) *Gazette de Lausanne*, 24 février 1916, p. 1 : *Les pleins pouvoirs. Le
rapport du Conseil fédéral aux Chambres.*

Conseil fédéral les pleins pouvoirs qui lui sont attribués par l'arrêté fédéral du 3 août 1914 ;

Ayant entendu le Conseil fédéral lui déclarer qu'il entend faire usage de ces pleins pouvoirs, comme jusqu'à ce jour, pour la sécurité et l'indépendance du pays, pour le maintien de sa neutralité et l'observation d'une stricte impartialité à l'égard de tous les belligérants, ainsi qu'il est dit au § 1er de son ordonnance du 4 août 1914 ;

Ayant ouï du général, commandant en chef de l'armée, que celui-ci a toujours été et reste, sur tous les points, d'accord avec le Conseil fédéral ;

Prenant acte de l'engagement pris par le Conseil fédéral de faire rapport à l'Assemblée fédérale, à chaque session, s'il y a lieu, sur les mesures prises par lui en vertu de ses pleins pouvoirs ;

Propose d'approuver le deuxième rapport du Conseil fédéral du 19 février 1916, sur les mesures prises par lui en vertu de l'arrêté fédéral du 3 août 1914 » (1).

Cette formule était de nature à contenter, sinon l'unanimité, du moins la grande majorité de l'opinion publique dans la Suisse romande.

La *Gazette de Lausanne* (2) écrivait, en effet :

« Dans ces termes, le maintien des pleins pouvoirs, *nécessaires aujourd'hui autant qu'en août 1914, ralliera, nous l'espérons, la généralité des députés* ».

Quelques jours après l'arrêt du tribunal militaire dans l'affaire des colonels, l'Assemblée fédérale se réunissait.

Le Conseil national — qui a eu la priorité de discussion en cette matière — abordait, le 6 mars 1916, l'examen du rapport du Conseil fédéral (3). Dans ces longs débats, il faut relever les points suivants.

Tout d'abord, le rapporteur allemand, M. Spahn, après avoir affirmé la nécessité des pleins pouvoirs, s'est attaché à leur trouver une *base juridique* dans l'art. 85, chiffre 6 de la Constitution (4).

Le rapporteur français, M. Secretan, a insisté sur « la conspiration du silence » faite autour du premier rapport sur les

(1) *Gazette de Lausanne*, 5 mars 1916, p. 1 : *Commission de neutralité.*
(2) 7 mars 1916, p. 1 : *L'Assemble fédérale.*
(3) *Gazette de Lausanne*, 8 mars 1916.
(4) Voyez *supra*, p. 58 et s.

pleins pouvoirs, conspiration qui a empêché ce rapport d'être porté au Conseil national ; il a conclu, lui aussi, au maintien des pleins pouvoirs, mais avec des limitations et des garanties :

« Le Conseil fédéral, a déclaré M. Secretan (1), nous demande le maintien de ses pleins pouvoirs, et *tous les membres de la Commission sont convaincus de cette nécessité. Je tiens ces pleins pouvoirs pour inconstitutionnels, mais ils sont justifiables en vertu de l'adage : primum vivere, deinde philosophari,* car c'est bien de vivre, en effet, qu'il s'agit.

Nous avons demandé au Conseil fédéral de limiter ses pleins pouvoirs partout où c'était possible, et il est allé au devant de cette demande avec une parfaite loyauté. »

Les membres du Conseil fédéral ont reconnu très franchement l'erreur commise dans la « conjuration du silence ».

« On a reproché au Conseil fédéral, a dit au Conseil national, le 8 mars 1916, M. Decoppet, président de la Confédération, de n'avoir pas renseigné plus exactement le pays sur l'exercice de ses pleins pouvoirs. *Ce fut une erreur, sans doute, de n'avoir pas discuté le premier rapport de 1914 ;* mais qui aurait osé prédire alors l'ampleur de la guerre dont nous sommes les témoins ? » (2).

De son côté, M. Hoffmann, chef du département politique, dans le grand discours qu'il a prononcé au Conseil national, le 9 mars 1916 (3), a déclaré :

« *Je reconnais que ce fut une erreur que de n'avoir pas discuté plus tôt les mesures prises en vertu de nos pleins pouvoirs.* Nous voulons la réparer en nous engageant à présenter un rapport à chaque session.

Je constate qu'il ne s'est trouvé personne dans cette salle pour demander la suppression des pleins pouvoirs dont l'utilité est incontestable. Il n'en est pas de même dans le peuple toutefois, où cette idée a été implantée dans les cerveaux par des théoriciens ».

M. de Meuron, le 10 mars 1916 (4), a très bien délimité les pleins pouvoirs selon les vœux de la majorité, dans les termes suivants :

(1) *Gazette de Lausanne,* 8 mars 1916.
(2) *Gazette de Lausanne,* 10 mars 1916, p. 2.
(3) *Gazette de Lausanne,* 11 mars 1916, p. 2.
(4) *Gazette de Lausanne,* 12 mars 1916, p. 2.

« Je considère qu'une première condition pour faire usage de ces pleins pouvoirs, c'est qu'il y ait *nécessité majeure*, et qu'une seconde, c'est que le *contact entre les Chambres et le Conseil fédéral soit établi de telle sorte que le contrôle parlementaire puisse s'exercer* ».

L'impression générale qui se dégage des longs débats devant le Conseil national et des très nombreux discours qui y ont été prononcés, a été ainsi exposée par la *Gazette de Lausanne* (1) :

« Sauf quelques voix isolées, les orateurs de droite et de gauche, de la Suisse française comme de la Suisse allemande, ont expressément reconnu la *nécessité impérieuse de maintenir au Conseil fédéral les pleins pouvoirs à lui conférés en août 1914*, cela sous la seule réserve des très importantes limitations que le Conseil fédéral a prononcées, que plusieurs eussent voulu plus étendues, mais qui, pour l'heure, paraissent suffisantes. Et un fait a été nettement mis en lumière : *le contrôle de l'Assemblée fédérale sur l'emploi de ces pleins pouvoirs doit être rétabli*. La conjuration du silence qui s'était faite autour du premier rapport du Conseil fédéral a été dénoncée comme une erreur et reconnue par le Conseil fédéral lui-même comme une faute. Dorénavant, le Conseil fédéral fera un rapport d'une session des Chambres à l'autre, et les Commissions parlementaires, puis les Conseils eux-mêmes en discuteront. L'exercice des pleins pouvoirs et leur matière même pourront ainsi, *périodiquement et à de brefs intervalles*, être examinés et détaillés. Sur ce premier point l'accord est fait ».

Cet accord si désirable pour le maintien de l'unité nationale, le Conseiller fédéral Motta, chef du département des finances, l'a réclamé le 14 mars 1916 dans une adjuration émouvante (2). Il a demandé que le Conseil national proclamât un « pacte de concorde et de fraternité », le « pacte de Berne », dont le premier article fondamental est que :

« Le Conseil fédéral *garde ses pleins pouvoirs* parce qu'ils sont nécessaires à la vie de l'Etat, mais à la condition que le contact entre le Parlement et le Gouvernement soit à l'avenir plus suivi et plus intime ».

Et c'est ainsi que, le 15 mars 1916, après 11 séances et cin-

---

(1) *Gazette de Lausanne*, 14 mars 1916, p. 1 : *La situation parlementaire.*
(2) *Gazette de Lausanne*, 16 mars 1916, p. 1.

quante discours, le Conseil national, par 159 voix contre 15, a voté la proposition de sa Commission (1) :

« L'Assemblée fédérale de la Confédération suisse,
Après avoir constaté la *nécessité de maintenir au Conseil fédéral les pleins pouvoirs* qui lui sont attribués par l'arrêté fédéral du 3 août 1914... ;
Prenant acte de l'engagement pris par le Conseil fédéral de *faire rapport à l'Assemblée fédérale, à chaque session, sur les mesures prises par lui en vertu de ses pleins pouvoirs* (2) ;
Décide :
D'approuver le deuxième rapport du Conseil fédéral du 19 février 1916 sur les mesures prises par lui en vertu de l'arrêté fédéral du 3 août 1914. »

C'est cette résolution que, le 16 mars 1916, le Conseil des Etats, en une seule séance, a approuvée dans les mêmes termes (3).

3e Période. Depuis le pacte de Berne (15 mars 1916). — Les clauses du « pacte de Berne » ont été fidèlement observées : le Conseil fédéral, depuis le 15 mars 1916, n'a pas manqué, pour chaque session, c'est-à-dire *chaque trimestre*, de rendre compte à l'Assemblée fédérale de l'exercice de ses pleins pouvoirs. De son côté, l'Assemblée a consacré, à la discussion du rapport, de nombreuses séances, parfois très animées. C'est ainsi que l'Assemblée fédérale a abordé la discussion, le 14 juin 1916, du *troisième* rapport du Conseil fédéral ; le 20 septembre 1916, du *quatrième* rapport (4) ; le 4 décembre 1916, du *cinquième* rapport (5) ; le 28 mars 1917, du *sixième* rapport (6) ; le 27 juin 1917, du *septième* rapport (7), etc.
Touchant la procédure suivie pour l'examen et la discussion des rapports du Conseil fédéral, il importe de souligner les points suivants :

(1) *Gazette de Lausanne*, 17 mars 1916. Cpr. *supra*, p. 87 et 88.
(2) La clause du pacte de Berne, d'après laquelle le Conseil fédéral fera rapport à l'Assemblée fédérale, *à chaque session*, n'est que la reproduction de l'article 5 de l'arrêté fédéral du 3 août 1914 sur les pleins pouvoirs. V. *supra*, p. 56.
(3) *Gazette de Lausanne*, 18 mars 1916.
(4) Le *Conseil des Etats*, au cours de sa session de septembre 1916, a discuté à la fois le 1er, le 3e et le 4e rapports.
(5) Le *Conseil national* a discuté à la fois le 4e et le 5e rapports.
(6) Le *Conseil des Etats* a discuté à la fois le 5e et le 6e rapports.
(7) Le *Conseil national* a discuté à la fois le 6e et le 7e rapports.

1° *Examen préparatoire des rapports du Conseil fédéral*. — Dans les rapports généraux présentés le 14 juin 1916 au Conseil national en allemand par M. Spahn et en français par M. Secretan sur le compte rendu par le Conseil fédéral de l'exercice de ses pleins pouvoirs (1), on trouve un commentaire très intéressant de l'article 5 de la loi du 3 août 1914 (2). Les rapporteurs généraux exposent, en effet, la méthode suivie par le Conseil national de l'Assemblée fédérale pour exercer le contrôle prévu par cet article 5. Il y a d'abord un examen *préparatoire*.

Une Commission (3) est chargée d'étudier attentivement le compte rendu présenté par le Conseil fédéral. Cette Commission est divisée en sous-commissions : financière, politique, économique, juridique et militaire. Chacune de ces sous-commissions examine les mesures prises par le Conseil fédéral en vertu de ses pleins pouvoirs. Des rapports particuliers sont rédigés par chaque sous-commission. Puis, après une discussion approfondie, les rapports généraux sont établis sur l'ensemble de la politique suivie par le Conseil fédéral. Pendant tout cet examen préparatoire, les Conseillers fédéraux (c'est-à-dire l'Exécutif) sont interrogés, appelés à fournir des explications, des renseignements (4).

---

(1) Le texte dans la *Gazette de Lausanne* du 16 juin 1916, p. 1.

(2) L'art. 5 est ainsi conçu : « *Le Conseil fédéral rendra compte à l'Assemblée fédérale, dans sa plus prochaine session,* de l'emploi qu'il aura fait des pouvoirs illimités qui lui sont accordés. »

(3) La Commission compte 25 membres, dont 15 de la gauche, 5 de la droite catholique, 2 du centre et 3 socialistes. Au point de vue régional, on y trouve 7 *welsches* dont 1 tessinois. C'est là, estime-t-on, une composition normale et équitable.

(4) Rapport général de M. SECRETAN, 14 juin 1916 (*Gazette de Lausanne*, 16 juin 1916, p. 1) : « La Commission a longuement et sérieusement délibéré *au cours de plus de 12 séances*. Elle avait à examiner les rapports du Conseil fédéral des 1er décembre 1914 et 15 mai 1916. Le rapport du 19 février 1916 a été discuté par vous et approuvé dans votre session dernière... Dans l'étude des deux rapports qui portent les numéros 1 et 3, *votre Commission a trouvé l'occasion d'un échange entre elle et le Conseil fédéral, de nombreuses et utiles explications de questions opportunes et d'observations* aussi dont le Conseil fédéral a pris connaissance avec intérêt. Le fait seul des nombreuses séances que la Commission a consacrées à ce travail suffit à montrer

La procédure suivie par la Commission du *Conseil des Etats* est sensiblement la même (1).

Il faut signaler que le rapport du Conseil fédéral est publié et communiqué aux Commissions de neutralité une dizaine de jours avant l'ouverture de la session parlementaire. Les Commissions examinent immédiatement le rapport de façon à être en état de discussion lorsque l'Assemblée fédérale se réunit (2).

2° *Discussion en séance publique*. — Après l'examen préparatoire par les sous-commissions et par la Commission, vient le contrôle en *séance publique* devant l'une ou l'autre des deux Chambres composant l'Assemblée fédérale : le Conseil national et le Conseil des Etats.

combien avaient raison ceux qui ont insisté pour que la Commission sortît de son mutisme *et qui ont demandé que le Conseil fédéral fît à l'Assemblée fédérale, sur l'exercice de ses pleins pouvoirs, des rapports périodiques et réguliers.* Un contact permanent est ainsi rétabli entre le Gouvernement de la Confédération muni de ses pleins pouvoirs nécessaires longtemps encore, et les représentants du peuple suisse et des Etats confédérés ; des malentendus ont été levés, et, sur nombre de points, la lumière a dissipé des obscurités malfaisantes. Il n'en peut résulter, pour le pays dans son ensemble, et pour les bons rapports entre confédérés, que des effets heureux. Le Conseil fédéral, lui aussi, se sentira plus et mieux appuyé lorsqu'il saura qu'il agit d'entente avec l'Assemblée fédérale.

« *Les investigations de la Commission ont porté sur tous les services de l'administration*. Elle a examiné la *situation financière* difficile de la Confédération... Elle a pu se rendre compte des problèmes complexes de tous ordres que la guerre a fait inopinément surgir et que le *Département politique* a été appelé à résoudre. Elle a vu, par la gestion du *Département de justice et police*, les mesures utiles prises par le Conseil fédéral pour atténuer les effets civils de la crise *économique* dont souffrent beaucoup d'entre nous. Les difficultés touchant l'alimentation du pays, nos relations commerciales et industrielles avec nos puissants voisins, les exportations, les importations, les compensations ont longtemps retenu l'attention de la Commission. Elle a voué enfin une étude approfondie aux questions touchant l'*armée*. »

(1) Le nombre des membres de la Commission de neutralité du Conseil des Etat est de 13.

(2) Par exemple, le 6ᵉ rapport a été publié le 10 mars 1917 ; la Commission du Conseil des Etats s'est réunie pour l'examen préparatoire le 14 mars 1917 ; la session de l'Assemblée fédérale a commencé le 19 mars ; la discussion publique du Conseil des Etats a été abordée le 28 mars et terminée le 29. La *Gazette de Lausanne* du 12 mars 1917, p. 1, contient une analyse du 6ᵉ rapport.

Les rapports généraux y sont lus et une discussion générale s'engage ; puis, chaque rapport particulier de chaque sous-commission fait l'objet d'un débat, au cours duquel les conseillers fédéraux sont appelés à fournir leurs explications.

3° *Approbation du rapport et Vote de postulats.* — La discussion se termine soit par l'approbation pure et simple des rapports, soit par le vote de *postulats*, c'est-à-dire de motions invitant le Conseil fédéral à accomplir tel ou tel acte, à suivre telle ou telle ligne de conduite (1).

4° *Priorité d'examen des rapports.* — Au début, il a paru s'établir, au profit du *Conseil national*, un droit de priorité d'examen des rapports du Conseil fédéral. C'est ainsi que, le 2e rapport ayant été soumis en mars 1916 au Conseil national, c'est encore le Conseil national qui fut saisi en juin 1916 du 3e rapport. Naturellement, la Chambre saisie la première prend tout son temps et ne laisse à l'autre assemblée que quelques jours ou même quelques heures pour discuter. C'est ainsi qu'en février 1916, le Conseil national ayant consacré 11 séances à l'examen du 2e rapport sur les pleins pouvoirs, le Conseil des Etats dut limiter sa critique à une seule séance.

Le Conseil des Etats a énergiquement protesté, le 16 juin 1916, contre la pratique qui tendait à s'établir. Le président de la Commission de neutralité du Conseil des Etats, M. Munzinger, chef de la gauche, a rappelé avec force l'égalité constitutionnelle des deux Chambres ; pour bien marquer son sentiment, il a demandé que le Conseil des Etats refusât de discuter en fin de session, après le Conseil des Etats, le troisième rapport sur les pleins pouvoirs et renvoyât cet examen à la session de septembre ; il a même nettement formulé l'exigence que le futur rapport du Conseil fédéral fût soumis en premier lieu au Conseil des Etats.

La proposition a été adoptée (2). Elle a été suivie d'effet.

(1) Voyez en particulier les nombreux *postulats* votés par le Conseil national le 24 juin 1916. *Gazette de Lausanne*, 23 juin 1916.

(2) La *Gazette de Lausanne*, 18 juin 1916, p. 5, *Conseil des Etats*, résume ainsi les sentiments du Conseil des Etats : « Les représentants des Etats confédérés ont jugé, en effet, *qu'il ne convenait pas à leur dignité*

En septembre 1916, le quatrième rapport du Conseil fédéral a été soumis en premier lieu au Conseil des Etats.

La discussion y a commencé le 20 septembre 1916 (1). Elle y a eu une telle ampleur qu'il a fallu allonger la session jusqu'au 4 octobre ; pendant tout ce temps, le Conseil des Etats ne s'est guère occupé d'autre chose.

Dans ces conditions, le Conseil national n'a pas pu examiner le quatrième rapport au cours de la session de septembre-octobre. Toutefois, il a saisi toutes les occasions qui se présentaient, — en particulier la motion du colonel Calame, soulevée par certains incidents amenés par l'autorité militaire (2), — pour discuter l'exercice des pleins pouvoirs par le Conseil fédéral.

Le *cinquième* rapport a été présenté, en premier lieu, au Conseil national le 4 décembre 1916. Ainsi a été bien établi le système de l'alternance. D'autre part, le Conseil des Etats n'ayant pas à la session de décembre 1916 examiné le rapport, la pratique semble bien désormais établie que le rapport n'est discuté qu'à l'une des Chambres, celle-ci prenant tout son temps sans se préoccuper de l'autre (3).

C'est ce qui a eu lieu à la fin de mars 1917 pour le *sixième* rapport et à la fin de juin 1917 pour le *septième* rapport. En mars 1917, le Conseil des Etats, d'ailleurs, n'a consacré que deux séances (28 et 29 mars) à l'examen du sixième rapport du Conseil fédéral. Le Conseil national n'a pas discuté le rapport ; mais il a profité de l'occasion de la motion Grimm (protestation contre les déportations du Nord de la France) pour examiner l'attitude du Conseil fédéral sur certaines

et au droit constitutionnel du Conseil des Etats de discuter, *au pied levé, dans une séance de la dernière heure,* ce que le Conseil national a disséqué à loisir pendant près de quinze jours. *C'est assez d'une fois.* Ce qui s'est passé au mois de mars ne doit pas se renouveler ».

(1) *Gazette de Lausanne,* 21 sept. 1916, p. 1 : *Conseil des Etats. Les pleins pouvoirs.*

(2) Motion discutée le 3 octobre 1916.

(3) Chaque Chambre a donc à discuter deux rapports : celui qu'elle n'a pas examiné à la session précédente et le nouveau rapport porté pour la première fois devant l'Assemblée fédérale.

questions de politique étrangère (1). — En juin 1917, le Conseil national n'a consacré que trois jours (27 au 30 juin) à l'examen des 6e et 7e rapports, malgré la très grosse affaire Hoffmann-Grimm. Le Conseil des Etats n'a pas discuté le 7e rapport (2).

Il va sans dire que la large publicité faite en Suisse autour des débats de l'Assemblée fédérale fournit à l'opinion publique et à la presse, l'occasion de contrôler, à son tour, les pouvoirs publics. Comme l'écrivait M. Secretan, dans son rapport général du 14 juin 1916 sur le compte-rendu présenté par le Conseil fédéral : « En associant tous les citoyens à la vie publique et au contrôle des actes des pouvoirs publics, la démocratie a créé dans le peuple un grand besoin de clarté. Il veut savoir la vérité (3) ».

§ 5. — *L'opinion publique.*

Quel usage le Conseil fédéral a-t-il fait de ses pleins pouvoirs ? Ou plutôt, quelle opinion ont, de cet emploi, l'Assemblée fédérale, la presse ?

I

Il est un premier point sur lequel l'accord paraît fait : c'est en ce qui concerne l'exercice des pleins pouvoirs en matière économique ou juridique. Les pleins pouvoirs sont, en général, reconnus comme indispensables, et le Conseil fédéral est considéré par le Parlement et par la presse, d'une manière à peu près unanime, comme méritant de grands éloges (4).

Les avis sont, au contraire, très partagés en ce qui concerne les *matières politiques : police, presse.* D'autre part, les sympathies très marquées et bruyamment manifestées par

(1) *Gazette de Lausanne,* 29 mars 1917, p. 1.
(2) *Gazette de Lausanne,* 29, 30 juin et 1er juillet 1917, p. 1.
(3) *Gazette de Lausanne,* 16 juin 1916, p. 1.
(4) Voyez le discours de M. ADOR, au Conseil national, le 15 décembre 1915, *supra,* p. 83 et s.; le rapport de M. SECRETAN, 6 mars 1916, *supra,* p. 89. Voyez aussi l'article précité de la *Gazette de Lausanne,* du 11 février 1916, p. 1. *La situation intérieure, supra,* p. 86. A signaler encore l'article de la *Gazette de Lausanne* du 10 mai 1917, p. 1 : *Projet de Code*

certains chefs militaires pour les Puissances centrales, l'affaire Hoffmann-Grimm (juin 1917) ont soulevé des récriminations extrêmement violentes, dans la Suisse romande et dans la Suisse italienne, contre les larges attributions conférées par le Conseil fédéral à l'autorité militaire en vertu de ses pleins pouvoirs et contre la tournure d'esprit anti-démocratique prise par le conseiller fédéral Hoffmann par suite de l'exercice des pleins pouvoirs.

Au Conseil national, le 29 septembre 1916, M. Ador s'en faisait le porte-parole éloquent :

« L'autorité du Conseil fédéral, disait-il, nous la voulons pleine et entière dans les limites constitutionnelles, et nous nous élevons contre une tendance à considérer que nous devons laisser le Conseil fédéral travailler en marge de la Constitution (1). *Il est regrettable qu'en août 1914, le Parlement*

pénal Suisse ; il y est rappelé qu'au début de la guerre, les tribunaux militaires étaient liés par des textes trop impératifs et surannés (Code pénal militaire du 27 août 1851) : « En vertu de ses pleins pouvoirs, — *et c'est un des cas dans lesquels personne ne contestera qu'il en ait fait bon usage,* — le Conseil fédéral édicta successivement, en 1915 et 1916, des ordonnances permettant soit de commuer certaines peines..., soit de libérer conditionnellement des prévenus dignes d'intérêt, soit enfin d'astreindre certains condamnés à des travaux militaires plutôt qu'à la simple détention qui entraîne avec elle les inconvénients de l'oisiveté ».

(1) Ce n'est d'ailleurs pas seulement le Conseil fédéral qui a violé la Constitution : c'est aussi l'Assemblée fédérale. Lors de la création d'un Tribunal fédéral des assurances (session de septembre 1916), la majorité du Conseil national a voulu faire échapper la loi de création au referendum populaire. La majorité de la Commission a imaginé l'argument suivant : le peuple, en votant la loi sur les assurances, a donné à l'*Assemblée fédérale pleins pouvoirs* pour créer un tribunal spécial fonctionnant comme instance de recours. La minorité a vivement protesté contre cette atteinte aux droits du peuple. A la séance du 18 septembre 1916, le Conseiller national M. de Meuron disait : « La théorie des pleins pouvoirs est contagieuse. Aujourd'hui nous assistons au spectacle de l'Assemblée fédérale se donnant à elle-même pleins pouvoirs pour organiser définitivement la procédure et le tribunal des assurances... Je ne puis admettre cette théorie de pleins pouvoirs que l'Assemblée fédérale s'est donnés à elle-même, et je vous invite à rester dans la légalité ». Ces protestations sont restées sans effet. La thèse de la majorité a été adoptée par 69 voix contre 52. Au Conseil des Etats, la même thèse a triomphé (*Gazette de Lausanne*, 20 septembre 1916, p. 2). Certains estiment que le peuple suisse ne supporte qu'avec impatience ces atteintes à

7

n'ait pas compris que les pleins pouvoirs devaient être limités quant à la durée : il aurait fallu pouvoir les renouveler tous les six mois en les accommodant chaque fois aux circonstances » (1).

Plus ardent, le 3 octobre 1916, M. Bossi réclamait, au Conseil national, la *suppression* radicale des pleins pouvoirs :

« *Le seul remède*, s'écriait-il, le seul remède pour nous protéger contre tous dangers et pour revenir à l'équilibre de notre démocratie *est d'abolir les pleins pouvoirs* ».

Sur ce point, le rapport général présenté par M. Secretan au Conseil national, le 14 juin 1916 (2), fournit d'intéressantes indications, par cela même qu'il émane d'un homme qui a très vivement critiqué certains actes du Conseil fédéral.

« Un devoir nous presse, écrit M. Secretan : celui de rendre hommage au *labeur considérable* dont le Conseil fédéral s'est acquitté pendant ces deux années de guerre, l'*intelligence* avec laquelle il a franchi une foule de difficultés dont les solutions, en l'absence de tout précédent, devaient être improvisées avec rapidité et décision, l'*activité infatigable* qu'il a déployée. On peut ne pas être d'accord avec toutes les décisions que le Conseil fédéral a prises, on peut critiquer nombre d'entre elles, on ne peut nier que, dans l'accomplissement d'une tâche aussi délicate qu'ardue, celle de gouverner dans la paix un petit pays entouré de toutes parts de la plus épouvantable catastrophe que l'imagination puisse rêver,

ses droits constitutionnels. Ils en voient la preuve dans les résultats de la votation populaire du 13 mai 1917 sur la révision constitutionnelle nécessitée par l'introduction de l'impôt fédéral du timbre (V. *supra*, p. 80). La réforme n'a été adoptée que par 185.000 voix contre 160.000 et par 14 cantons 1/2 contre 7 1/2. Interprétant cette faible majorité, le *Journal de Genève* (15 mai 1917, p. 1 : *Le droit de timbre fédéral*) écrit : « Le nombre considérable des bulletins négatifs démontre que les Chambres fédérales seraient bien mal inspirées *si elles persistaient à soustraire aux électeurs, jusqu'à la fin de la guerre les décisions sur les projets émanant de l'initiative populaire...* Le peuple suisse a répondu... : « J'accepte pour cette fois, *mais je suis mécontent d'être privé momentanément des droits que la Constitution me garantit* ».

(1) *Gazette de Lausanne*, 1ᵉʳ octobre 1916, p. 2.
(2) *Gazette de Lausanne*, 16 juin 1916, p. 1.

entravé dans son travail normal par un blocus hermétique, *il n'ait apporté tout son dévouement, toute sa conscience, tout son patriotisme et que la Suisse doit lui en être reconnaissante.* »

Le Conseil national et le Conseil des Etats ont partagé cette manière de voir : tous les comptes rendus présentés par le Conseil fédéral ont jusqu'ici été approuvés par les Assemblées à de très fortes majorités.

La preuve la plus certaine que les pleins pouvoirs du Conseil fédéral ne sont pas sérieusement menacés a été donnée lors de la très grave affaire Hoffmann-Grimm. A cette occasion, une attaque très violente contre les pleins pouvoirs a été dirigée devant l'Assemblée fédérale. Elle a échoué.

Rappelons les faits.

Le 18 juin 1917, les journaux annonçaient qu'un conseiller national suisse, membre du parti socialiste, Grimm, venu en Russie pour persuader les révolutionnaires de trahir les Alliés et de conclure une paix séparée avec l'Allemagne, avait été expulsé par le gouvernement russe. Le scandale fut porté à son comble lorsque, le lendemain, le journal suédois *Sozial-Demokraten* faisait savoir que le conseiller fédéral suisse Hoffmann, chargé du département politique, avait, sur la demande de Grimm, dans un télégramme chiffré du 3 juin 1917 adressé au ministre suisse à Pétrograd Odier, exposé les conditions auxquelles l'Allemagne serait disposée à signer la paix avec la Russie (1).

Cette nouvelle produisit dans toute la Suisse et au sein du Conseil fédéral une véritable consternation. Imprudence, maladresse (2), trahison (3), telles furent les appréciations diverses portées, suivant les régions et les partis, contre

---

(1) A la suite de l'affaire Hoffmann, le Gouvernement russe a interdit l'usage de la télégraphie chiffrée entre Berne et la légation suisse à Pétrograd.

(2) Ce sont les termes dont se sont servis les modérés (romands ou allemands).

(3) C'est l'accusation portée par les plus ardents : MM. Bossi, Naine, Willemin. Ce dernier, le 28 juin 1917, demandait au Conseil national la mise en accusation de M. Hoffmann. *Gazette de Lausanne*, 29 juin 1917, p. 4 ; *Conseil national.*

M. Hoffmann. Sous la pression de l'opinion publique, M. Hoffmann donna immédiatement sa démission ; le Conseil fédéral l'accepta sans retard et s'empressa de publier une déclaration officielle de désaveu, déclinant toute solidarité avec les agissements suspects (1). Des troubles éclatèrent à Genève : il y eut des manifestations populaires contre les consulats allemand, autrichien, ottoman.

C'est au milieu de cette surexcitation générale que l'Assemblée fédérale qui était en session a examiné, une fois de plus la question des pleins pouvoirs. Tout d'abord, elle a élu à une très forte majorité, pour remplacer M. Hoffmann au Conseil fédéral, le conseiller national Ador (de Genève), c'est-à-dire l'un des hommes politiques qui ont le plus vivement critiqué l'usage qui a été fait des pleins pouvoirs. Cette élection était-elle une condamnation de la loi du 3 août 1914 sur les pleins pouvoirs ? Non.

En effet, au même moment, la Commission des pleins pouvoirs du Conseil national demandait au Conseil fédéral d'user de ses pleins pouvoirs pour modifier les règles sur l'organisation et l'attribution des départements, en particulier pour la conduite de la politique étrangère (2). Le Conseil fédéral y a tout de suite consenti. Le 26 juin 1917, le Conseil fédéral a pris, *en vertu de ses pleins pouvoirs*, un arrêté répartissant les départements, disposant que le président de la

---

(1) Conseil national, séance du 28 juin 1917 (*Gazette de Lausanne*, 30 juin 1917, p. 1. *Conseil national*). M. SCHULTHESS, président de la Confédération : « Si les motifs de M. Hoffmann étaient purs, les moyens utilisés furent moins bons... Il n'en reste pas moins que M. Hoffmann n'était plus en état de s'occuper de nos affaires politiques. C'est pourquoi le Conseil fédéral, *à l'unanimité*, a accepté sa démission... Un homme d'Etat d'un pays neutre doit éviter même l'apparence d'un manquement à la neutralité, et l'acte de M. Hoffmann a, pour le moins, eu cette apparence. »

(2) La Commission a rédigé un *postulat* « invitant le Conseil fédéral à instituer une *délégation permanente des affaires étrangères* et à édicter les dispositions nécessaires concernant les obligations et les attributions de cette délégation. » (Voyez les rapports oraux de M. SPAHN et de M. SECRETAN au Conseil national, séance du 27 juin 1917). M. Secretan a dit : « Il est fâcheux que la délégation permanente des affaires étrangères n'ait pas été constituée beaucoup plus tôt au sein du Conseil fédéral ». *Gazette de Lausanne*, 29 juin 1917, p. 1 : *Conseil national*.

Confédération prendrait désormais, du fait de ses fonctions, la direction du département politique et que, pour la période jusqu'à la fin de 1917, le Conseil fédéral pouvait confier la direction de ce département à l'un de ses membres autre que le président.

Ainsi que le déclarait le président de la Confédération, M. Schulthess, à la séance du Conseil national du 28 juin 1917, « le peuple veut avoir des garanties contre le retour de faits semblables à l'affaire Hoffmann-Grimm. Nous avons constaté que, par deux fois, le système Droz (*permanence du chef du département politique*) a donné lieu à des reproches de politique personnelle. D'autre part, la rotation a des inconvénients. Vous connaissiez nos décisions. *La politique extérieure de la Suisse sera conduite par une délégation spéciale.* Cette politique sera celle de la stricte neutralité » (1).

Ce n'est pas tout : le Conseil fédéral et le Conseil national se sont énergiquement refusés à suivre ceux qui réclamaient une modification radicale de la loi fédérale du 3 août 1914 sur les pleins pouvoirs.

Non seulement le *postulat Willemin-Bossi*, réclamant la *suppression pure et simple* des pleins pouvoirs, n'a réuni au Conseil national, le 29 juin 1917, que les deux voix de ses auteurs, mais encore *le postulat Jaton* — beaucoup plus modéré — a été rejeté par 95 voix contre 16 (2).

Le postulat de M. Jaton était ainsi libellé (3) :

« Le Conseil fédéral est invité à présenter un rapport et des *propositions* sur l'abrogation des articles 3 et 4 de l'arrêté fédéral du 3 août 1914 fixant

---

(1) *Journal de Genève*, 30 juin 1917, p. 5 : *Assemblée fédérale.*

(2) Il est surprenant que le postulat Jaton n'ait pas eu plus de succès. A la réunion du 3 juin 1917, à Lausanne, l'*Union libérale romande*, sur le rapport de M. F. DE RABOURS (Genève), avait voté la résolution suivante : « L'Union libérale demande le retour progressif au régime normal *par la limitation des pleins pouvoirs au domaine des questions économiques urgentes, et la création aussitôt que possible d'une commission parlementaire des affaires étrangères.* » *Gazette de Lausanne*, 5 juin 1917, p. 2 : *Union libérale romande* ; — *Journal de Genève*, 5 juin 1917, p. 4 : *Confédération, l'union libérale romande.*

(3) *Journal de Genève*, 30 juin 1917, p. 5 : *Assemblée fédérale.*

les mesures propres à assurer la sécurité du pays et le maintien de sa neutralité et sur leur *remplacement par d'autres articles restreignant les pouvoirs illimités du Conseil fédéral aux questions économiques et de ravitaillement du pays* » (1).

M. Schulthess, au Conseil national, le 28 juin 1917, avait très nettement pris position contre les adversaires des pleins pouvoirs :

« La proposition faite de modifier la loi militaire en vertu des pleins pouvoirs *montre la nécessité de ceux-ci. La guerre a nécessité, dans chaque pays, des mesures exceptionnelles, qui constituent des accrocs aux principes démocratiques. Cette nécessité s'impose aussi aux Etats neutres placés trop près de la mêlée. Ce n'est pas le moment d'enlever des armes au gouvernement du pays.* »

Il semble bien que ces paroles traduisent exactement le sentiment de l'immense majorité du pays.

Il faut reconnaître aussi que certains, en Suisse, accusent les pleins pouvoirs de torts imaginaires (2). Comme le disait

(1) Au Conseil national, 28 juin 1917 (*Gazette de Lausanne*, 30 juin 1917, p. 1. *Conseil national*), M. JATON (Vaud), à l'appui de son postulat demandant au Conseil fédéral une étude sur la limitation des pleins pouvoirs, faisait la déclaration suivante : « *Depuis longtemps, le peuple demande que les pleins pouvoirs soient limités.* Mais ces demandes justifiées n'ont rien changé aux pratiques du gouvernement. L'affaire Hoffmann nous a montré les dangers d'une politique personnelle et de la diplomatie secrète. *Le régime des pleins pouvoirs absolus, qui facilite ces procédés personnels et aussi antidémocratiques, ne peuvent plus subsister.* C'est au Conseil fédéral à assumer la responsabilité des affaires devant le peuple et devant l'étranger. *Le régime des pleins pouvoirs,* qui a suffisamment compromis notre situation intérieure et extérieure, *est condamné par le peuple.* Le Conseil fédéral ferait œuvre de sagesse en acceptant la limitation qui lui est proposée. » Dans le même sens, M. MAILLEFER (Vaud) : « L'événement qui nous occupe doit marquer la fin d'un système. Trois choses doivent avoir vécu : *Ces pleins pouvoirs,* l'omnipotence de l'état-major et la diplomatie secrète. »

(2) N'est-ce pas le cas du conseiller national MAILLEFER qui disait au Conseil national, le 28 juin 1917 (*Gazette de Lausanne,* 30 juin 1917, p. 1. *Le Conseil national*) : « Trois choses doivent avoir vécu : les *pleins pouvoirs,* l'omnipotence de l'état-major et la diplomatie secrète. Le Conseil fédéral est resté généralement respectueux de nos institutions démocratiques et de notre Constitution. *Il n'a pas fait un usage abusif des pleins pouvoirs. Dans le domaine économique, il n'y a qu'une voix pour le louer.* Si

M. Secretan, le 3 juin 1917, à l'Union libérale romande (1) :

« Chaque fois qu'un accroc est fait à la Constitution, on accuse les pleins pouvoirs. *C'est là une erreur qu'il faut redresser...* En ce qui touche les affaires militaires, on accuse aussi les pleins pouvoirs. Or on oublie que les pouvoirs du commandement de l'armée découlent de la loi sur l'organisation militaire de 1907... Le général use donc des pouvoirs que lui confère la loi. Le Conseil fédéral est responsable vis-à-vis du pays, il est au-dessus du commandement de l'armée et il a tort de laisser faire et devrait user du pouvoir que lui confère la Constitution.

Les pleins pouvoirs ont jusqu'ici rendu de grands services : leur suppression est une impossibilité. Ils ont été limités dans une large mesure par l'arrêté de mars 1915 ; on a rendu à la justice civile une série de compétences qui avaient été dévolues à la justice militaire. La censure qui avait fait l'objet de nombreuses critiques justifiées... est devenue plus coulante... »

II

Il faut le constater aussi : les accusations — même excessives — portées contre les pleins pouvoirs n'ont pas été sans influence. Elles ont eu pour résultat d'amener peu à peu le Conseil fédéral à cette idée que les pleins pouvoirs ne devaient servir que dans les circonstances tout à fait extraordinaires, et surtout en matière économique.

Comme manifestation de cet état d'esprit nouveau, on peut signaler l'attitude du Conseil fédéral vis-à-vis de la proposition faite au Conseil des Etats le 26 juin 1917 (2) par M. Légler

l'on réclame, c'est qu'en réalité le *Conseil fédéral, devenu dictateur en vertu des pleins pouvoirs, n'a pas l'air d'être le maître dans la maison, et c'est contre la suprématie du pouvoir militaire que le peuple s'insurge.* Les erreurs commises lors de l'affaire des colonels et dans l'affaire Bircher prouvent que le Conseil fédéral n'est pas maître de la situation. D'autre part, le réfractaire Münzenberg circule librement chez nous, prêchant l'anarchie et le refus du service. Le peuple ne comprend pas cela. *Supprimons donc les pleins pouvoirs et rentrons dans le droit commun.* »

M. Bertoni a appuyé, au nom de toute la délégation tessinoise, ces déclarations.

(1) *Gazette de Lausanne*, 5 juin 1917, p. 2 : *Union libérale romande.* *Journal de Genève*, 5 juin 1917, p. 4 : *Confédération, l'union libérale romande.*

(2) *Gazette de Lausanne*, 28 juin 1917, p. 2 : *Conseil des Etats ; — Journal de Genève*, 28 juin 1917, p. 6.

de faire porter de 7 à 9 le nombre des conseillers fédéraux, et cela non par une révision constitutionnelle de l'article 95, mais par l'exercice des pleins pouvoirs.

Le vice-président du Conseil fédéral, M. Calonder, tout en se déclarant favorable à la réforme, a très catégoriquement refusé de la réaliser en usant des pleins pouvoirs : « Dès le mois d'août (1917), a-t-il dit, le message du Conseil fédéral sur cette question pourra être distribué (1). *Pas plus que vous* (2), *nous ne désirons procéder, dans cette matière délicate, autrement que par la voie constitutionnelle.* En septembre (1917), les Chambres auront toute latitude de se prononcer sur l'urgence de la réforme. Le projet de *révision constitutionnelle* pourrait alors être soumis au vote du peuple et des cantons dans les premiers mois de l'année 1918. »

En somme, les pleins pouvoirs du Conseil fédéral suisse ne sont pas sérieusement menacés. Mais, à la suite des événements et des discussions rappelés plus haut, le Conseil fédéral a aujourd'hui (*août 1917*) la conviction qu'il doit en user avec une grande modération.

Et dès lors, il paraît très probable que les pleins pouvoirs ne seront pas supprimés avant la fin de la guerre.

Les seules modifications vraisemblables sont du côté du renforcement du *contrôle parlementaire*. Le *Journal de Genève* (3), le 8 juillet 1917, a insisté en faveur de cette solution, en ce qui concerne tout particulièrement la politique étrangère, et la conclusion des traités :

(1) Le message a été annoncé et analysé par les journaux des 8, 9 et 10 août : *Journal de Genève*, 8 août 1917, p. 5 : *Confédération* ; 10 août 1917, p. 1 : *de Sept à Neuf* ; — *Gazette de Lausanne*, 9 août 1917, p. 4 : *Le Conseil fédéral de neuf membres*. Dans ce message, le Conseil fédéral déclare aussi se refuser à user de ses pleins pouvoirs pour reviser la loi sur l'organisation de l'administration fédérale.

(2) Conseil des Etats, 26 juin 1917, M. Wirz : « L'augmentation des membres du Conseil fédéral suppose *une révision de la Constitution*. Or, aussi longtemps que possible, restons dans la légalité et n'incitons pas le gouvernement à user de ses pleins pouvoirs pour se renforcer lui-même. » Dans ce même sens, M. de Meuron. — *Gazette de Lausanne*, 28 juin 1917, p. 2 : *Conseil des Etats*.

(3) P. 1 : *Autour du Département politique.*

« Il restera à établir le *contact nécessaire entre le Conseil fédéral et le Parlement*. Celui-ci a le droit et le devoir, lui aussi, comme dans tous les pays démocratiques, de dire son mot, non pas sans doute dans le détail des négociations, mais dans les principes généraux qui doivent guider notre politique extérieure. A ce titre, nous espérons que *le Conseil fédéral et les Chambres accepteront la création d'une commission permanente des affaires extérieures*, qui avait échoué une première fois au printemps 1916 devant l'opposition des amis de M. Hoffmann, mais qui vient d'être proposée à nouveau par M. Sigg au Conseil national ».

§ 6

Le régime suisse des pleins pouvoirs du point de vue juridique.

L'Assemblée fédérale suisse n'a pas hésité à accorder au Conseil fédéral des pouvoirs « illimités », et à accepter qu'ils soient exercés même en violation des règles constitutionnelles.

Le *Tribunal fédéral* suisse dans l'arrêt du 14 décembre 1915 affirmé qu'il n'appartient pas aux tribunaux de rechercher la constitutionnalité des mesures prises en vertu de la loi des pleins pouvoirs.

L'*opinion publique* s'est enfin déclarée en faveur des pleins pouvoirs, en ce qui concerne tout au moins les *matières économiques*. Que pensent de tout cela les *juristes suisses*?

Laissons de côté le problème *juridique* du *contrôle juridictionnel des lois et arrêtés*, lequel est expressément réglé par la Constitution fédérale et ne soulève, par suite, aucune difficulté sérieuse.

Trois graves difficultés juridiques se présentent et doivent être étudiées doctrinalement.

1° La Constitution fédérale suisse prévoit-elle expressément l'état de guerre ou de crise et prescrit-elle des mesures pour cette hypothèse?

2° L'Assemblée fédérale a-t-elle le pouvoir, en temps de guerre, de prendre des mesures, en violation des règles constitutionnelles, en particulier d'édicter des règles législatives sans les soumettre à la votation du peuple et des cantons?

3° L'Assemblée fédérale pouvait-elle *régulièrement* attribuer des pleins pouvoirs au Conseil fédéral, comme elle l'a fait par l'arrêté du 3 août 1914?

Il a paru en Suisse depuis la guerre, un assez grand nombre de commentaires pratiques sur les arrêtés et ordonnances émis par le Conseil fédéral. Mais les grands problèmes de droit public n'y sont pas étudiés (1).

Dans les Universités suisses, il semble qu'ils aient été examinés ; nous avons deux dissertations sur la matière : l'une, publiée en 1915 par un docteur de l'Université de Berne, M. von Waldkirch (2) ; l'autre, publiée en 1917 par un docteur de l'Université de Genève, M. Robert Hœrni (3). Ce sont, je crois, à l'heure actuelle, les seuls ouvrages de *doctrine* sur la question.

Il est vraisemblable que ces deux thèses reflètent dans une certaine mesure les doctrines professées dans ces Universités, l'une de langue allemande, l'autre de langue française. A ce titre, — et sans compter leurs mérites propres, — il convient d'y arrêter l'attention, en particulier sur l'étude de M. R. Hœrni, de beaucoup la plus développée au point de vue qui nous occupe maintenant.

I

1ᵉʳ Problème. — La Constitution fédérale suisse prévoit-elle expressément l'état de guerre ou de crise, et prescrit-elle des mesures pour cette hypothèse ?

Les hommes politiques ne se sont guère préoccupés de la question. Quand ils y ont songé, ils n'ont ordinairement invoqué que l'article 85 chiffre 6 et l'article 102 chiffre 8 de la Constitution fédérale (4).

---

(1) A signaler toutefois un article du professeur BURCKHARDT, dans *Politisches Jahrbuch der schweizerischen Eidgenossenschaft* (vol. 28, 1914, p. 8 et s.) sous le titre *Gedanken eines Neutralen.*

(2) EDUARD OTTO VON WALDKIRCH, *die Notverordnungen im schweizerischen Bundesstaatsrecht.* Berner Dissertation. Berne, 1915.

(3) ROBERT HŒRNI, *De l'état de nécessité en droit public fédéral suisse. Etude juridique sur les pleins pouvoirs.* Genève, 1917.

(4) Le prof. BURCKHARDT, *Gedanken eines Neutralen,* dans *Politisches Jahrbuch der schweiz. Eidgenossenschaft,* vol. 28, 1914, p. 10, invoque l'art. 85, chiffre 6, et aussi l'art. 102, chiffre 8. — Le deuxième rapport du

I. — M. von Waldkirch, en dehors de l'article 85 chiffre 6 et l'article 102 chiffre 8, cite d'autres textes constitutionnels, en particulier l'article 85 chiffres 7 et 8, et l'article 102, chiffres 2, 9 et 10 combinés avec l'article 2.

L'article 85 est ainsi conçu :

« Les affaires de la compétence des deux Conseils (*national et des Etats*) sont notamment les suivantes : ... 6° *les mesures pour la sûreté extérieure ainsi que pour le maintien de l'indépendance et de la neutralité de la Suisse*; 7° la garantie des constitutions et du territoire des cantons, l'intervention par suite de cette garantie ; *les mesures pour la sûreté intérieure de la Suisse, pour le maintien de la tranquillité et de l'ordre ;* l'amnistie et le droit de grâce ; 8° les mesures pour faire respecter la constitution fédérale et assurer la garantie des constitutions cantonales, ainsi que celles qui ont pour but d'obtenir l'accomplissement des devoirs fédéraux ».

D'autre part l'article 102 dispose :

« Les attributions et les obligations du *Conseil fédéral*, dans les limites de la présente Constitution, sont notamment les suivantes : ... 2. *Il veille à l'observation de la Constitution, des lois et des arrêtés de la Confédération*, ainsi que des prescriptions des concordats fédéraux ; *il prend, de son chef ou sur plainte, les mesures nécessaires pour les faire observer*, lorsque le recours n'est pas du nombre de ceux qui doivent être portés devant le Tribunal fédéral à teneur de l'article 113; 8. *Il veille aux intérêts de la Confédération au dehors*, notamment à l'observation de ses rapports internationaux, et il est, en général, chargé des relations extérieures; 9. *Il veille à la sûreté extérieure de la Suisse, au maintien de son indépendance et de sa neutralité ;* 10. *Il veille à la sûreté intérieure de la Confédération, au maintien de la tranquillité et de l'ordre* ».

Enfin, d'après l'article 2,

« La Confédération a pour but d'assurer l'indépendance de la patrie contre l'étranger, de maintenir la tranquillité et l'ordre à l'intérieur, de protéger la liberté et les droits des Confédérés et d'accroître leur prospérité commune ».

Conseil fédéral à l'Assemblée fédérale sur l'exercice des pleins pouvoirs contient la phrase suivante : « On peut se dispenser d'examiner si l'article 85, chiffres 6, et 7 et l'article 102, chiffres 8, 9 et 10 combinés avec l'article 2 de la Constitution fédérale ne fondent pas expressément le droit de prendre des arrêtés d'urgence ». — Le rapport de M. SPAHN au Conseil national, 6 mars 1916 (*supra*, p. 88), invoque l'article 85, chiffre 6 et l'article 102, chiffre 8.

Il semble bien que certains de ces textes soient invoqués à tort : en particulier l'article 2, l'article 85 chiffre 8, l'article 102 chiffres 2 et 8. Ces dispositions paraissent n'avoir absolument rien à faire dans notre matière. Quant aux autres, elles ne font guère que répéter ou préciser l'article 85-6°.

Quoi qu'il en soit, d'après M. von Waldkirch, la Constitution fédérale suisse prévoit *expressément* l'état de guerre et confère à l'Assemblée fédérale compétence pour prendre les mesures nécessitées par l'état de guerre.

D'ailleurs, M. von Waldkirch semble admettre la légitimité, *en dehors de textes constitutionnels*, des ordonnances de nécessité.

Cette théorie des *ordonnances de nécessité* en droit public fédéral suisse a été très amplement exposée par M. Robert Hœrni, docteur de l'Université de Genève.

II. — D'après M. R. Hoerni, il est inutile de chercher, dans le texte de la Constitution fédérale suisse, une base juridique aux ordonnances de nécessité. C'est faire un effort tout à fait superflu que de s'ingénier, comme certains auteurs ou hommes politiques, à la trouver dans l'art. 85, chiffres 6, 7 et 8, dans l'article 102, chiffres 2, 8, 9 et 10 combinés avec les dispositions fondamentales de l'art. 2. Les articles 85 et 102 ne permettent ni à l'Assemblée fédérale, ni au Conseil fédéral de sortir du droit positif dans l'exercice des compétences que ces textes leur attribuent. Aucun de ces articles ne donne à l'Assemblée fédérale le pouvoir de faire des lois *sans la votation populaire* lorsque la Constitution le requiert, ni au Conseil fédéral de faire des actes réservés par la Constitution à l'Assemblée fédérale ou au peuple.

Est-ce à dire que, pour le cas de guerre, il n'y ait qu'à appliquer purement et simplement les règles du temps de paix? M. R. Hœrni répond négativement.

Dans les cas de crise grave, en particulier en temps de guerre, dit-il, il y a *état de nécessité*. L'Etat se trouve alors placé dans le dilemme suivant : ou bien il s'en tiendra strictement aux règles du droit positif et s'exposera ainsi à subir un grave dommage ; ou bien, exprimant sa volonté dans des formes autres que celles du droit en vigueur, il prendra sans tarder les mesures qui lui paraîtront opportunes. Seule, la seconde des deux propositions de cette alternative est admissible. Les intérêts supérieurs de l'Etat ne peuvent pas être sacrifiés à l'observation rigoureuse des règles de droit existantes. L'Etat doit songer avant tout à sa propre conservation. De même que l'on reconnaît à l'homme poussé par une nécessité impérieuse le droit d'user, pour sauvegarder son existence, de moyens qui sont ordinairement interdits, de même il faut accorder à l'Etat la possibilité de sortir provisoirement des limites tracées par le droit positif si celui-ci ne lui fournit pas les moyens de se défendre. La nécessité engendre un droit nouveau plus fort que le droit écrit. De la nécessité découle, pour l'Etat, un *droit* qui lui permet de ne se laisser guider dans son activité que par sa libre appréciation des faits : c'est le *droit de nécessité (Notrecht).* C'est un droit inhérent à l'existence de l'Etat, c'est un droit *naturel* de l'Etat. Tous les Etats, sans exception, peuvent en faire usage, — une fois néanmoins les conditions requises pour son application.

Ces conditions sont importantes à connaître. En effet, il faut soigneusement enfermer ce droit naturel de nécessité dans des limites très étroites, ne jamais oublier qu'il est tout à fait exceptionnel, que c'est un pis aller, qu'il faut en réduire les effets au minimum possible, qu'il prête facilement aux abus et à l'arbitraire, vu la subjectivité de toute appréciation des faits par des hommes. Il faut que la situation soit *très grave,* qu'elle *menace l'existence normale de l'Etat,* que celui-ci ne trouve dans le droit en vigueur aucun *moyen de défense;* il faut que les nouvelles règles de droit émises *ne puissent,* à raison des circonstances, *être édictées dans les formes prévues par le droit écrit* pour l'expression de la volonté de l'Etat.

En résumé, d'après M. Hœrni, « il y a état de nécessité en droit public, lorsque, pour des raisons indépendantes de sa volonté, l'Etat se trouve dans l'impossibilité de se conformer aux formes régulières pour effectuer les modifications du droit positif reconnues indispensables à raison des circonstances » (1).

(1) Hœrni, *op. cit.,* p. 12.

Naturellement, dès que l'état de nécessité disparaît, les arrêtés et ordonnances de nécessité doivent disparaître ; sinon, ce serait un coup de force déguisé à la faveur de circonstances exceptionnelles dont on prolongerait ainsi les effets juridiques après leur cessation. *Dès que l'emploi des formes régulières est possible, il n'y a plus état de nécessité* : les mesures prises en vertu de droit de nécessité ne peuvent plus être maintenues qu'avec l'approbation des organes compétents pour l'émission des règles de droit. En d'autres termes, la violation du droit doit être couverte et devenir une modification du droit effectuée par les organes compétents et dans les formes nouvelles *aussitôt que possible*. Ceci est capital.

Enfin, d'après M. Hœrni, l'autorité appelée à exercer ce droit de nécessité est responsable : il ne faut pas qu'elle soit tentée de mésuser d'un droit aussi énorme ; il faut que cet organe soit obligé de rendre compte de ses actes et de prouver que les mesures prises par lui étaient réellement exigées par les circonstances.

Il est très important, remarque M. R. Hœrni, de construire ainsi la théorie du droit *naturel* de nécessité, même lorsque la Constitution a prévu le cas de nécessité. En effet, on est alors amené à juger les règles constitutionnelles et à déterminer dans quelles mesures elles s'écartent des solutions logiques correctes, et ont un caractère artificiel et arbitraire.

Tel n'est pas le cas, d'après M. Hœrni, pour le droit public fédéral suisse. Le fondement nécessaire et suffisant des pouvoirs extraordinaires des gouvernants suisses se trouve dans le « droit de nécessité » *naturel* (1). En d'autres termes, le droit

---

(1) Robert Hœrni, *de l'Etat de Nécessité en droit public fédéral suisse*, Genève, 1917. Sociéte Générale d'imprimerie, p. 18 : « Le droit de nécessité est donc, à notre avis, un droit inhérent à l'existence de l'Etat. Tous les Etats, sans exception, peuvent en faire usage, une fois réunies les conditions requises pour son application : le droit de nécessité est un droit naturel de l'Etat ». — E. von Waldkirch, *die Notverordnungen im schweizerischen Bundesstaatsrecht*, Berne, 1915, admet aussi le principe du *Notrecht*. Ce principe lui parait tellement *naturel*, qu'il ne se donne même pas la peine de démontrer son existence en droit public fédéral suisse.

public fédéral suisse *écrit* ne consacre pas le *Notrecht*, mais le droit public fédéral suisse *non écrit* l'admet (1).

D'ailleurs, observe M. R. Hœrni, certaines constitutions cantonales consacrent expressément le droit de nécessité, à savoir : la Constitution du canton de Berne (art. 39 § 2), et la Constitution du canton de Thurgovie (art. 39, chiffre 9).

D'après la Constitution du canton de Berne, art. 39, § 2 : « Pour prévenir un danger pressant, il (le Conseil exécutif) peut disposer provisoirement de la force armée, donner des ordres et prendre des arrêtés sous commination de peines. Toutefois, il devra donner *immédiatement* connaissance de ces mesures au Grand-Conseil *qui prendra des dispositions ultérieures* ».

D'après la Constitution du canton de Thurgovie, art. 39, chiffre 9, « le Conseil de gouvernement a compétence pour prendre des mesures extraordinaires, en tant que les circonstances l'exigent et qu'il y aurait péril en la demeure. Toutefois, il est obligé d'en rendre compte au Grand Conseil à la plus prochaine réunion de ce dernier ; et les mesures ne continuent d'exister qu'autant que le Grand Conseil y a donné son assentiment. Lorsque le Conseil de gouvernement fait appel aux troupes pour le maintien de l'ordre public, le Grand Conseil doit être convoqué immédiatement » (2).

III. — La thèse développée par M. R. Hœrni dépasse le

---

(1) R. Hœrni, *op. cit.*, p. 7 à 53, et surtout pages 23 et s. L'auteur écrit page 50 : « Le droit de nécessité n'est pas prévu par la Constitution fédérale. Elle ne le pose pas en termes exprès, et, d'autre part, l'interprétation ne permet pas non plus d'en établir l'existence. La Confédération suisse, semblable en cela à nombre d'autres États, ne connaît donc pas de droit de nécessité *constitutionnel*. Dans ces conditions, *est seul applicable, en cas de nécessité, le droit de nécessité naturel* ».

(2) Const. du canton de *Thurgovie*, art. 39, chiffre 9 : « Er *(der Regierungsrat)* hat die Befugnis zu ausserordentlichen Massnahmen, sofern die Zeitumstände solche zur Notwendigkeit machen und Gefahr in Verzug sein würde ; er ist jedoch verpflichtet, dem Grossen Rate bei dessen nächsten Zusammentritte hievon Rechenschaft abzulegen, und die Massnahmen dauern nur insofern fort, als der Grosse Rat seine Zustimmung hierfür erteilt. — Wenn der Regierungsrat zur Handhabung der öffentlichen Ordnung im Innern Truppen aufbietet, so ist der Grosse Rat unverzüglich einzuberufen ».

droit public fédéral suisse. Elle pose un problème de droit public général dont l'importance est si grande qu'il convient de l'examiner attentivement : Y a-t-il un « droit de nécessité » *naturel* de l'Etat, en ce sens qu'en cas de crise politique provoquée par des événements nationaux ou internationaux, telle ou telle catégorie de gouvernants, *naturellement et en dehors de toute autorisation constitutionnelle ou législative*, cesse d'avoir une compétence limitée par la Constitution ou par la loi et est investie *de plein droit*, pour un temps plus ou moins long, du pouvoir *jnridique* d'accomplir légitimement toutes sortes d'actes, actes *individuels*, actes *législatifs* ?

A cette question générale, il faut, à mon avis, répondre nettement par la *négative*. L'étude comparative des institutions politiques des différents pays de l'Europe continentale et des Etats-Unis de l'Amérique du Nord révèle l'existence non d'un « droit de nécessité » *naturel*, le même dans tous les Etats, mais de deux solutions très nettement tranchées : la solution anglo-américaine-française ; la solution austro-allemande.

Insistons sur cette opposition de solutions.

Dans les démocraties de l'Europe occidentale et aux Etats-Unis, il n'existe pas de « Droit de nécessité ». D'une manière plus précise, les droits publics *anglais, américains, français* ne reconnaissent pas l'existence d'un principe fondamental non écrit, d'après lequel, dans les époques de crise grave, certains pouvoirs publics, en particulier l'Exécutif, auraient *le droit* de prendre toutes les mesures qu'exige l'intérêt national, sans avoir l'obligation d'observer les règles du droit positif. Bien au contraire, le principe capital moderne, en Angleterre, aux Etats-Unis et en France, est le *règne de la loi*, même en temps de crise. Si, au cours de ces périodes graves, l'Exécutif prend des mesures qu'il croit nécessaires au salut public, mais que la législation en vigueur ne place pas dans sa compétence, il commet une illégalité, engageant juridiquement sa responsabilité à tous points de vue. Ce sera à lui, plus tard, s'il y a lieu, afin d'empêcher que ces responsabilités soient mises en jeu, à demander un *bill of indemnity*, une *loi d'amnistie* (1).

____

(1) Pour l'*Angleterre*, Dicey, *Introduction à l'étude du Droit constitu-*

A cette théorie s'oppose celle du « Droit de nécessité », du « Notrecht », institution austro-allemande, consacrée expressément par les constitutions de la plupart des Etats particuliers de l'Empire allemand (1), par le fameux paragraphe 14 de la Constitution autrichienne (2). Les jurisconsultes allemands déclaraient avant la guerre que, malgré le silence de la Constitution d'Empire, le *Notrecht* vaut pour l'Empire allemand : il suffit à l'Empereur de déclarer l'état de guerre, pour pouvoir modifier provisoirement toute la législation existante (3).

tionnel, éd. française, p. 315 et s. ; 8e édition anglaise 1915, p. 406 à 409 ; Anson, *Loi et pratique constitutionnelles de l'Angleterre*, éd. française, II, p. 41 et s. ; Todd, *Le Gouvernement parlementaire en Angleterre*, éd. française, II, p. 376 et 377. — Pour les *Etats-Unis*, l'arrêt de la Cour Suprême *ex parte* Milligan (1866) (*infra*) affirme : « Le Président ne peut pas, *en temps de guerre plus qu'en temps de paix*, empiéter sur la compétence propre du Congrès, ni le Congrès sur la compétence propre du Président. Tous les deux sont les serviteurs du peuple, dont la volonté est exprimée dans la loi fondamentale ». — Pour la *France*, voyez *infra*.

(1) Ex. Prusse, art. 63, Const. du 31 janvier 1850 ; — Bavière, art. 7, 15, Const. du 26 mai 1818 ; — Saxe, art. 88, Const. du 4 sept. 1831 ; — Wurttemberg, art. 187 et suiv., Const. du 25 sept. 1819, etc. Cpr. Arndt, *die Notverordnungen nach dem Verfassungsrechte der modernen Staaten, vergleichend dargestellt*, Berlin, 1909, p. 39 à 52.

(2) Loi constitutionnelle du 21 décembre 1867, § 14 : « Si des circonstances urgentes rendent nécessaire, dans l'intervalle des sessions, quelque mesure exigeant, suivant la Constitution, le concours du Reichsrat, il pourra y être pourvu, sous la responsabilité collective du ministère, par ordonnance de l'Empereur, à la condition qu'il ne soit apporté ainsi aucune modification aux lois constitutionnelles, et qu'il n'en résulte ni une charge permanente pour le trésor public, ni une aliénation du domaine de l'Etat. Les ordonnances intervenues dans ces circonstances auront provisoirement force de loi, lorsqu'elles auront été signées collectivement par les ministres et publiées avec référence expresse à la présente disposition de la loi constitutionnelle. Elles cessent d'avoir force de loi si le gouvernement néglige de les présenter à l'approbation du Reichsrat dans la session qui suivra immédiatement leur promulgation, et en premier lieu à celle de la Chambre des députés dans les quatre semaines de sa convocation ou si l'une des deux Chambres leur refuse son approbation. Le ministère est tenu, sous sa responsabilité collective, de retirer ces ordonnances dès qu'elles ont perdu la force de loi qui y était provisoirement attachée ». Il a été fait une très large applicatton de ce texte dans la guerre actuelle : le Reichsrat, mis en vacances en 1914, n'a été réuni qu'en 1917.

(3) Laband, *Le droit public de l'Empire allemand*, édition française, II,

D'ailleurs, la difficulté a été écartée par la loi fédérales des pleins pouvoirs du 4 août 1914 (1).

Voilà les deux solutions en présence. Il est donc tout à fait arbitraire d'affirmer l'existence du *Notrecht* comme droit *naturel de l'Etat*, faisant partie du droit public de *tous* les Etats.

D'ailleurs, cette formule suppose admise une certaine conception de l'Etat — tout à fait fausse, à mon avis (2). On tient pour évident, qu'il y a une personne *Etat*, laquelle a des *droits* ; ceci posé, on ajoute que parmi ces droits figure, en temps de crise, le droit *naturel* de nécessité.

Est-ce ainsi que les choses existent dans la réalité ?

Aujourd'hui, dans toute nation organisée en *Etat démocratique*, il existe des individus ou des groupes d'individus

p. 386 : « La Constitution de l'Empire est muette au sujet du pouvoir de publier des ordonnances, qui auraient force de loi par interim et pourraient modifier provisoirement ou abroger des principes juridiques reconnus par la législation de l'Empire. *Toutefois, l'article 68 conférant à l'Empereur le droit de déclarer l'état de guerre dans une partie du territoire de la Confédération, l'Empereur a la faculté de modifier provisoirement la législation conformément aux prescriptions de la loi prussienne du 4 juin 1851* ». — De son côté, Otto MAYER, *Droit administratif allemand*, éd. française, I, § 1, p. 12, écrit : L'ancienne doctrine du droit public professait l'idée qu'il y avait des cas où le droit existant doit céder à un intérêt supérieur de l'Etat. On appelait cela le *droit de haute nécessité (Staatsnotrecht)* : ce droit appartiendrait au prince. Il y a des auteurs disposés à admettre des théories pareilles, même dans le système constitutionnel de l'Etat moderne. En tout cas, cela ne serait pas de l'administration. Mais nos Constitutions ont l'habitude de prévoir elles-mêmes des mesures extraordinaires, en reconnaissant au prince le droit de faire des *ordonnances d'urgence (Notverordnungen)* ayant provisoirement toute la force d'une loi ».

(1) La *loi d'Empire* du 4 août 1914 (loi autorisant le Conseil fédéral à proroger les délais légaux fixés pour l'exercice de droits en matière de chèques et de lettres de change *et à prendre certaines mesures économiques*) contient un article 3 conférant au Bundesrat les pleins pouvoirs en *matière économique* : « Le Conseil fédéral est autorisé à ordonner, pendant la durée de la guerre, *telles mesures de droit qui pourront être nécessaires pour remédier aux dommages économiques*. Ces mesures seront portées à la connaissance du Reichstag lors de sa première réunion et elles seront rapportées sur sa demande ».

(2) G. JÈZE, *Les principes généraux du droit administratif*, 2e édition, 1914, p. 17 et 18.

investis d'une certaine compétence en vue de faire fonction-
ner les services publics, extrêmement multiples et variés, par
lesquels sont satisfaits les besoins généraux de la collectivité.
Ces compétences sont réparties d'une certaine manière entre
ces individus ou ces groupes d'individus ; elles doivent être
exercées dans certaines conditions de collaboration et de
formes. Le droit public des Etats démocratiques modernes
n'est qu'une organisation de ces compétences (1).

Ceci posé, il s'agit de savoir si les compétences constitutionnelles ou légales des agents publics, des gouvernants,
sont modifiées en temps de guerre, de crise, si telle mesure
particulière ou telle règle de droit qui devait être prise,
édictée par tel ou tel agent public (au sens large du mot), suivant telle ou telle procédure, pourra être prise, édictée par un
autre agent public ou sans observer la procédure ordinaire.

En d'autres termes, la répartition des compétences organisée
pour les temps normaux est-elle maintenue pour le temps de
crise ou de guerre? ou bien, au contraire, l'état de crise ou
de guerre a-t-il pour effet, *en dehors de toute prescription
constitutionnelle ou légale*, de modifier *de plein droit* la répartition des compétences des agents publics, d'augmenter la
compétence de certains agents publics et de dépouiller d'autres agents publics de leur compétence ordinaire ?

D'une manière plus précise, étant donné une certaine répartition des compétences faite dans un pays donné, à une époque
donnée par la Constitution ou la loi entre les agents exécutifs,
la législature et, dans les pays démocratiques qui pratiquent
la votation populaire, les collèges populaires, l'état de crise,
de guerre a-t-il pour conséquence *juridique* de dépouiller de
tout ou partie de sa compétence l'un de ces groupes d'agents
publics, les collèges populaires, la législature, et d'augmenter la compétence de tel ou tel autre, les agents exécutifs ?
Voilà comment la question se pose et pas autrement.

Il est donc arbitraire de dire que, d'après le « *droit naturel* », *le même dans tous les pays*, la solution affirmative ou la
solution négative s'impose au juriste. Il se peut que, dans tel

----

(1) G. JÈZE, *op. cit.*, p. 6 et s.

pays donné, la Constitution ou la loi ait, *à l'avance*, résolu cette question. Il n'y a alors qu'à appliquer la règle constitutionnelle ou légale. Il se peut que, *au moment même où éclate la crise*, l'autorité publique qui régulièrement a le pouvoir juridique de fixer les compétences modifie la répartition existante des compétences de façon à la mieux adapter aux nécessités de fait (Ex. : Angleterre, Italie). Dans ce cas, encore, il n'y a pas de difficulté pour le juriste.

Mais si la répartition des compétences publiques n'a pas été modifiée régulièrement pour le cas de crise, à l'avance ou au moment de la crise, il est contraire aux faits d'affirmer qu'il est de « *droit naturel* » que la compétence de tels agents publics soit réduite et que la compétence de tels autres soit augmentée. Voilà un « droit naturel » que l'observation des faits conduit à repousser absolument.

Ne l'oublions pas : dans les Etats libres modernes, une certaine répartition des compétences n'est pas le produit du pur raisonnement logique fait par des juristes dans leur cabinet et accepté dévotement par les peuples : c'est l'aboutissant de luttes politiques très longues et très dures, le plus souvent même de révolutions sanglantes auxquelles les juristes sont absolument étrangers en tant que juristes. C'est ordinairement après échange de coups de fusils et non pas d'arguments de droit, que, dans un pays donné, à un moment donné, les répartitions des compétences constitutionnelles ont été établies, que les compétences respectives des agents exécutifs, de la législature et des collèges populaires ont été déterminées par la Constitution, par la loi, par la coutume constitutionnelle. Le Droit public d'un pays donné, à un moment donné, enregistre ces résultats. Les juristes ne font que constater un certain équilibre des forces sociales en présence, équilibre souvent inscrit dans un acte écrit. C'est là ce qu'on appelle le Droit constitutionnel d'un pays donné à une époque donnée. Quant à croire que les juristes jouent en ces matières un autre rôle que celui d'enregistreurs, c'est une naïveté et une outrecuidance d'ailleurs inoffensive.

Peut-on parler, dans ces conditions, d'un « droit naturel » de la répartition des compétences ?

Poussons un peu plus loin l'observation des faits. Nous constatons que le *Notrecht* n'est pas autre chose qu'une *thèse politique*, revêtue de formes juridiques. Dans les Etats allemands, en Autriche, le principe dominant du droit public, celui qui correspond à l'état respectif des forces politiques et sociales, c'est le *principe monarchique* : cela signifie que, dans ces pays, la force sociale prépondérante à l'heure actuelle, c'est le *Monarque*, la *dynastie*, la *Couronne*. Les Parlements ont une compétence *tout à fait limitée* comme leur force sociale : cette compétence est celle qui leur est expressément assignée par la Constitution, laquelle le plus souvent a été *octroyée* par le Monarque. Le Monarque, au contraire, a d'autres pouvoirs que les pouvoirs décrits par la Constitution ; il est le *Souverain* ; pour qu'il n'ait pas tel pouvoir, il faut que la Constitution l'ait déclaré expressément. Voilà la traduction *juridique* de la force sociale et politique du Roi. On comprend donc très bien qu'en temps de crise ou de guerre, le Monarque, invoquant l'urgence, l'intérêt public, se déclare investi de tous les pouvoirs nécessaires à la conduite de la guerre. A vrai dire, la compétence du Monarque ne se transforme pas ; elle ne change pas de caractère, de nature ; la prépondérance incontestée du Monarque s'accuse, voilà tout. Le pouvoir du Roi cesse simplement d'être comprimé. Il est tout naturel que les juristes, par interprétation du *principe monarchique*, construisent une théorie juridique, le *Notrecht*. Le *Notrecht* apparaît donc comme une application juridique du principe *monarchique*, du principe absolutiste qui est à la base de l'organisation politique du pays considéré.

Il est manifeste que, dans un Etat démocratique, de souveraineté parlementaire ou populaire, le *Notrecht* naturel de plein droit, c'est-à-dire la dictature *de plein droit* des agents exécutifs en temps de crise ou de guerre, apparaît comme une méconnaissance de l'état des forces *politiques* en présence ; c'est une révolution véritable, la restauration d'un régime politique aboli. Dans les Etats de souveraineté parlementaire ou populaire, la force sociale et politique prépondérante est celle du Parlement ou du peuple. C'est à la législature ou au peuple à modifier la répartition des compétences, si cette modification est nécessaire. Le juriste ne peut pas affirmer qu'elle s'opère de plein droit. Si donc l'autorité publique qui a le pouvoir de fixer les compétences n'a pas apporté de modification, soit à *l'avance* soit au *moment de la crise*, il n'y a absolument aucune raison pour que les compétences soient modifiées : le juriste sort de son rôle en affirmant que l'état des forces sociales et politiques a changé *de plein droit* du fait de la crise, et qu'en conséquence le droit public non écrit consacre une nouvelle répartition des compétences entre la législature, les collèges populaires et les agents exécutifs.

Et dès lors, le juriste doit considérer comme illégaux, inconstitutionnels tous les actes accomplis en violation des compétences constitutionnelles ou légales ; les responsabilités civiles et pénales sont encourues par les agents qui ont méconnu leur compétence ; les tribunaux, *en tant que cela rentre dans leur compétence*, ont le devoir de déclarer irréguliers les actes ainsi faits et d'en tirer les conséquences fixées par la législation en vigueur.

Voilà la solution *juridique*. Mais ce n'est pas toute la solution du problème. Il se peut que, de propos délibéré, prenant en considération les nécessités du moment, les agents exécutifs, la législature accomplissent des actes illégaux, inconstitutionnels. Les juristes, nous l'avons dit, ne peuvent pas dire, — quels que soient les motifs de ces actes, — qu'ils sont légaux, constitutionnels ; les tribunaux ne peuvent pas se dispenser de les traiter comme illégaux ou inconstitutionnels, s'ils sont *régulièrement* appelés à les apprécier *et s'ils en ont le pouvoir*. Mais il appartient à l'autorité politique investie du pouvoir d'amnistie ou du pouvoir de formuler les règles législatives ou constitutionnelles, de prendre les mesures nécessaires pour mettre les auteurs d'illégalités ou leurs actes à l'abri des conséquences juridiques et de prévenir et d'arrêter l'action des tribunaux par un *bill of indemnity*.

Voilà la solution consacrée par l'Angleterre, par les Etats-Unis et par la France. Elle correspond exactement au caractère démocratique de leurs institutions et à la prépondérance sociale et politique qu'obtient, dans ces pays, le Parlement par rapport à l'Exécutif.

Quand on se rappelle l'esprit général du système politique de la Suisse (1), la défiance envers l'Exécutif qui est l'un des traits fondamentaux du droit public suisse fédéral ou cantonal (2), le respect de la légalité qui passe pour une des caractéristiques de l'esprit politique du peuple suisse, on éprouve des doutes très sérieux sur l'exactitude de la thèse, soutenue par certains jurisconsultes suisses, de l'existence, dans le droit public fédéral helvétique, du *Notrecht*, du « droit de nécessité », et de l'inutilité de chercher une base juridique constitutionnelle aux mesures exceptionnelles prises par l'Assemblée fédérale depuis 1914.

De plus, cette thèse se heurte aux déclarations répétées de nombreux orateurs de l'Assemblée fédérale. Même ceux qui ont préconisé les mesures les plus énergiques se sont abstenus d'invoquer le *Notrecht* pour *légitimer juridiquement* ces mesures. Ils ont franchement plaidé coupable (3) en invoquant la *nécessité* impérieuse. Ils ont cru qu'il suffisait, pour dégager leur responsabilité, d'obtenir l'approbation de l'Assemblée fédérale, représentant le peuple suisse (4), ou même l'approbation donnée implicitement par le peuple (5). Ceci est évidemment contestable pour un juriste. D'ailleurs, en droit public suisse, les tribunaux n'ont pas à apprécier *l'inconstitutionnalité des lois* (6).

Le Tribunal fédéral suisse lui-même, dans l'affaire *Millioud* jugée le 14 décembre 1915 (7), s'est abstenu de dire que le *Notrecht* naturel confère le *droit* de prendre toutes mesures nécessaires.

(1) V., *supra*, p. 54 et s.

(2) V. *supra*, p. 54 et s.

(3) Par exemple, le professeur BURCKHARDT, dans l'affaire du prof. MILLIOUD, *supra*, p. 65 : « On n'a pas entendu sacrifier le pays à la *légalité* ».

(4) V. *supra*, p. 78.

(5) Affaire de l'impôt sur les bénéfices de guerre, *supra*, p. 73 et s.

(6) Tribunal fédéral, 14 décembre 1915, *affaire Millioud*, *supra*, p. 66 et 67 : « C'est l'Assemblée fédérale seule qui peut décider si le Conseil fédéral a outrepassé les droits qu'elle prétendait lui donner ».

(7) V. *supra*, p. 67.

Il a eu bien soin de noter que « l'Assemblée fédérale peut seule décider si le Conseil fédéral a outrepassé les droits qu'elle entendait lui donner » ; l'Assemblée fédérale « *ratifie, au moins tacitement, l'emploi abusif qu'il en fait en ne révoquant pas ou en ne désavouant pas l'ordonnance critiquée* ». « C'est l'autorité politique seule, soit le Conseil fédéral *sous le contrôle de l'Assemblée fédérale* (ordonnance du 3 août 1914), qui est juge de la nécessité des mesures qu'elle ordonne dans la plénitude de sa responsabilité vis-à-vis du pays ».

Tout ceci n'est-il pas en contradiction formelle avec l'idée d'un *Notrecht naturel* ?

II

L'Assemblée fédérale a-t-elle le pouvoir, en temps de guerre, de prendre des mesures en violation des règles constitutionnelles, en particulier d'édicter des règles législatives (lois, arrêtés fédéraux de portée générale) sans avoir à les soumettre à la votation du peuple et des cantons ?

D'après la Constitution fédérale suisse (art. 71), l'Assemblée fédérale n'est « l'autorité suprême de la Confédération » que « sous réserve des droits du peuple et des cantons (art. 89 et 121) ». La conséquence n'est-elle pas que régulièrement l'Assemblée fédérale, avant de prendre des lois et arrêtés généraux (1) en violation des règles constitutionnelles, *en particulier sans avoir à les soumettre à la votation populaire*, aurait dû se faire accorder à elle-même, *par une révision constitutionnelle*, des pleins pouvoirs, c'est-à-dire le pouvoir de faire des lois et arrêtés généraux qui ne seraient pas soumis à

---

(1) Quelle différence y a-t-il entre une *loi* et un *arrêté fédéral* de portée générale voté par l'Assemblée fédérale ? Ni la Constitution, ni la loi ne formulent de criterium. Il appartient à l'Assemblée fédérale d'apprécier discrétionnairement si elle émettra une règle de droit sous la forme de *loi* ou sous la forme d'un *arrêté fédéral*. En fait, les règles de droit importantes sont édictées par l'Assemblée fédérale sous la forme de *lois*. Une fois qu'une matière a été réglée par une *loi*, cette loi ne peut être modifiée que par une *loi* et non par un arrêté fédéral. La remarque est importante au point de vue de la votation populaire.

la votation populaire et le droit de prescrire des règles contraires à la Constitution fédérale. Remarquons qu'en fait la chose eût été possible, sinon tout au début de la guerre, du moins dès le mois d'octobre 1914, puisque le 25 octobre 1914 le peuple fut appelé à voter sur la révision de l'article 103 de la Constitution fédérale et l'adjonction d'un article 114 *bis* (cour administrative fédérale).

L'article 85-6° de la Constitution fédérale range dans la compétence de l'Assemblée fédérale « les mesures pour la sûreté extérieure ainsi que pour le maintien de l'indépendance et de la neutralité de la Suisse ». Ce texte ne peut pas être interprété comme conférant à l'Assemblée fédérale « l'autorité suprême de la Confédération », à l'exclusion « des droits du peuple et des cantons ».

Par suite, les lois de salut public votées par l'Assemblée fédérale n'excluent pas la votation populaire.

En résumé, ni la Constitution, ni une loi constitutionnelle postérieure n'ont attribué pleins pouvoirs à l'Assemblée fédérale. L'opinion publique n'a pas exigé de loi spéciale d'attribution. Et au début de la guerre, les juristes ont gardé le silence sur tous ces points. C'est seulement lors de l'affaire *Millioud*, en décembre 1915, que le professeur de Felice, avocat de l'inculpé, a relevé, en termes d'ailleurs assez peu précis (1), l'irrégularité résultant de l'absence d'une attribution de compétence extraordinaire à l'Assemblée fédérale. Mais alors il était bien tard pour revenir sur un système qui avait fonctionné sans réclamation pendant plus de 16 mois ! Il a paru pratiquement inutile et politiquement dangereux de faire, dans les formes constitutionnelles, une loi d'attribution des pleins pouvoirs à l'Assemblée fédérale.

Dans son étude, M. R. Hœrni critique l'attitude suivie par les autorités politiques en 1914. Mais appliquant sa thèse sur le droit naturel de nécessité, il estime que l'Assemblée fédérale aurait pu en août 1914 voter une loi lui conférant des

______

(1) V. *supra*, p. 64 et 65 : « Il n'est pas admissible que l'Assemblée fédérale transfère au Conseil fédéral *des pouvoirs plus étendus que ceux qu'elle a elle-même* ».

pleins pouvoirs, sauf à soumettre cette loi à la procédure constitutionnelle dès le mois d'octobre 1914 (1).

III

L'Assemblée fédérale pouvait-elle attribuer des pleins pouvoirs au Conseil fédéral, comme elle l'a fait par l'arrêté du 3 août 1914?

L'article 3 de l'arrêté fédéral du 3 août 1914 porte : « L'Assemblée fédérale donne *pouvoir illimité* au Conseil fédéral de prendre toutes mesures nécessaires à la sécurité, l'intégrité et la neutralité de la Suisse, à sauvegarder le crédit et les intérêts économiques du pays, et, en particulier, à assurer l'alimentation publique ».

Cela signifie, *en particulier* (2), que l'Assemblée fédérale a conféré, *d'une manière générale*, le *pouvoir législatif* et le *pouvoir réglementaire* au Conseil fédéral.

Or, d'après la Constitution fédérale, le *pouvoir législatif*

---

(1) *Op. cit*, p. 54 et s. L'auteur écrit page 75 : « La guerre européenne a créé, pour la Suisse, un état de nécessité. Mais cet état de nécessité ... n'a existé, au début du conflit, qu'aussi longtemps que les citoyens ont été dans l'impossibilité matérielle d'exprimer le vote du peuple et des cantons. C'est seulement pendant cette période, relativement courte, que l'Assemblée fédérale avait le droit de prendre de son chef des mesures contraires à la Constitution et à des lois fédérales, ou de déléguer ce pouvoir au Conseil fédéral. Une fois cet état de nécessité disparu, l'Assemblée fédérale ne pouvait plus prendre des mesures de ce genre ou les faire prendre par le Conseil fédéral qu'en vertu d'une autorisation expresse du peuple et des cantons. Elle n'a pas requis cette autorisation : toutes les mesures anti-constitutionnelles et illégales rendues pendant la présente guerre constituent donc une fausse application du droit de nécessité naturel en droit public fédéral suisse, les unes parce que, bien que prises en état de nécessité, n'ont pas été soumises à l'approbation ultérieure des organes compétents, les autres parce qu'elles ont été prises alors qu'il n'y avait plus état de nécessité ».

(2) Mais non pas uniquement. L'Assemblée fédérale a attribué au Conseil fédéral le pouvoir de conclure des *traités* sans les soumettre à l'approbation de l'Assemblée fédérale. En matière d'approbation des *traités*, la compétence appartient exclusivement à l'Assemblée fédérale; le peuple et les cantons n'interviennent pas; même chose en matière de *budget*.

appartient à l'Assemblée fédérale *et au peuple* (peuple et cantons), et le *pouvoir réglementaire* (1) ne peut être exercé par le Conseil fédéral qu'en vertu d'une *attribution spéciale* (et non pas générale) de l'Assemblée fédérale.

L'arrêté fédéral du 3 août 1914 a donc réglé la compétence législative d'une manière autre que celle fixée par la Constitution ; en particulier, il a dépouillé le peuple d'une partie de sa compétence législative.

On a dit que, par l'arrêté fédéral du 3 août 1914, l'Assemblée fédérale avait fait juridiquement au Conseil fédéral une *délégation* de son pouvoir législatif.

Ceci n'est pas exact en ce qui concerne l'attribution de compétence législative : il ne peut être question de déléguer ce que l'on ne possède pas. Or, en droit public fédéral suisse, le *pouvoir législatif* n'appartient pas à l'Assemblée fédérale *seule* ; la Constitution la confère à l'Assemblée fédérale, *au peuple et aux cantons* (votation populaire) (2).

D'autre part, c'est un principe de droit public que les délégations de compétence sont impossibles : *delegata potestas non delegatur*. Le pouvoir de conclure des *traités* définitifs sans les soumettre à l'Assemblée fédérale ne pouvait donc pas être délégué au Conseil fédéral (3).

---

(1) Les juristes suisses discutent d'ailleurs sur le point de savoir si le pouvoir réglementaire, *en ce qui concerne les ordonnances administratives*, c'est-à-dire d'organisation intérieure des administrations publiques, n'appartient pas normalement au Conseil fédéral. En ce qui concerne les ordonnances formulant des règles de droit intéressant les individus, il est admis très généralement que le Conseil fédéral ne peut les édicter qu'autant que l'Assemblée fédérale lui en a conféré le pouvoir pour telle catégorie d'hypothèses.

(2) Constitution fédérale, art. 89, alinéa 2 : « Les lois fédérales sont soumises à l'adoption et au rejet du peuple si la demande en est faite par 30.000 citoyens actifs ou par huit cantons. Il en est de même des arrêtés fédéraux qui sont d'une portée générale et qui n'ont pas un caractère d'urgence ».

(3) En fait, des *traités* ont été conclus par le Conseil fédéral sans que celui-ci les ait soumis à l'approbation de l'Assemblée fédérale : en 1915, convention avec l'Allemagne et ses alliés concernant la création d'un office fiduciaire (*Feuille fédérale*, 1916, I, 134 et II, p. 747) ; convention avec les Etats de l'Entente concernant la création de la Société suisse de surveillance (*S. S. S.*) 22 septembre 1915 ; convention économique avec l'Allemagne et arrangements connexes, 2 septembre 1916, etc.

Juridiquement donc, l'arrêté fédéral pris par l'Assemblée fédérale le 3 août 1914 est inconstitutionnel au point de vue de la législation positive de la Suisse, et irrégulier d'après le droit public général.

C'est ce qu'avaient signalé, pour une mesure législative pénale le professeur de Felice en décembre 1915, lors de l'affaire *Millioud* (1), et, à sa suite, le *Journal de Genève* et la *Gazette de Lausanne* (2).

M. R. Hœrni (3) constate, lui aussi, que « l'Assemblée fédérale n'a pas tenu compte des droits du peuple et des cantons, indiqués dans l'article 71 de la Constitution fédérale ». Toutefois, par application de sa théorie, l'Assemblée fédérale, d'après lui, avait le pouvoir de porter atteinte à ces droits aussi longtemps que durait l'état de nécessité, au sens étroit de cette expression. « Une fois ce laps de temps écoulé, l'Assemblée fédérale n'avait pas le droit de modifier de son chef la Constitution ou des lois fédérales ; la délégation qu'elle avait faite de ce droit au Conseil fédéral devait tomber également. Elle ne pouvait en prolonger correctement les effets qu'en se faisant elle-même accorder des pleins pouvoirs par le peuple et les cantons. En attribuant ainsi au Conseil fédéral des pouvoirs illimités pour une durée qui a excédé celle du véritable état de nécessité, l'Assemblée fédérale lui a transmis plus de droits qu'elle n'en avait elle-même : on ne peut même plus parler ici de délégation ».

IV

Propositions de révision constitutionnelle.

Etant donné les critiques auxquelles prêtent les solutions adoptées par l'Assemblée fédérale, on a formulé le vœu que

---

(1) Voyez *supra*, p. 64 et 65.

(2) Voyez *supra*, p. 64 : « Il ne dépend pas de l'Assemblée fédérale, — à supposer qu'elle puisse elle-même imposer au Tribunal fédéral des lois qui seraient contraires à la Constitution, — que ce privilège soit transféré. Car je puis avoir le droit d'abuser, mais en tout cas je ne puis le céder ».

(3) *Op. cit.*, p. 123.

la Constitution fédérale fût complétée par un certain nombre de dispositions plus ou moins développées.

M. von Waldkirch propose simplement d'inscrire dans l'article 102 de la Constitution, entre les chiffres 10 et 11, la formule suivante : « En cas de danger pressant, le Conseil fédéral est autorisé, dans les limites de la présente Constitution, à rendre des ordonnances de nécessité » (1). Dans les limites de la Constitution, cela signifierait, d'ailleurs, pour M. von Waldkirch, non pas la conformité à chacune des dispositions de la Constitution, mais la conformité à la volonté, à l'esprit général de la Constitution (2). On remarquera que c'est au *Conseil fédéral* et non à l'Assemblée fédérale que ce texte attribuerait *directement* compétence. En effet, l'Assemblée fédérale a bien moins souvent l'occasion de prendre des mesures extraordinaires que le Conseil fédéral ; et d'ailleurs, l'Assemblée fédérale peut déjà invoquer l'article 85-6°.

D'après M. Robert Hœrni (3), il y a lieu de compléter d'une manière plus étendue et plus détaillée la Constitution fédérale.

Tout d'abord, il conviendrait de compléter ainsi l'article 85 (entre les chiffres 8 et 9) de la Constitution fédérale) :

« Les affaires de la compétence des deux Conseils sont notamment les suivantes : ... 9. Les mesures d'urgence imposées par la nécessité. Ces mesures peuvent déroger aux dispositions de la présente Constitution : elles ne demeurent toutefois en vigueur que six mois au plus. Pour en prolonger l'effet, on en prendra de nouvelles après l'expiration de ce délai ; l'Assemblée fédérale devra à ce moment se faire attribuer par le peuple et les Etats (cfr. art. 123, al. 2 et 3) des pouvoirs illimités pour une durée qu'elle leur proposera. La législation fédérale déterminera les conditions auxquelles l'Assemblée fédérale pourra déléguer son droit de nécessité au Conseil fédéral ».

La loi *fédérale* relative à la délégation au Conseil fédéral du droit de nécessité de l'Assemblée fédérale se réduirait aux articles suivants :

(1) *Op. cit.*, p. 108 et s. : « In Faellen dringender Gefahr ist der Bundesrat befugt, im Rahmen der Verfassung Notverordnungen zu erlassen ».

(2) Von Waldkirch, *op. cit.*, p. 112 : « Verfassungsmaessig heisst nicht « entsprechend dem Wortlaut jedes einzelnen Verfassungssatzes », sondern « entsprechend dem Willen der ganzen Verfassung ».

(3) *Op. cit.*, p. 188 et s.

Article 1er. « En cas de besoin, l'Assemblée fédérale peut déléguer au Conseil fédéral, dans la mesure qu'elle juge convenable, les pouvoirs que lui confère le chiffre 9 de l'article 85 de la Constitution fédérale.

Art. 2. En pareil cas, l'Assemblée fédérale adjoint au Conseil fédéral, pour la durée de cette délégation, une commission parlementaire permanente, qui préavisera sur les mesures de nécessité à prendre par le Conseil fédéral.

Art. 3. Le Conseil fédéral fera rapport à l'Assemblée fédérale à chacune de ses réunions sur l'usage qu'il aura fait de ses pouvoirs extraordinaires.

Art. 4. L'Assemblée fédérale sera tenue d'examiner sans retard les rapports qui lui auront été présentés par le Conseil fédéral ».

Enfin, l'article suivant devrait être ajouté à la Constitution fédérale entre les chiffres 10 et 11 de l'article 102 :

« Les attributions et les obligations du Conseil fédéral dans les limites de la présente Constitution sont notamment les suivantes : ... 11. Lorsque l'Assemblée fédérale n'est pas réunie, le Conseil fédéral est autorisé à prendre, sans être lié par les dispositions de la présente Constitution, les mesures d'urgence imposées par la nécessité. Il est alors tenu de convoquer les Conseils aussi tôt que possible ».

J'ai cité, à titre de curiosité, ces propositions : elles ne paraissent réclamées ni par les hommes politiques, ni par l'opinion publique. Il est probable que, si elles étaient discutées à l'Assemblée fédérale, elles soulèveraient de très vives objections.

On voit combien dans le système de la Constitution rigide de la Suisse, qui consacre la participation du peuple à la gestion des affaires publiques et en particulier à la confection de la loi, les problèmes de droit public et constitutionnel soulevés parce que les pleins pouvoirs étaient difficiles à résoudre correctement.

On voit aussi de quelle importance est le fait que, d'après la Constitution fédérale suisse, les tribunaux n'ont pas à rechercher la constitutionnalité des lois et arrêtés fédéraux édictés par l'Assemblée fédérale ou par le Conseil fédéral en exercice de ses pleins pouvoirs. Lorsqu'une assemblée politique est chargée du contrôle de la constitutionnalité, on peut être certain que l'interprétation de la Constitution sera faite principalement sinon uniquement du point de vue *politique* : les arguments juridiques, le souci du respect scrupuleux de la légalité paraissent aux hommes politiques des subtilités et des arguties : la presse parle volontiers, sur ce cas, de discussions byzantines.

Tout à fait caractéristique à cet égard est le rapprochement avec le système anglais. C'est ce qui ressort de l'étude de l'arrêt de la Chambre des Lords dans l'affaire *Zadig* (1er mai 1917).

APPENDICE

On sait que le Parlement britannique, par les *Defence of the
Realm Acts*, a conféré au Roi en Conseil le pouvoir d'édicter
des règlements pour assurer la sécurité publique et la défense
du Royaume (1). Dans l'affaire *Zadig* jugée par la Haute Cour
de Justice (*King's Bench Division*) le 20 janvier 1916, et par
la Cour d'appel le 9 février 1916 (2), l'Act du Parlement a été
interprété comme accordant à l'Exécutif les pouvoirs législatifs ou administratifs les plus larges.

Cette solution a été confirmée par la Chambre des Lords,
dans son arrêt du 1er mai 1917.

Pour comprendre toute l'importance de la décision de la
Chambre des Lords, il faut mettre en relief l'autorité unique
dont jouissent les arrêts de la Chambre des Lords. Non seulement la jurisprudence qu'ils consacrent *s'impose en droit*
aux tribunaux inférieurs, mais encore la Chambre des Lords
a jugé en 1898 (3) qu'elle-même n'a pas le droit de revenir sur
ses propres solutions.

Le 1er mai 1917, la Chambre des Lords (4) a dit le dernier

(1) Voyez *supra*, p. 21 et s.

(2) Voyez *suprà*, p. 27 et suivantes. Voyez aussi la *Revue du Droit public*,
1916, p. 123 et s.

(3) London Tramways Co. *vs* London County Council (1898), A. C., p. 375.

(4) Les jugements de la Chambre des Lords ne ressemblent pas aux jugements des autres cours de justice : « La Chambre des Lords rend son jugement
après avoir entendu l'affaire, comme s'il s'agissait de ses travaux ordinaires.
Une séance de la Chambre des Lords consacrée à l'exercice de sa juridiction
d'appel est une séance de la Chambre des Lords. Les membres de la Cham-

mot dans l'affaire *Zadig*. A la différence des arrêts de 1916 rendus à l'unanimité, l'arrêt des Lords n'a été pris que par 4 voix contre une. Suivant la coutume anglaise, chacun des Lords d'appel a fait connaître son avis motivé. L'opinion dissidente de Lord Shaw est une véritable consultation juridique sur la théorie des pleins pouvoirs en Angleterre.

Il est de première importance, comme contribution à l'étude théorique des pleins pouvoirs, d'analyser avec soin la décision de la Chambre des Lords et de verser aux débats les opinions des *Lords d'appel*.

§ 1

Portée de la décision de la Chambre des Lords.

Les opinions exprimées par les *Lords of Appeal* mettent en relief quelques idées capitales touchant la question des pleins pouvoirs. Elles concernent : 1° le *fondement juridique des pleins pouvoirs de l'Exécutif*; 2° leur *étendue*; 3° leurs *limites*.

I

Fondement juridique (1).

Le fondement juridique des pleins pouvoirs de l'Exécutif, c'est exclusivement la loi du Parlement : le Gouvernement n'a

bre qui prennent part à la réunion proposent à la Chambre, le moment venu, de recevoir ou de rejeter l'appel et d'ordonner et d'adjuger en conséquence; ordonnance et jugement sont insérés aux procès-verbaux de la Chambre... Les jugements de la Chambre des Lords expriment les opinions individuelles des membres de ce tribunal; ils ne sont donc pas nécessairement unanimes et le public peut se rendre compte des divergences d'opinions qui se sont produites à la Cour d'appel suprême... La Chambre des Lords admet qu'elle est liée par les décisions qu'elle a une fois prononcées... Tout appel à la Chambre des Lords exige, pour pouvoir être jugé, la présence d'au moins trois personnes répondant aux conditions spécifiées dans l'Act relatif aux *Lords of Appeal.* Un *Lord of Appeal* peut être : 1° le Chancelier de Grande-Bretagne en exercice; 2° un *Lord of Appeal in ordinary*; 3° un pair du Parlement ayant occupé de hautes fonctions judiciaires » (ANSON, *Loi et pratique constitutionnelles de l'Angleterre*, éd. française, II, p. 564 à 567).

(1) Rapprochez, T. BATY et S. H. MORGAN, *War : Its Conduct and Legal Results*, 1915.

plus aujourd'hui vis-à-vis des individus, de leur liberté, de leur propriété, aucun pouvoir extraordinaire résultant de la Prérogative royale. Le *Parlement*, et lui seul, est souverain.

Au cours des débats, l'Attorney-General avait incidemment invoqué la prérogative comme justification du pouvoir du Gouvernement d'édicter en temps de guerre (1) des règlements restrictifs des libertés individuelles.

(1) Il est remarquable que le Gouvernement, dans de nombreuses circonstances, ait invoqué la Prérogative. C'est ainsi que la signification et le contenu de la Prérogative royale ont été discutés à nouveau devant la Haute-Cour de Justice (*Chancery Division*), le 31 juillet 1917, dans l'affaire *The Cannon Brewery Company (Limited)* v. *The Central Control Board (Liquor Traffic)*. Voici l'affaire. En vertu du *Defence of the Realm (Amendment) n° 3 Act, 1915*, du 19 mai 1915 (5 and 6 Geo. 5, c. 45), section 1, al. 1 et 2, et des *Regulations* édictés le 10 juin 1915 par le Roi en Conseil en vertu de cette loi, un *Bureau Central de Contrôle (Commerce des spiritueux)* a été constitué, et pouvoir lui a été conféré dans certaines portions du territoire de prendre possession des débits autorisés (*licensed*). (clause 2, 3, 5, 6 et 7). La question s'est posée alors de savoir si les propriétaires ont *droit* à une indemnité proprement dite (*legal right to compensation*) *en vertu des dispositions* du *Lands Clauses Act,* c'est-à-dire fixée par un jury, ou bien, au contraire, s'ils ont simplement droit à telle allocation gracieuse (*compensation as an act of grace*) que pourra recommander la Commission royale d'enquête sur les pertes, instituée en mars 1915. ou, d'une manière plus précise, par la section de cette Commission royale, créée en août 1915, pour examiner les dommages causés par l'exercice du pouvoir susvisé [(*The Defence of the Realm Losses Inquiry Commission (Licensed Trade Claims)*]. L'administration a soutenu, par l'organe du *Solicitor-General*, Sir GORDON HEWART, qu'elle n'avait à verser que l'allocation proposée par la Commission royale et non pas l'indemnité réglée par le *Lands Clauses Act*. Le texte du *Defence of the Realm Act* et des *Regulations* est muet sur la question des indemnités ; il n'y est même pas question de la Commission royale des indemnités. Au cours de son argumentation, le *Solicitor General* a invoqué la *prérogative royale*, sans d'ailleurs y insister beaucoup. La prise de possession des locaux, a-t-il dit, rentre dans la prérogative royale ; or l'exercice de la prérogative n'entraîne, pour les préjudices causés, aucun *droit* à indemnité proprement dite. Le juge, Mr. JUSTICE YOUNGER, n'a pas accueilli cet argument : « Le *Solicitor-General*, porte le jugement du High Court of Justice (Chancery Division), le *Solicitor-General* a suggéré — timidement d'ailleurs — que la prise de possession pouvait se justifier par la Prérogative, dans l'exercice de laquelle aucune indemnité n'est due *en droit*. Mais les pouvoirs en examen découlent d'une *loi* et non de la prérogative. *De plus, le Roi n'a pas, en vertu de sa Prérogative, le droit de s'emparer de la*

Cette thèse a été catégoriquement repoussée d'une manière très expresse par deux *Lords of Appeal* et implicitement par les trois autres.

Le Lord Chancellor (Lord Finlay), Lord Atkinson et Lord Wrenbury ont pris soin de construire toute leur argumentation sur la *loi du Parlement*. Ils ont écarté toute allusion à la prérogative royale. Ce silence est significatif si on le rapproche de l'argumentation de l'Attorney-General.

« Il est hors de toute contestation, a dit le Lord Chancellor Lord Finlay, que *le Parlement* a le pouvoir d'autoriser la confection d'un règlement de ce genre. La seule question est de savoir si, d'après une interprétation correcte de la loi, le Parlement a donné cette autorisation » (1).

« La question à résoudre dans cette affaire, a dit aussi Lord Atkinson, est de savoir ce que la Législature a fait par cette loi de novembre 1914... Ce qu'on conteste, c'est que l'Exécutif ait été investi pendant la guerre, par *une disposition législative*, du pouvoir de porter atteinte à cette liberté (individuelle) dans certaines conditions de fait, pour des objets essentiels de l'Etat ».

C'est aussi uniquement sur le terrain du *Defence of the Realm Act* que s'est placé Lord Wrenbury : « La question est de savoir si le règlement 14 B en vertu du *Defence of the Realm Consolidation Act 1914* (5 Geo. 5, c. 8) est *ultra vires*. Je me tourne immédiatement vers la loi pour voir quelles sont, d'après ses termes, ses caractéristiques, — la nature, l'objet, les limites et le caractère des règlements que la loi autorise. Je rechercherai ensuite si le règlement en question rentre dans son domaine. »

Lord Dunedin et Lord Shaw ont été encore plus catégoriques : ils ont écarté absolument la prérogative royale.

Lord Dunedin a déclaré :

« La seule question est l'interprétation de la loi du Parlement. *On a pu mentionner incidemment la prérogative au cours*

---

propriété d'un individu ». Le jugement a reconnu, dans l'affaire, le *droit* à une indemnité à fixer par un jury.

(1) « It is beyond all dispute that Parliament has power to authorise the making of such a regulation. The only question is, whether on a true construction of the Act it has done so ».

de l'argumentation ; mais l'Attorney-General ne l'a certainement pas prise pour base » (1).

Quant à Lord Shaw, il a été tout à fait explicite à cet égard :

« Il est bon de dégager les matières sur lesquelles il ne peut pas y avoir de discussion. Le pouvoir d'édicter des règlements pour la sûreté publique et pour la défense du Royaume est conféré par la loi à Sa Majesté en Conseil. *Au cours de la discussion, on a fait incidemment allusion à ce pouvoir en le rattachant à la Prérogative royale. Il n'a rien à faire avec la Prérogative royale. Si jamais, quelque légèrement que ce soit, cette prérogative est associée aux actes exécutifs accomplis en dehors d'une autorisation parlementaire expresse, ce sera un jour néfaste : cette route conduit à la révolution.* Qu'on n'associe donc pas même, pour un moment, ce qui a été fait — à mon avis, un acte de violence — avec la Prérogative royale ; qu'on ne dise pas le moins du monde que cet acte a pour appui la Prérogative royale. La validité de cet acte repose uniquement sur la loi du Parlement (2). »

On rapprochera de ces déclarations l'exposé magistral présenté par le professeur Dicey, dans son admirable *Introduction à l'étude du Droit constitutionnel* (3) sur les pouvoirs de l'Exécutif en temps de guerre et de crise.

« Pour échapper aux rigoureuses règles du droit strict, telles qu'elles sont interprétées par les juges, *le Gouvernement*

(1) « The only question is as to the construction of the Act of Parliament. The prerogative may have been mentioned incidentally in the course of the argument, but it certainly was not founded on by the Attorney-General ».

(2) « The power to issue regulations for the public safety and for the defence of the Realm is vested by the Act in His Majesty in Council. In the course of the discussion this was incidentally alluded to in connection with the Royal Prerogative. It has nothing to do with the Royal Prerogative. If once again, and ever so slightly, that prerogative goes into association with executive acts done apart from clear Parliamentary authority, it will be an evil day : that way lies revolution. Do not let the thing which has been done — in my opinion a violent thing — be associated for one moment with or at any point be said to be supported by Royal Prerogative. Its validity depends upon the Act of Parliament alone ».

(3) Ed. française, p. 315 et s. ; 8ᵉ édition anglaise, 1915, p. 406 à 409.

doit obtenir, du Parlement, l'autorité discrétionnaire que la loi du pays refuse à la Couronne. Il est nécessaire de noter soigneusement la façon dont la nécessité d'avoir *des pouvoirs discrétionnaires conduit à recourir à une législation exceptionnelle.* Avec les conditions complexes de la vie moderne, aucun gouvernement ne peut, *en temps de discorde ou de guerre,* maintenir la paix dans le pays, ou remplir ses obligations vis-à-vis des puissances étrangères, sans recourir parfois à l'autorité arbitraire... Des pouvoirs discrétionnaires sont donc indispensables à l'Exécutif anglais ; mais les tribunaux doivent empêcher et empêcheront, — tout au moins lorsqu'il s'agira de la liberté individuelle, — l'exercice par le Gouvernement *de toute espèce de pouvoir discrétionnaire... L'Exécutif doit donc demander l'aide du Parlement,* et il l'obtient toujours... Il y a des époques de troubles ou d'invasion pendant lesquelles, pour la sécurité de la légalité même, les règles de la loi doivent être violées. *La voie que doit suivre le Gouvernement est alors toute tracée. Le ministère peut violer la loi et se fier, pour sa protection, à un Act of indemnity.* Une loi de ce genre... est l'exercice dernier et suprême de la souveraineté parlementaire. *Elle légalise l'illégalité* ; elle résoud pratiquement le problème qui a embarrassé les hommes d'Etat des xvie et xviie siècles, à savoir *combiner le maintien de la loi et de l'autorité des Chambres du Parlement avec le libre exercice de cette sorte de pouvoir discrétionnaire ou de prérogative,* dont doit se servir d'une façon ou d'une autre, aux instants critiques, le gouvernement exécutif de tout pays civilisé.

« Cette solution, ajoute le professeur Dicey, peut être jugée par certains critiques, comme de pure forme, ou tout au plus comme une substitution du despotisme du Parlement à la prérogative royale. Mais c'est là une idée erronée. Le fait que les pouvoirs les plus arbitraires de l'Exécutif anglais doivent être exercés en vertu d'une loi du Parlement, place le gouvernement, même lorsqu'il est armé de la plus large autorité, sous le contrôle, pour ainsi dire, des tribunaux. Les pouvoirs, même extraordinaires, qui sont conférés ou sanctionnés par une loi, *ne sont jamais réellement illimités*, car ils sont restreints par les termes de la loi même, et, ce qui est plus important, par l'interprétation que les juges donnent de la loi. *Le Parlement est le législateur suprême* ; mais à partir du moment où il a manifesté sa volonté comme législateur, cette volonté devient sujette à l'interprétation qu'en font les juges du pays ; et les juges, qui sont influencés par les sentiments des magistrats non moins que par l'esprit général du *common law*, sont portés à interpréter les exceptions aux principes du *common law* inscrites dans le *statute*, d'une manière qui ne se recommanderait pas à un corps de fonctionnaires, ni aux Chambres du Parlement, si celles-ci étaient appelées à interpréter leurs propres Acts ».

N'est-ce pas exactement ce qui s'est passé devant la Chambre des Lords, pour le jugement de l'affaire *Zadig* ? Les Lords d'appel ont examiné le texte du *Defence of the Realm Act* strictement d'un point de vue juriste.

Et voici l'interprétation qui a été donnée aux textes par la majorité des Lords d'appel.

II

Etendue des pleins pouvoirs

Lord Wrenbury a bien précisé l'étendue des pouvoirs conférés au Roi en Conseil par le *Defence of the Realm Act*.

« La Section 1, de la loi de 1914, a-t-il dit, est une disposition conférant des pouvoirs. Elle donne pouvoir à Sa Majesté en Conseil... d'édicter des règlements pour un objet défini : « pour assurer la sûreté publique et la défense du Royaume ». Elle ajoute que les règlements pourront contenir certaines dispositions « quant aux pouvoirs et devoirs à cet effet » de certains corps et de certaines personnes administratives déterminées. Elle ajoute que les règlements pourront autoriser le jugement selon des moyens définis et la punition des personnes contrevenant aux règlements, et en particulier aux dispositions des règlements ayant pour objet de prévenir certains agissements ou d'assurer certains résultats décrits sous cinq chefs *a* à *e*.

« Il y a pleine autorisation d'édicter des règlements pour un but... Le règlement peut *créer un délit*, par exemple celui d'obtenir des renseignements tels que ceux mentionnés dans l'alinéa *a* ; il peut aussi *fixer la peine* pour ce délit.

« Un règlement peut *modifier une loi existante antérieure*.... De même, en vertu de la Section I, 6, un règlement peut *ordonner la confiscation de biens*... J'estime qu'il est manifeste que le présent *statute* a conféré à Sa Majesté en Conseil le pouvoir d'édicter des règlements qui, une fois émis, *auront effet comme s'ils étaient contenus dans la loi*... Sans aucun doute, tout pouvoir légal doit être exercé *honnêtement*. Il *n'y a*, à mon avis, *aucune autre limite* aux actes que les règlements peuvent autoriser pour atteindre l'objet déterminé ».

On voit combien large est l'interprétation donnée au *Defence of the Realm Act*.

III

Limites des pleins pouvoirs.

Les pleins pouvoirs ne sont pas illimités. D'après les opinions exprimées par certains juges de la majorité, 1° il y a une *limite de temps* ; 2° il y a une *limite de forme* ; 3° il y a une *limite d'objet* ; 4° il y a une *limite rationnelle*.

1° *Limite de temps.* — Lord Finlay y insiste : « Le pouvoir conféré à Sa Majesté est *limité à la durée de la guerre* ». De même, Lord Atkinson : « En premier lieu, les règlements ne peuvent être édictés que *pendant la guerre* ». Lord Wrenbury dit aussi : « La Section 1, de la loi de 1914... donne pouvoir à Sa Majesté en Conseil *dans une limite de temps* — « *pendant la continuation de la présente guerre* » — d'édicter des règlements. » — Il semble que cette première limite s'applique : 1° au *pouvoir* lui-même ; 2° aux *règlements* édictés.

2° *Limite de forme.* — Les ordonnances doivent être édictées par le *Roi en son Conseil privé*. Tous les Lords of Appeal ont eu soin de rappeler, avant d'interpréter les textes, que les Regulations avaient été édictés dans les formes prescrites par le *Defence of the Realm Act*. Les Lords of Appeal n'y ont pas d'ailleurs insisté, car ce point n'était pas discuté.

3° *Limite quant à l'objet*. — Lord Finlay se borne à signaler que « le pouvoir conféré à Sa Majesté... est d'édicter des règlements *pour la sûreté publique et la défense du Royaume* ». Lord Atkinson souligne avec soin que l'une des deux conditions imposées au Gouvernement, c'est « ... 2° que, quoi que l'on se propose de faire, cela doit être fait dans le but d'assurer la sûreté publique et la défense du Royaume ».

4° *Limite rationnelle*. — Ceci comprend deux questions : a) les tribunaux ont-ils compétence pour rechercher s'il y a exercice *raisonnable* de la compétence ; b) peuvent-ils examiner s'il n'y a pas *détournement de pouvoir* ?

Voici les réponses données par les juges de la majorité.

Lord Wrenbury a formulé la limite suivante : « Sans aucun doute, *tout pouvoir légal doit être exercé honnêtement*. Il n'y a, à mon avis, pas d'autre limite aux actes que les règlements peuvent autoriser pour atteindre l'objet défini ».

Lord Atkinson semble être du même avis. Toutefois, il entend réserver sa liberté. « Toutefois, dit-il, il ne s'ensuit nullement (du fait que les règlements doivent été édictés pour la sécurité publique et la défense du Royaume) que si, par un règlement, injonction était faite ou exigence était manifestée de faire quelque chose qui ne pourrait pas, d'une manière *raisonnable*, aider à assurer la sûreté publique et la défense du Royaume, il n'y aurait pas excès de pouvoir et nullité. Il n'est pas nécessaire de décider ce point précis dans l'occasion présente ; mais je désire réserver ma liberté pour le régler, s'il se présente » (1).

(1) « Two conditions are... imposed.... and, second, whatever they purport to do must be done for the purpose of securing the public safety and defence of the realm. It by no means follows, however, that if on the face of a regulation it enjoined or required something to be done which could not in any reasonable way aid in securing the public safety and the defence of the realm it would not be *ultra vires* and void. It is not necessary to decide this precise point on the present occasion, but I desire to hold myself free to deal with it when it arises ».

Lord Dunedin a examiné cette question de plus près, à propos de l'affaire en jugement. Le Gouvernement, en vertu des pleins pouvoirs, peut-il prescrire *l'internement, par mesure préventive, de toutes personnes suspectes*. N'est-ce pas là une mesure non raisonnable, qui, à ce titre, dépasse les pouvoirs accordés à l'Exécutif par le *Defence of the Realm Act ?* Le juge a répondu négativement. « On a fait remarquer, a-t-il dit, que les pouvoirs, si on les interprète comme l'ont fait les jugements unanimes des cours inférieures, sont très rigoureux et *qu'il peut en être abusé*. Cela est vrai. Mais la faute, s'il y a faute, en est dans le fait que la Constitution britannique a investi les deux Chambres du Parlement, sous réserve de l'assentiment du Roi, d'un pouvoir absolu que n'arrête aucun instrument écrit, auquel obéissance peut être ordonnée par un corps judiciaire. Le danger d'abus existe théoriquement ; mais pratiquement, dans les conditions actuelles, le danger, à mon avis, est absent. Si un règlement venait à être édicté, en vue d'interner les Catholiques de l'Irlande méridionale ou les Juifs de Londres, le résultat serait, je crois, l'abrogation rapide de la loi qui autorise le règlement. Que les mesures préventives sous la forme d'internement de personnes susceptibles d'assister l'ennemi puissent être nécessaires dans les circonstances d'une guerre comme celle-ci, la chose est vraiment évidente. Le Parlement a, à mon avis, en vue d'assurer cet objet et d'autres objets voisins, couru le risque d'abus, qui existera toujours théoriquement toutes les fois que des pouvoirs absolus seront délégués en termes généraux à un corps exécutif ; le Parlement a pensé que la restriction des pouvoirs à la période de la guerre est une garantie suffisante ».

Ainsi, par son arrêt du 1er mai 1917, la Chambre des Lords, dans l'affaire REX v. HALLIDAY, *ex parte Zadig*, a jugé que le Parlement, par les *Defence of the Realm Acts*, avait conféré à l'Exécutif des pouvoirs extrêmement étendus, que l'exercice de ces pouvoirs reposait exclusivement sur la loi du Parlement et non sur la Prérogative royale, et que les règlements édictés et les mesures individuelles prises en vertu des *Defence of the Realm Acts* étaient soumises au contrôle des tribunaux.

§ 2

Texte des opinions des juges de la Chambre des Lords

A raison de son importance, il convient de reproduire *in extenso* les opinions des cinq Lords juges dans cette affaire. Elles ont été émises à la suite de longs débats qui ont occupé les séances des 27 février, 1er et 2 mars et 1er mai 1917, et auxquelles assistaient le Lord Chancelier (Lord FINLAY), et les Lords DUNEDIN, ATKINSON, SHAW et WRENBURY.

I

Avis du Lord Chancelier (Lord FINLAY).

« L'appelant, dans cette affaire, est un sujet naturalisé anglais, de naissance allemande, qui a été interné en vertu d'une ordonnance du Secrétaire d'Etat agissant d'après les pouvoirs conférés par le *Regulation* 14 B, édicté en vertu du *Defence of the Realm Consolidation Act, 1914*.

Il est soutenu, au nom de l'appelant, que le *Reg.* 14 B n'est pas autorisé par l'*Act*, et est *ultra vires*.

Il est hors de doute que le Parlement a le pouvoir d'autoriser la confection de ce *Regulation*. La seule question qui se pose est celle de savoir si, ce faisant, on a bien interprété l'*Act*.

La partie intéressante de l'*Act* en question (5 Geo. 5, c. 8) est la section 1, 1) :

« Sa Majesté en Conseil a le pouvoir, pendant la durée de la présente guerre, de promulguer des *Regulations* pour assurer la sécurité publique et la défense du royaume, et touchant les pouvoirs et les devoirs en vue de cet objet de l'Amirauté et du Conseil de l'Armée et des membres des Forces de Sa Majesté et autres personnes agissant en son nom ; S. M. peut, par ces *Regulations*, autoriser le jugement par les cours martiales, ou, dans le cas de délits peu graves, par les tribunaux de *summary jurisdiction*, ainsi que le châtiment des personnes coupables d'infraction aux *Regulations*, et, en particulier, à l'une quelconque des dispositions de ces *Regulations* ayant pour objet : *a*) d'empêcher les individus de communiquer avec l'ennemi ou d'obtenir des renseignements pour cet objet ou pour tout objet en vue de compromettre le succès des opérations des forces de S. M. ou des forces de ses Alliés ou d'assister l'ennemi ; — *b*) d'assurer la sécurité des forces et des navires de Sa Majesté et de tous moyens de communication, et des chemins de fer, ports et docks ; — *c*) d'empêcher la propagation de fausses nouvelles ou de nouvelles de nature à causer de la désaffection envers S. M. ou à nuire au succès des forces de terre ou de mer de S. M. ou de troubler les relations de S. M. avec les Puissances étrangères ; — *d*) d'assurer la navigation des vaisseaux conformément aux instructions données par l'Amirauté ou en vertu de son autorité ; — *e*) d'empêcher qu'assistance soit prêtée à l'ennemi et que soit compromise la poursuite victorieuse de la guerre ».

Le pouvoir conféré à S. M. est limité à la durée de la guerre et lui permet d'édicter des *Regulations* pour assurer la sécurité publique et la défense du royaume. La sous-section dispose, en outre, que S. M. peut, par ces *Regulations*, autoriser le jugement et le châtiment des personnes enfreignant ces *Regulations* et, en particulier, les *Regulations* visant un des objets énumérés sous les titres *a*), *b*), *c*), *d*) et *e*). Ces titres comprennent l'interdiction de communiquer avec l'ennemi, la sécurité des forces de Sa Majesté, des moyens de communication, des chemins de fer, ports et docks, l'interdiction de propager des fausses nouvelles, l'interdiction d'assister l'ennemi et l'heureuse poursuite de la guerre.

Ceci posé, la loi autorise, dans cette sous-section, des dispositions de deux sortes : des mesures préventives et des mesures de répression. Les mesures préventives, même si elles entraînent une certaine gêne ou rigueur pour les individus, n'ont, en aucune manière, le caractère de châtiments ; elles sont prises par précaution, pour empêcher qu'il ne soit causé un dommage à l'Etat. Quiconque enfreint ces *Regulations* tombera sous le coup du châtiment.

Le *Regulation* en question édicté en vertu de cette loi est le *Reg.* 14 B du *Defence of the Realm Regulations Consolidated*. Il s'exprime comme suit :

« Si, sur l'avis d'une autorité navale ou militaire compétente, ou d'un des
« Comités consultatifs ci-dessous mentionnés, le Secrétaire d'Etat estime que,
« pour assurer la sécurité publique ou la défense du royaume, il est pru-
« dent, à raison de l'origine ou des relations hostiles d'une personne, de la
« soumettre aux obligations et restrictions ci-après mentionnées, le Secrétaire
« d'Etat peut, par un *order*, prescrire que cette personne, sur-le-champ, ou de
« temps en temps, demeurera ou se rendra et résidera dans tel endroit qu'il
« spécifiera dans l'ordre, et qu'elle se conformera aux instructions relatives
« aux déclarations à la police, aux restrictions de circulation et autres qui
« pourront être spécifiées dans l'ordonnance, ou qu'elle sera internée dans
« le lieu qui sera spécifié dans l'*order*.

« Au cas où cette personne ne serait pas sujette d'un Etat en guerre avec
« S. M., cet *order* contiendra une disposition expresse pour la juste con-
« sidération, par un desdits comités d'avis, de toute représentation que cette
« personne pourra faire contre ledit *order*.

« Si une personne, à l'égard de laquelle un *order* est pris en vertu du pré-
« sent *Regulation*, ne se conforme pas à l'une quelconque des dispositions
« dudit *order*, elle sera coupable de délit envers ces *Regulations*, et toute
« personne internée en vertu dudit *order* sera soumise aux mêmes restric-
« tions et pourra être traitée de la même manière qu'un prisonnier de guerre,
« à moins que le Secrétaire d'Etat n'adoucisse ces restrictions.

« Les Comités d'avis pour l'application du présent *Regulation* seront les
« mêmes que ceux institués pour conseiller le Secrétaire d'Etat relativement
« à l'internement et à la déportation des étrangers, chacun de ces comités

« étant présidé par une personne occupant ou ayant occupé une haute fonc-
« tion judiciaire. Pour l'application du présent *Regulation* à l'Ecosse, le
« Secrétaire pour l'Ecosse sera substitué au Secrétaire d'Etat. Rien dans le
« présent *Regulation* ne sera interprété comme restreignant ou contrariant
« l'application et les effets du *Reg.* 14, ou tout pouvoir d'internement des
« étrangers qui sont les sujets d'un des Etats en guerre avec S. M. ».

On remarquera que toute action du Secrétaire d'Etat en vertu de ce *Regulation* doit être provoquée par l'avis d'une autorité militaire ou navale compétente ou d'un comité d'avis.

Si, sur cet avis, il apparaît au Secrétaire d'Etat que, pour assurer la sécurité publique ou la défense du royaume, il est prudent d'agir, le Secrétaire
d'Etat pourra soumettre une personne d'origine ou de relations hostiles à
certaines restrictions, dont l'une est l'internement. Toutefois, dans le cas
d'une personne n'étant pas un ennemi, l'ordonnance doit contenir une disposition en vue de faire examiner toutes représentations que la personne
affectée pourra faire contre l'ordonnance, par un comité d'avis qui sera présidé par une personne qui occupe ou a occupé une haute fonction judiciaire.
Le *Regulation* prévoit donc le moyen de rechercher si les plaintes dirigées
contre la justice ou la nécessité de l'ordonnance sont bien fondées.

L'ordonnance incriminée a été édictée par le Secrétaire à l'Intérieur, le
15 octobre 1915, elle est ainsi conçue :

« Attendu que, sur l'avis d'une autorité militaire compétente, nommée en
« vertu des *Defence of the Realm Regulations*, il m'apparaît que, pour
« assurer la sécurité publique et la défense du Royaume, il est prudent que
« Arthur Zadig, habitant 56, Portsdown-road, Maida-Vale, W., soit, à rai-
« son et de son origine et de ses relations hostiles, soumis aux obligations
« et restrictions ci-après mentionnées. J'ordonne, par le présent, que le dit
« Arthur Zadig soit interné dans l'établissement de Cornwallis Road, Isling-
« ton, qui est actuellement affecté comme lieu d'internement, et qu'il soit
« soumis à toutes les règles et conditions applicables aux étrangers y inter-
« nés. Si, dans les sept jours à partir de la date à laquelle cet *order* sera
« notifié au dit Arthur Zadig, il me soumet des représentations contre les dis-
« positions du présent *order*, ses représentations seront transmises au Comité
« d'avis, nommé dans le but de me conseiller relativement à l'internement
« et la déportation des étrangers, et présidé par un juge de la Haute Cour,
« et elles seront dûment examinées par le dit Comité. Si le rapport du dit
« Comité me convainc que le présent *order* peut être révoqué ou modifié sans
« préjudice pour la sécurité publique ou la défense du royaume, je révo-
« querai ou modifierai le dit *order* par un nouvel *order* écrit de ma main.
« Sauf cette révocation ou modification, le présent *order* restera en vigueur.
« (*Signé*) JOHN SIMON, l'un des principaux Secrétaires d'Etat de S. M. White-
« hall, 15 octobre 1915 ».

La réalité des faits invoqués, — à savoir que Zadig est une personne d'origine et de relations hostiles, — n'a pas été contestée ; mais on a soutenu que
le Parlement n'avait pas conféré le pouvoir de rendre une ordonnance sem-

blable contre de semblables personnes dans l'intérêt de la sécurité publique. L'ordonnance prévoit que des représentations pourront être présentées et qu'elles seront examinées par un Comité d'avis présidé par un juge de la Haute Cour, et déclare que, si le Secrétaire pour l'Intérieur est convaincu, par le rapport de ce Comité, que l'ordonnance peut être révoquée ou modifiée sans compromettre la sécurité publique et la défense du royaume, il révoquera ou modifiera l'ordonnance.

Comme je l'ai dit, le pouvoir du Parlement d'autoriser cette mesure n'a pas été, ne pouvait pas être contesté. La seule question qui se pose est celle de l'interprétation de la loi.

On a soutenu : 1) qu'il fallait apporter une certaine limitation aux termes généraux de la loi ; 2) qu'il n'y a pas de disposition prescrivant l'emprisonnement sans jugement ; 3) que les dispositions du *Defence of the Realm Act 1915*, en vue du jugement des sujets britanniques par un tribunal civil assisté d'un jury, fortifie la thèse de l'appelant ; 4) que les termes généraux d'une loi ne peuvent pas supprimer les droits acquis (*vested rights*) d'un sujet, ni altérer la loi fondamentale de la Constitution ; 5) que la loi est pénale de par sa nature et qu'elle doit être interprétée strictement ; 6) qu'une interprétation en désaccord avec les traditions constitutionnelles de notre pays ne peut pas être adoptée.

Le conseil de l'appelant a rappelé l'histoire des diverses atteintes portées au droit d'*habeas corpus* dans les périodes de danger public ; et il a prétendu que si l'on s'était proposé de porter une atteinte à la liberté individuelle, c'est cette ligne de conduite qui aurait été adoptée.

Je ne puis admettre aucun des arguments présentés en faveur de l'appelant.

Si je comprends bien l'argument invoqué, on ne conteste pas que les termes de la loi ne soient, dans leur sens normal, assez larges pour autoriser un *Regulation* tel que le *Reg.* 14 B ; mais on soutient avec force qu'une certaine limitation doit être apportée à ces termes, car une interprétation sans restrictions entraînerait des conséquences extrêmes, — par exemple, comme on l'a dit, l'infliction de la peine de mort sans jugement.

A cet argument je répondrai simplement qu'il peut être nécessaire, dans une période de grand danger public, de confier de grands pouvoirs à S. M. en Conseil, et que le Parlement peut le faire, ayant l'assurance que ces pouvoirs seront exercés avec mesure.

Dans son énumération des objets des *Regulations*, relativement aux peines qui peuvent être infligées, la loi jette quelque lumière sur la question soumise à la Chambre (*des Lords*).

Les *Regulations* s'appliquent aux mesures préventives suivantes :

« *a*) Prévenir la communication avec l'ennemi ou l'obtention de rensei-« gnements dans ce but ou dans le but de nuire au succès des opérations des « forces de S. M. ou de celles de ses Alliés ou d'assister l'ennemi ;

« *b*) assurer la sécurité des forces et navires de S. M. et la sécurité de « tous moyens de communication et des chemins de fer, ports et docks ;

« *c*) Empêcher la propagation de fausses nouvelles ou de nouvelles sus-
« ceptibles de causer de la désaffection envers S. M. ou de compromettre le
« succès des forces de S. M. ou de troubler les relations de S. M. avec les
« Puissances étrangères ;

« *d*) d'empêcher qu'assistance soit prêtée à l'ennemi ou que la poursuite
« victorieuse de la guerre soit entravée ».

Un des moyens les plus évidents de se prémunir contre les dangers ci-
dessus énumérés, c'est manifestement d'imposer des restrictions à la liberté
de circuler des personnes que l'on a des raisons de suspecter comme dispo-
sées à aider l'ennemi. C'est à quoi vise le *Reg.* 14 B. La mesure n'est pas
répressive ; elle est préventive. On a soutenu avec force qu'une pareille restriction ne devrait être imposée à moins qu'elle ne résulte d'une enquête
judiciaire ; et même, le conseil de l'appelant a été jusqu'à soutenir qu'on ne
pouvait faire de *Regulation* interdisant à des personnes suspectes l'accès du
rivage de la mer.

Il paraît manifeste qu'on ne peut imaginer de tribunal moins qualifié qu'une
cour de justice, pour rechercher s'il existe des soupçons motivant des restrictions. On n'accuse pas d'un crime. La question est celle-ci : Y a-t-il des
motifs de suspecter qu'une personne donnée est disposée à aider l'ennemi ?
Le *Regulation* investit le Secrétaire d'Etat du devoir de résoudre cette question, et un Comité d'avis, présidé par un juge de la Haute Cour, est chargé
de lui présenter les motifs qui lui donneront à croire que l'ordonnance peut
être justement révoquée ou modifiée.

La loi a été votée à une époque de danger suprême qui existe encore. Le
danger d'espionnage et de sabotage (*damage*), par des agents secrets, des
rails de chemins de fer, des usines de munitions, des ponts, etc., doit être
combattu. La restriction imposée peut être une mesure de précaution nécessaire, et, dans l'intérêt de la nation tout entière, on peut juger utile qu'une
ordonnance comme celle-ci soit rendue dans les cas convenables. Telle m'apparaît être la signification de la loi. Toutes précautions raisonnables pour
éviter des vexations, et compatibles avec l'objet du *Regulation*, paraissent
avoir été prises.

On a soutenu que si la législature avait voulu porter atteinte à la liberté
individuelle, elle aurait prévu, comme dans des occasions antérieures de
danger national, la suspension des droits du sujet à un *writ d'habeas corpus*. La réponse est simple. La législature a choisi un autre moyen d'atteindre
le même but, probablement plus doux et en même temps plus efficace que
ceux adoptés à l'occasion des guerres précédentes.

La règle proposée touchant l'interprétation des lois pénales et la disposition relative au jugement des sujets britanniques par un jury, promulguée
par le *Defence of the Realm Act 1915* (1), ne s'appliquent pas à une mesure
exécutive prise pour prévenir un danger public.

____

(1) Voyez G. JÈZE, *Le régime juridique de la Presse en temps de guerre
en Angleterre*, 1916, p. 66 et s. ; p. 75 et s.

Le recours du demandeur actuel a été rejeté par le *Divisional Court*, composé de cinq membres, et par la Cour d'appel, et, à mon avis, le présent appel doit être rejeté ».

II

Avis de Lord Dunedin

« Je m'associe à l'opinion qui vient d'être présentée et qui exprime exactement mon sentiment. C'est seulement parce que je sais qu'il n'y a pas unanimité parmi Vos Seigneuries que j'ajouterai quelques mots.

La seule question est celle de l'interprétation de l'*Act* du Parlement. La prérogative peut avoir été mentionnée incidemment au cours de l'argumentation, mais l'Attorney-general ne s'y est certainement pas appuyé.

On a fait remarquer que les pouvoirs, si on les interprète comme les jugements unanimes des Cours inférieures les interprètent, sont rigoureux et peuvent conduire à des abus. C'est exact. Mais la faute, si faute il y a, réside dans le fait que la Constitution britannique a investi les deux Chambres du Parlement, avec l'assentiment du Roi, d'un pouvoir absolu qui n'est entravé par aucun texte écrit, et auquel obéissance peut être imposée par un corps judiciaire. Le danger d'abus existe théoriquement ; en réalité, dans l'état actuel des choses, il est, à mon avis, absent.

Si un *Regulation* était promulgué, comme mon noble ami qui parlera après moi le suggère, prescrivant l'internement des Catholiques du Sud de l'Irlande ou des Juifs de Londres, il aurait, je pense, pour résultat, l'abrogation rapide de la loi qui autorise le *Regulation*.

Que des mesures préventives, sous forme d'internement des personnes susceptibles d'assister l'ennemi, puissent être nécessaires dans les circonstances d'une guerre telle que la guerre actuelle, c'est vraiment une considération évidente. A mon avis, le Parlement, pour atteindre ce but et d'autres du même ordre, a couru le risque d'abus, risque qui théoriquement existera toujours quand des pouvoirs absolus seront délégués en termes généraux à un corps exécutif ; il a jugé que la limitation de ces pouvoirs à la période de durée de la guerre était une garantie suffisante. »

III

Opinion de Lord Atkinson

« Je partage ces vues. Plusieurs des arguments que les savants conseils de l'appelant ont invoqués au cours de leur plaidoirie, quelque intéressants qu'ils soient au point de vue historique, ne se rapportaient, à mon avis, que peu ou point à la question à résoudre dans cette affaire. Telles sont, par exemple, la portée et la nature de la législation votée par le Parlement d'Angleterre dans les diverses circonstances historiques où l'Angleterre a été en guerre.

La question à résoudre dans l'affaire actuelle est de savoir ce qu'a fait la Législature par cette loi de novembre 1914, et non pas ce qu'elle a fait par la législation votée plusieurs siècles avant cette date. Il se peut que la liberté individuelle du sujet fût si chère à la Législature de cette époque, qu'elle sacrifiait ou compromettait les intérêts de l'Etat, et entravait la nation dans sa lutte pour la victoire, afin de préserver cette liberté. Pour ma part, je ne le crois pas. Il se peut aussi que les circonstances de l'époque ne nécessitassent pas des remèdes aussi énergiques que l'exigent les circonstances actuelles.

Pour si précieuse que soit la liberté individuelle du sujet, il y a des choses auxquelles elle peut bien être, jusqu'à un certain point, sacrifiée par disposition légale, — à savoir obtenir le succès de la nation dans la guerre, faire échapper la nation au pillage ou à l'esclavage. On ne soutient pas, dans cette affaire, que la liberté individuelle du sujet puisse être arbitrairement entravée par le bon plaisir de l'Exécutif. Ce qui est contesté, c'est que l'Exécutif ait reçu par disposition législative le pouvoir, pendant la guerre, de porter atteinte à cette liberté, dans certaines situations de fait, pour des raisons d'Etat primordiales. On a prétendu aussi que le présent *Defence of the Realm Consolidation Act de 1914*, et les *Regulations* faits en vertu de cet *Act* privaient le sujet des droits qui lui sont garantis par plusieurs *Habeas Corpus Acts*. C'est une erreur complète.

Le sujet garde tous les droits que ces lois lui confèrent de faire vérifier et décider par une cour de justice, au moyen d'un *writ d'habeas corpus* adressé à la personne sous la garde duquel il peut être, la légalité de l'ordre ou du *warrant* en vertu duquel il a été mis ou est laissé sous cette garde. Si la Législature décide que le sujet peut être privé de sa liberté et incarcéré ou interné à raison de certaines choses pour lesquelles il n'aurait pu jusqu'ici être incarcéré ou interné, cette disposition et les ordonnances faites en conséquence, si elles sont *intra vires*, n'empiètent en aucune manière sur les *Habeas Corpus Acts*, et n'enlèvent aucun des droits conférés par la Grande Charte, pour la raison bien simple que cette disposition et ces ordonnances font partie de la loi du pays. S'il en était autrement, toute loi, tout règlement *intra vires*, tout règlement local (*by-law*), ayant force de loi, créant un nouveau délit passible d'emprisonnement, équivaudrait, *pro tanto*, à une abrogation des *Habeas Corpus Acts* ou de la *Magna Charta*, tout autant que la présente loi du 27 novembre 1914 et les *Regulations* régulièrement faits en vertu de cette loi.

Le juge Swinfen Eady fait très justement remarquer que les dispositions du *Defence of the Realm Consolidation Act* de 1914 sont de deux sortes : *répressives* et *préventives*. La sous-section a) de la section 1 envisage et autorise la promulgation de *Regulations* dans le but d'empêcher des personnes de communiquer avec l'ennemi ou d'obtenir des renseignements en vue de nuire au succès des forces de S. M. ou de ses Alliés, ou d'assister l'ennemi. La sous-section c) prévoit, de même, que les *Regulations* doivent empêcher la propagation de fausses nouvelles. Toutefois, deux conditions sont apportées. La première, c'est que les *Regulations* ne peuvent être promulgués que pendant la guerre ; et, deuxièmement, quel que soit le but qu'ils se proposent, ils doivent avoir en vue la sécurité publique et la défense du Royaume. Il ne s'ensuit pas, toutefois, que si, sous le couvert d'un *Regulation*, il était enjoint ou exigé de faire quelque chose qui, raisonnablement, ne pourrait pas contribuer à assurer la sécurité publique et la défense du royaume, ce *Regulation* ne serait pas *ultra vires* et nul. Il n'est pas nécessaire de résoudre ce point précis dans l'affaire actuelle, mais je désire réserver ma liberté de le traiter quand il se présentera.

La justice préventive, comme on l'appelle, — qui consiste à empêcher quelqu'un de commettre un crime qu'il est susceptible de commettre mais qu'il n'a pas encore commis, ou d'accomplir un acte nuisible pour les membres de la communauté qu'il est susceptible d'accomplir, mais qu'il n'a pas encore accompli, — n'est pas une chose nouvelle dans les lois de l'Angleterre.

Par ex., la loi 34 Edw. 3. c. 1., votée en 1360, ordonne aux juges de paix d'« envoyer tous ceux qui n'ont pas bonne réputation, dans un lieu où on leur trouvera garantie suffisante et *mainprise* de leur bonne conduite vis-à-vis du Roi et de son peuple ». Cette juridiction est tout à fait différente de celle qui consiste à obliger une personne à fournir caution, à la demande d'une autre, pour assurer la tranquillité de cette dernière. Si la personne requise de fournir caution en vertu de la loi s'y refuse ou omet de le faire, elle peut être envoyée en prison. Cette disposition de cette loi ancienne a reçu une très large interprétation, même en temps normal : [*Rex* v. *Justices of Cork* (15 Cox C. C. 78, 84, 149) ; *Wise* v. *Dunning* (85 *Law Tomes Report*, 721 ; (1902) 1 K. B. 167)]. De la même manière, un fou dangereux peut être envoyé dans un asile d'aliénés ; si on le laissait en liberté, il constituerait un danger pour la communauté.

Un des moyens les plus efficaces pour empêcher quelqu'un de communiquer avec l'ennemi ou de faire les choses qui sont mentionnées dans la section 1, sous-sections *a*) et *c*) de la loi, c'est de l'emprisonner ou de l'interner. Ce faisant, comme dans presque tous les cas où la justice préventive est appliquée, la personne suspectée supporte quelques inconvénients et quelques souffrances. C'est inévitable. Mais, en vertu de cette loi, la souffrance est infligée pour quelque chose de plus important que sa liberté ou ses aises, — à savoir, pour assurer la sécurité publique et la défense du Royaume. Il ne faut pas croire que l'on abusera des pouvoirs conférés à l'Exécutif par cette loi. Les diverses dispositions déjà mentionnées ont pris toutes les précautions qui pouvaient, je crois, être raisonnablement prises pour éviter les erreurs ou les abus.

Dans l'affaire actuelle, le plaignant a été interné en vertu d'une ordonnance du Secrétaire d'Etat pour l'Intérieur, en date du 15 octobre 1915. Elle est intitulée : Ordonnance en vertu du *Regulation* 14 B des *Defence of the Realm Regulations*. Elle fait ressortir le fait qui, en vertu de cette section, est le fondement de la compétence du Secrétaire d'Etat et le motif principal de l'exercice de celle-ci, — à savoir que l'appelant est d'origine et de relations hostiles. Et en présence de ce fait, qui n'est pas contesté, elle fait connaître que le Secrétaire d'Etat, après avoir dûment reçu les avis prescrits, édicte l'ordre que l'appelant soit interné dans le but d'assurer la sécurité publique et la défense du Royaume. L'ordonnance présente ainsi toutes les conditions nécessaires pour sa validité, en supposant que le *Regulation* en vertu duquel on prétend l'avoir édicté soit valable. Ceci admis, elle présente tous les signes extérieurs de la compétence pour le faire. En conséquence, la validité juridique de ce *Regulation* devient la seule question à résoudre dans cette affaire. Est-il *intra vires* ou *ultra vires* de la loi ? Etant donné les termes de l'*order* et le fait qu'il est complet, cette question peut être résolue sur la demande que le *writ* soit émis, aussi régulièrement et efficacement qu'elle le serait sur la réponse au *writ*.

Quant à moi, je dois le dire, je n'ai jamais pu admettre que l'on soutînt que les lois entravant la liberté du sujet doivent être interprétées d'une certaine manière, et les lois qui ne l'entravent pas, d'une autre manière ; dans le premier cas, que l'on donne à certains termes, une signification différente de celle que, dans le second cas, l'on donnerait à ces mêmes mots. Je crois que le tribunal, dont c'est le devoir d'interpréter une loi de la première ou de la deuxième catégorie, doit s'efforcer de dégager ce que la loi signifie d'après les règles et principes bien connus d'interprétation, et, si le sens est clair, doit l'appliquer avec ce sens-là. Si la loi est ambiguë, également susceptible de deux significations, l'une conduisant à un empiètement sur la liberté du sujet et l'autre non, il conviendra de préférer la seconde à raison de l'intention présumée de la Législature de ne pas empiéter sur cette liberté. C'est une question tout à fait différente.

La présente loi, à laquelle l'Assentiment royal a été donné le 27 novembre 1914, a une rédaction différente de celle qui la précédait immédiatement et à laquelle l'Assentiment royal avait été donné le 8 août 1914, tout de suite après la déclaration de guerre. Celle-ci autorisait simplement S. M., pendant la guerre, à promulguer des *Regulations* relatifs aux « pouvoirs et devoirs de l'Amirauté, du Conseil de l'Armée, des membres de ses forces, et autres personnes agissant en son nom pour assurer la sécurité publique et la défense du Royaume » ; elle disposait, en outre, que, par ces *Regulations*, S. M. pourrait autoriser le jugement par cour martiale et le châtiment des personnes contrevenant à l'une de ces prescriptions. La section 1, sous-section *a*) est identique à la sous-section correspondante de la seconde des deux lois, sauf que les mots « forces de ses Alliés » ont été introduits dans la seconde, après les mots « forces de S. M. ». La seule mesure prévue par la première loi pour empêcher les individus de faire quelque chose interdit par les *Regulations* ou d'omettre de faire quelque chose qui leur est prescrit, c'est le jugement et le châtiment par les cours martiales. La loi est, à cet égard, exclusivement répressive.

Eh bien, elle a probablement été trouvée insuffisante pour assurer la sécurité publique et la défense du Royaume jusqu'au point requis. En conséquence, la deuxième loi, tout en couvrant le même domaine que la première, a une portée beaucoup plus vaste, et elle en diffère par les méthodes qu'elle autorise pour assurer la sécurité publique et la défense du Royaume ; elle dispose, en effet, que les *Regulations* à promulguer pourront non seulement régler les pouvoirs et devoirs de l'Amirauté, etc., et le châtiment des délinquants contre certaines de leurs dispositions ; mais elle autorise aussi S. M., pendant la guerre, à promulguer des *Regulations* pour assurer directement la sécurité publique et la défense du Royaume.

Ce sont des termes très larges. Ce sont des termes nouveaux. Il faut leur donner quelque efficacité. Ils couvrent manifestement des méthodes préventives proprement dites pour atteindre le but désiré, en même temps que les mesures véritablement répressives. Je ne crois pas qu'il soit légitime de les considérer comme sans effet, pour le motif que, si on leur donnait effet, le sujet supporterait des restrictions. Et comme la justice préventive agit d'après le principe qu'il faut empêcher une personne de faire ce que, libre et sans entrave, elle ferait vraisemblablement, elle doit nécessairement procéder dans tous les cas, jusqu'à un certain point, d'après des soupçons ou des suppositions, qui se distinguent des preuves. Si une personne est d'origine ou de relations hostiles, il est, je crois, impossible d'affirmer que, libre et sans entrave, elle ne communiquerait pas, selon toute vraisemblance, avec l'ennemi ou n'obtiendrait pas des renseignements dans les buts mentionnés dans la sous-section *a*), ou ne répandrait pas des nouvelles fausses ou autres mentionnées dans la sous-section *c*), ou ne ferait pas quelqu'une des autres choses mentionnées dans les autres sous-sections de cette section. La sécurité publique et la défense du Royaume pourraient être mises en danger, si cette personne faisait l'une de ces choses. Si le Secrétaire d'Etat, après avoir reçu l'avis que mentionne le *Regulation*, arrive à cette conclusion qu'en raison de l'origine hostile ou des relations hostiles d'un individu, il est prudent, pour assurer la sécurité publique et la défense du Royaume, de l'interner ou de le traiter de la manière mentionnée dans le *Reg.* 14 B, il serait, à mon avis, aussi dangereux qu'absurde de vouloir que le Ministre, bien que pleinement averti, reste impassible et attende, impuissant, le moment où l'un des crimes prévus par la section 1 sera commis et où le criminel, s'il est pris, et si la preuve suffisante est apportée, sera traduit en justice et puni.

La loi autorise nettement, dans les termes les plus larges, que ces agissements soient empêchés par des moyens autres que des mesures répressives. Je crois que le *Reg.* 14 B, qui énumère et autorise quelques-uns de ces moyens, rentre dans le domaine de cette autorisation.

Comme je l'ai déjà dit, je crois que les précautions déjà mentionnées sont des garanties efficaces contre les injustices et les abus qui pourraient se produire dans l'application du *Regulation*.

En conséquence, je suis nettement d'avis que l'appel tombe, que le jugement dont il est fait appel est juste et doit être maintenu, et que l'appel doit être rejeté avec dépens. »

IV

Opinion de Lord Shaw

« Je considère cet appel comme de première importance. Mon avis diffère de celui de Vos Seigneuries et c'est ce qui m'a conduit à considérer et à reconsidérer la question avec soin. La gravité du problème et le respect que je porte à mes nobles et savants amis et aux juges éminents des cours inférieures, — d'avec lesquels je suis obligé de me séparer complètement; — toutes ces raisons me paraissent exiger un exposé plus développé que d'ordinaire, à raison de la position que je prends.

A mon avis, les jugements dont il est fait appel sont erronés en droit; ils constituent une suspension et une violation des droits constitutionnels fondamentaux qui protègent la liberté britannique.

L'appelant est citoyen naturalisé de ce pays; en d'autres termes, d'une part, il doit soumission à nos lois, et, d'autre part, il a droit à leur protection. Tel est le pacte essentiel à la base de la naturalisation. La guerre n'y a rien changé. En fait, immédiatement après la déclaration de guerre, l'*Act* 4 et 5 Geo. 5, c. 17 a pris place au *Statute-Book*, et la sect. 3 de cet *Act* confirme le pacte en termes formels. Aux termes de cette section, Arthur Zadig jouit, à tous égards et « à toutes fins, du status d'un sujet britannique de naissance ». Sa personne a été saisie; il a été interné — pendant plus de dix-huit mois maintenant — sans jugement; il a les mêmes droits, ni plus ni moins, à en appeler de cet acte de violence, que n'importe quel sujet du Roi. Ceci rend la question non seulement grave, mais parfaitement générale.

L'appelant a perdu sa liberté et a été interné à raison d'un document, en date du 15 octobre 1915, signé par le Secrétaire à l'Intérieur et dénommé « *Order* en vertu du *Reg.* 14 B du *Defence of the Realm Regulations* ». Il est conçu en ces termes :

« Attendu que, sur l'avis d'une autorité militaire compétente, instituée en
« vertu du *Defence of the Realm Regulations*, il m'apparaît que, pour
« assurer la sécurité publique et la défense du Royaume, il est expédient
« que Arthur Zadig, habitant 56, Portsdown-road, Maida Vale, W., soit, à
« raison de son origine et de ses relations hostiles, soumis aux obligations
« et restrictions ci-après mentionnées. J'ordonne, par le présent, que le dit
« Arthur Zadig soit interné dans l'établissement de Cornwallis-road, Isling-
« ton, qui est actuellement affecté comme lieu d'internement, et qu'il soit
« soumis à toutes les règles et conditions applicables aux étrangers internés
« dans cet établissement. Si, dans les sept jours à partir de la date à laquelle
« cet *order* sera signifié au dit Arthur Zadig, ce dernier me présente des
« observations contre les dispositions de cet *order*, ses représentations
« seront soumises au Comité consultatif nommé dans le but de me conseiller
« relativement à l'internement et à la déportation des étrangers et présidé
« par un juge de la Haute Cour, et elles seront dûment examinées par ledit

« Comité. Si le rapport du dit Comité me convainc que cet ordre peut être
« révoqué ou modifié sans préjudice pour la sécurité publique ou la défense
« du royaume, je révoquerai ou modifierai l'*order* par un nouvel *order* écrit
« de ma main. Sauf révocation ou modification, cet *order* restera en
« vigueur ».

Cet *order* est conforme au *Regulation* sur lequel il prétend être fondé.
L'appelant tombe sous ses termes : il est d'origine étrangère. La véritable
question est celle de la validité du *Regulation* lui-même. Voici quels en sont
les termes :

« Si, sur l'avis d'une autorité navale ou militaire compétente, ou d'un des
« Comités consultatifs ci-après mentionnés, il apparaît au Secrétaire d'Etat
« que, pour assurer la sécurité publique ou la défense du Royaume, il est
« expédient, à raison de l'origine ou des relations hostiles d'une personne,
« de la soumettre aux obligations ci-après mentionnées, le Secrétaire d'Etat
« pourra, par un *order*, ordonner que cette personne sera sur-le-champ.....
« internée dans le lieu qui sera spécifié dans l'*order*.

« Au cas où cette personne ne serait pas sujette d'un Etat en guerre avec
« S. M., cet *order* contiendra une disposition expresse pour le juste examen,
« par un de ces Comités consultatifs, de toutes représentations que cette
« personne pourra faire contre ledit *order*. Si une personne, à l'égard de
« laquelle un *order* est pris en vertu du présent *Regulation*, ne se conforme
« pas à l'une des dispositions dudit *order*, elle sera coupable d'un délit
« envers ces *Regulations*, et toute personne internée en vertu dudit *order*
« sera soumise aux mêmes restrictions et pourra être traitée de la même
« manière qu'un prisonnier de guerre, à moins que le Secrétaire d'Etat
« n'adoucisse ces restrictions. Les comités consultatifs pour l'application du
« présent *Regulation* seront les mêmes que ceux nommés pour conseiller
« le Secrétaire d'Etat relativement à l'internement et à la déportation des
« étrangers, chacun de ces comités étant présidé par une personne occupant
« ou ayant occupé une haute fonction judiciaire ».

Je suis nettement d'avis que, tout en ayant l'apparence d'un *Regulation*,
ceci n'est pas, réellement et essentiellement, un *Regulation*, et que Sa
Majesté en Conseil a excédé ses pouvoirs en promulguant, sous la forme
d'un *Regulation*, une autorisation d'appréhender, d'arrêter et d'interner
sans jugement un quelconque de ses sujets. A mon avis, le Parlement n'a
jamais autorisé, soit délibérément, soit en raison des termes légaux
employés dans les *Defence of the Realm Acts*, un exercice si violent de
pouvoir arbitraire. Il s'ensuit que l'*order* ou arrêté du Secrétaire d'Etat qui
a été déjà cité est également *ultra vires*.

Il convient d'observer tout de suite que l'une des dispositions du *Regula-*
tion ne peut pas s'appliquer au cas d'internement. C'est celle d'après laquelle
si la personne contre qui un *order* quelconque est lancé n'y obéit pas,
« elle sera coupable d'un délit contre les *Regulations* ». Ceci est un hommage rendu à l'*Act* du Parlement. Mais ces termes ne s'appliquent pas à
une personne arrêtée et internée en vertu du présent ordre d'internement.

L'appelant ne s'est rendu coupable d'aucune contravention au *Regulation*, il n'y a aucune raison de le juger comme ayant contrevenu à ce *Regulation*. Aucune accusation n'est portée contre lui ; il peut faire appel, pour cela, en vain (1). Il s'est conformé au *Regulation* en ce sens qu'il en a été la victime. S'il l'avait violé en quelque manière, il aurait eu droit à être jugé ; mais son affaire est sans issue à cet égard ; car sa personne a été saisie et détenue pour quelque chose qui n'a rien à voir avec un crime, un délit ou quoi que ce soit qu'il ait dit, fait, ou essayé de faire.

L'arrêté du Secrétaire d'Etat a été lancé. C'est un arrêté de proscription : « Si, dit le *Reg.* 14 B, ... il apparaît au Secrétaire d'Etat que, pour assurer « la sécurité publique et la défense du Royaume, il est expédient, à raison « de l'origine ou des relations hostiles d'une personne... », alors il peut, *inter alia*, délivrer un ordre d'internement.

L'*Act* du Parlement emploie, comme nous le verrons, les termes « pour assurer la sécurité publique et la défense du Royaume » ; mais il n'y a pas, dans l'*Act* du Parlement, un mot touchant « l'origine ou les relations hostiles » d'une personne, ni touchant l'internement.

Ce ne sont pas là les termes de la loi. Le Parlement aurait très bien pu envisager la question de « l'origine et des relations hostiles » ; il aurait très bien pu envisager la question de l'internement et l'avoir réglée. S'il l'avait fait, les cours de justice auraient été tenues de se conformer à la solution de la question qui aurait été inscrite dans la loi.

En conséquence, le premier fait important et d'une large portée qui se présente à Vos Seigneuries dans cette affaire, c'est que, dans une question affectant d'une manière si fondamentale les droits des sujets de Sa Majesté, le Parlement n'a accordé aucune autorisation expresse pour l'introduction de ces termes « origine ou relations hostiles ». Et ce qui reste, c'est l'argument que le Parlement, en ne traitant pas expressément une questions exigeant essentiellement une délimitation soigneuse, doit être considéré comme ayant accompli implicitement ce bouleversement complet de nos libertés.

Je déclare respectueusement ne pas pouvoir admettre cet argument. Je ne crois pas qu'on puisse soumettre les *Defence of the Realm Acts* à une interprétation aussi violente et aussi forcée.

Après la déclaration de guerre, le 4 août 1914, il est manifeste, d'après le *Statute-book*, que le Parlement était très préoccupé de la question de la sécurité et de la défence nationales. Et je crois qu'il est bon de le remarquer, l'*Act* qui s'appuie sur la loi 5 Geo. 5, c. 8, fait partie d'une série de quatre lois votées d'août 1914 à mars 1915 ; il convient aussi d'observer qu'on obtient d'utiles éclaircissements en les étudiant toutes ensemble.

La loi 4 et 5 Geo. 5, c. 29 prescrit :

« 1. Sa Majesté en Conseil a le pouvoir, pendant la durée de la présente « guerre, de promulguer des *Regulations* touchant les pouvoirs et devoirs « de l'Amirauté et du Conseil de l'Armée et des membres des forces de Sa

_____

(1) He may appeal for that in vain.

« Majesté et autres personnes agissant en son nom, pour assurer la sécurité
« publique et la défense du Royaume ; il peut, par ces *Regulations*, autori-
« ser le jugement par cours martiales et le châtiment des personnes contre-
« venant à l'une des dispositions des *Regulations* destinées *a*) à empêcher
« les personnes de communiquer avec l'ennemi ou d'obtenir des renseigne-
« ments pour cet objet ou pour tout objet tendant à compromettre le succès
« des opérations de l'une des forces de S. M. ou à assister l'ennemi ; ou
« *b*) à assurer la sécurité de tous moyens de communication, ou des che-
« mins de fer, docks ou ports, — de la même manière que si ces personnes
« étaient soumises à la loi martiale et avaient commis, en service actif, un
« délit d'après la section 5 de l'*Army Act*. »

La loi 4 et 5 Geo. 5, c. 63, décide :

« 1. Le *Defence of the Realm Act* 1914 aura effet comme si *a*) à la fin
« du paragraphe *a*) de la section 1 de ladite loi, les mots suivants avaient
« été insérés : « ou pour empêcher la propagation de nouvelles susceptibles
« de causer de la désaffection ou de l'alarme » ; *b*) comme si à la fin du para-
« graphe *b*) de la section 1 de ladite loi on avait ajouté les mots suivants :
« « ou de toute zone qui sera proclamée par l'Amirauté ou le Conseil de
« l'Armée comme une zone qu'il importe de sauvegarder dans l'intérêt de
« l'entraînement ou de la concentration d'une partie des forces de Sa
« Majesté » ; *c*) comme si à la fin de la section 1 de cette loi, on avait ajouté
« les mots suivants : « et peut, par ces *Regulations* prescrire aussi la sus-
« pension de toutes restrictions pour l'acquisition ou l'usage de terrains, ou
« l'exercice du pouvoir de faire des règlements locaux, ou tout autre pou-
« voir en vertu des *Defence Acts* de 1842 à 1875, ou en vertu des *Military*
« *Land Acts* de 1891 à 1903 ».

Le mécanisme de ces lois est le suivant. Des *Regulations* seront édictés
touchant les pouvoirs et les devoirs de l'Amirauté, du Conseil de l'Armée
et des Services armés, et de toutes autres personnes agissant au nom de
S. M. en vue d'assurer la sécurité publique et la défense du Royaume. Ces
pouvoirs et devoirs sont supposés exister déjà, mais ils pourront être complé-
tés, précisés ou, peut-être, développés par des *Regulations* (1). Toutefois, on
prend grand soin de préserver les droits et libertés du sujet. On prescrit le
jugement par cour martiale et le châtiment à raison de la contravention au
Regulation « de la même manière que si ces personnes étaient soumises
à la loi martiale » et avaient enfreint la sect. 5 de l'*Army Act*. Bref, l'objet
est double : — 1) tracer ou rendre visible pour le citoyen une certaine attitude ou ligne de conduite, au moyen d'une notification sur laquelle se
régleront cette attitude et cette conduite, et 2) attacher la sanction d'un
châtiment à la désobéissance à ce *Regulation*.

Je suis convaincu que le mot « *Regulation* » n'a pas ici d'autre significa-

---

(1) The assumption is that such powers and duties already exist ; but that
thay may be helped, made specific, or, it may be, amplified by regulations. »

tion. En ce sens, il est intelligible et correct. C'est particulièrement évident dans ces deux premières lois. Les dépositaires du pouvoir étaient variés, ils comprenaient le plus humble membre « des forces de Sa Majesté. » Pour eux, comme pour le citoyen en général, il était important que, dans la circonstance de guerre, leurs devoirs spéciaux fussent précisés touchant ce qui devrait être fait ou ce qui devrait être évité ; touchant le manquement ou la désobéissance du citoyen devant être considérés comme délits, et touchant les délits devant être jugés de la manière prescrite, et touchant le châtiment devant s'ensuivre. Il n'est pas vraisemblable — j'avance ceci très humblement — que le Parlement lui-même ou les dépositaires du pouvoir — le soldat ou le matelot par exemple — aient jamais rêvé que, — tout au moins en ce qui concerne ces lois, — elles investissaient ces diverses autorités, hautes ou humbles, du pouvoir de suspendre les libertés du citoyen ou de lui infliger, par la propre main d'un fonctionnaire un châtiment, avant qu'il ait été convaincu (*convicted*) de délit. Si un fonctionnaire au service de Sa Majesté ou tout autre serviteur de S. M. avait agi de cette manière arrogante et arbitraire, la loi aurait vite châtié cette transgression. Le mot *Regulation* ou les mots « pour assurer la sécurité publique et la défense du Royaume » auraient été pour lui un abri bien fragile à raison de cet acte de violence.

Prenons l'exemple le plus simple, — celui d'un soldat, d'un matelot ou d'un autre serviteur de la Couronne. On aurait vu tout de suite que non seulement la liberté individuelle mais l'ordre public auraient été en péril si l'on pouvait alléguer que l'acte de violence consistant à s'emparer de la personne d'un citoyen n'ayant commis aucun délit et sans jugement ou occasion de jugement, tout en ne rentrant pas dans la sphère ordinaire de ses pouvoirs et de ses devoirs en vertu de la loi, était cependant justifié par les mots « pour la sécurité publique et la défense du Royaume ». La loi et le gouvernement au pouvoir auraient vivement arrêté un pareil empiètement et un tel bouleversement des droits ; ils auraient cantonné l'action du fonctionnaire délinquant dans la procédure ordinaire établie par la législature ou prescrite par la loi elle-même.

Il reste à voir si les mots relatifs à la sécurité publique et à la défense ont un sens différent ou plus large dans l'*Act* principal 5 Geo. 5, c. 8, qui porte le titre de « Loi pour consolider et amender les *Defence of the Realm Acts* », à savoir ces deux *Acts* sur les dispositions desquelles je me suis permis d'attirer toute votre attention. Ces *Acts* sont abrogés, mais leurs dispositions, modifiées, réapparaissent dans la loi de consolidation.

Toutes les parties de la sect. 1 de la loi me semblent se rattacher au problème que la Chambre a à résoudre. Je déclare ceci expressément, car, à mon avis, c'est à tort que la controverse a été limitée à la sous-section 1.

Voici les termes de la sous-section :

« 1. 1) Sa Majesté en Conseil a le pouvoir, pendant la durée de la pré-
« sente guerre, d'édicter des *Regulations* pour assurer la sécurité publique
« et la défense du Royaume, et touchant les pouvoirs et devoirs à cet égard
« de l'Amirauté et du Conseil de l'Armée ainsi que des membres des forces

« de Sa Majesté et des autres personnes agissant en son nom ; il peut, par
« ces *Regulations*, autoriser le jugement par cours martiales, ou, dans le
« cas de délits peu graves, par les tribunaux de *summary jurisdiction*, ainsi
« que le châtiment des personnes coupables d'infraction aux *Regulations*,
« et, en particulier, à l'une quelconque des dispositions de ces *Regulations*
« ayant pour objet : *a*) d'empêcher les individus de communiquer avec l'en-
« nemi ou d'obtenir des renseignements dans ce but ou dans le but de com-
« promettre le succès des opérations des forces de S. M. ou des forces de ses
« Alliés ou d'assister l'ennemi ; — *b*) d'assurer la sécurité des forces et des
« navires de S. M. et de tous moyens de communication, et des chemins de
« fer, ports et docks ; — *c*) d'empêcher la propagation de fausses nouvelles
« ou de nouvelles de nature à causer de la désaffection envers S. M. ou à
« nuire au succès des forces de terre ou de mer de S. M., ou à troubler les
« relations de S. M. avec les Puissances étrangères ; — *d*) d'assurer la navi-
« gation des vaisseaux conformément aux instructions données par l'Ami-
« rauté ou en vertu de son autorité ; — *e*) d'empêcher qu'assistance soit
« prêtée à l'ennemi et qu'aucune entrave soit apportée à la poursuite victo-
« rieuse de la guerre ».

Nous analyserons tout à l'heure les dispositions de cette sous-section ;
mais nous en avons déjà dit assez pour permettre à la Chambre d'affirmer
que c'est une reproduction, avec additions, des lois laconiques antérieures, et
qu'on y énumère plus longuement les choses en vue desquelles les *Regulations* doivent intervenir et dont l'inobservation constituera un délit.

Les sous-sections 2 et 3 traitent de l'acquisition ou de l'usage des terrains,
manufactures ou usines nécessaires aux besoins du gouvernement. Nous en
parlerons plus loin.

Viennent ensuite les sous-sections 4, 5 et 6. Elles sont conçues dans les
termes suivants :

« 4) En vue du jugement par cour martiale d'une personne à raison d'un
« délit commis en vertu des *Regulations* et de son châtiment, on pourra
« procéder contre elle et la traiter comme si elle était soumise au droit mili-
« taire et comme si elle avait commis en service actif un délit d'après la
« sect. 5 de l'*Army Act*. S'il est prouvé que le délit est commis avec l'inten-
« tion d'assister l'ennemi, la personne convaincue de ce crime par une cour
« martiale sera condamnée à mort.

« 5) En vue du jugement et du châtiment par un tribunal de *summary
« jurisdiction* d'une personne à raison d'un délit commis en vertu des
« *Regulations*, le délit sera considéré comme ayant été commis soit au lieu
« où il a été en réalité commis, ou bien au lieu où le délinquant se trouve ;
« et la peine maximum qui pourra être infligée sera l'emprisonnement avec
« ou sans travail forcé (*hard labour*) pour une durée de six mois ou une
« amende de cent livres sterling (2.500 fr.), ou l'emprisonnement et l'amende
« à la fois ; la sect. 17 du *Summary Jurisdiction Act 1789* ne s'appliquera
« pas aux accusations d'infractions aux *Regulations*, mais toute personne
« frappée d'une condamnation par un tribunal de *summary jurisdiction*

« pourra faire appel en Angleterre à une cour de sessions trimestrielles
« (*court of quarter sessions*) et en Ecosse en vertu et selon les termes des
« *Summary Jurisdiction (Scotland) Acts*, et en Irlande de la manière pres-
« crite par les *Summary Jurisdiction (Ireland) Acts*.

« 6) Les *Regulations* peuvent autoriser une cour martiale ou un tribunal
« de *summary jurisdiction*, en outre de tout autre châtiment, à ordonner
« la confiscation de tous biens touchant lesquels un délit a été commis con-
« tre les *Regulations* ».

Il n'est pas exagéré de dire que, en ce qui le concerne, le Parlement a eu
le plus grand souci de prescrire un traitement correct, rapide et conforme
à la loi, des contrevenants aux *Regulations*. L'Act a le souci méticuleux
qu'il soit procédé conformément à la justice; une disposition prend soin de
prescrire un jugement; et tout en souhaitant la promptitude, il est manifeste que le droit du sujet à être jugé conformément à la loi doit être maintenu et préservé.

Un autre trait frappant de la législation rend lumineuse cette intention du
Parlement. C'est le vote, quelques mois plus tard, — le 16 mars 1915, — de
l'*Amendment Act 5 Geo. V., c. 34*. Le jugement des délits y est de même
soigneusement spécifié et dans le même esprit, — à savoir la protection des
droits et libertés du sujet, et la mise hors de doute de ce point. Une contravention aux *Regulations*, au lieu d'être jugée par cour martiale, peut être
jugée par une cour civile avec un jury. La section 1, 2) est particulièrement
importante. Elle prescrit :

« 2) Si une personne, sujet britannique, mais non soumise au *Naval Dis-*
« *cipline Act* ou à la loi militaire, est accusée d'être coupable d'un délit
« contre l'un quelconque des *Regulations* édictés en vertu du *Defence of*
« *the Realm Consolidation Act, 1914*, elle sera autorisée, dans les six jours
« pleins à partir du moment où la nature générale de l'accusation lui aura
« été communiquée, à demander à être jugé par une cour civile avec jury,
« au lieu d'être jugée par cour martiale; et si cette demande est faite de la
« manière prescrite par les *Regulations* en vertu de l'*Act* ci-dessus men-
« tionné, le délit ne sera pas jugé par cour martiale. Cette sous-section ne
« s'appliquera pas si le délit est jugé devant un tribunal de *summary juris-*
« *diction* : il est entendu également qu'avant le jugement de toute personne
« à laquelle s'applique cette section, et aussi tôt que possible après l'arresta-
« tion, la nature générale de l'accusation lui sera communiquée par écrit, et
« en même temps notification par écrit lui sera donnée de ses droits d'après
« cette section, dans la forme prescrite par les *Regulations* en vertu du dit
« *Act* ».

Je me demande quel langage pourrait être plus significatif, plus scrupuleusement respectueux de la liberté que celui-ci : sur sa demande, la personne
arrêtée peut être jugée par jury ; dès que cela est possible après l'arrestation, elle doit être informée de la nature de l'accusation portée contre elle
et de tous ses droits en vertu de la section. A tout cela il est fait droit ; mais
tout ce respect scrupuleux de la liberté et des formes du jugement et du droit

ne s'appliquent pas à tous les sujets de Sa Majesté contre lesquels un *Regulation* d'internement a été édicté. Si un citoyen britannique est arrêté en vertu d'un ordre de ce genre, ce n'est pas parce qu'il a contrevenu à un *Regulation*, — pas du tout. En conséquence, il n'a aucun droit à être informé de l'accusation portée contre lui. D'accusation, il n'y en a pas. Quant au jugement, — il ne peut pas choisir sa forme ; ses droits sont perdus sans jugement. Un « *Regulation* » a été lancé contre lui. Il a été privé, par un « *Regulation* », de sa liberté et de toute protection de ce genre. Il doit être une victime passive.

Les quelques mots prononcés ici et dans les cours inférieures en faveur de ce pouvoir suréminent et trop arbitraire (*overriding*) doivent, en conséquence, être examinés. Il en a été dit assez pour montrer que, s'ils appuient l'interprétation défendue par la Couronne, ils s'écartent singulièrement de cette intention de respecter scrupuleusement les droits privés, intention qui ressort si nettement des termes et de l'ensemble de ces *Defence Acts*.

Voici les termes : « Sa Majesté en Conseil a le pouvoir, pendant la durée « de la présente guerre, d'édicter des *Regulations* pour assurer la sécurité « publique et la défense du Royaume, et touchant les pouvoirs et devoirs, « en vue de cet objet, de l'Amirauté, etc. ». Une modification a été apportée dans ce *Consolidation and Amendment Act*, non pas dans les mots importants, mais dans leur agencement. Les mots importants dont je parle sont : « pour assurer la sécurité publique et la défense du Royaume ». Dans les premiers *Acts*, les *Regulations* devaient être « relatifs aux pouvoirs et devoirs de l'Amirauté etc. »..... « pour assurer la sécurité publique et la défense du Royaume ». Mais les *Regulations* viennent directement du Roi en Conseil. Je vois parfaitement comment ceci s'est produit. Les derniers détails de la section montrent que les *Regulations* relatifs aux pouvoirs des fonctionnaires ou des individus peuvent avoir une portée qui dépasse le champ d'action de ces départements ou de ces personnes. Par exemple, le *Board of Trade*, le *Post Office* ou le *Foreign Office* peuvent être intéressés par beaucoup de ces détails ou par leur exécution. Ceci fait que la méthode la plus rapide et la plus compréhensive a été employée. En d'autres termes, on a transféré au gouvernement en fonction la question générale traitée dans les *Regulations*, — tout le reste demeurant en substance comme auparavant.

Pourtant, à mon avis, c'est grâce à ce simple changement, et à l'ordre dans lequel les termes du *Reglation* sont maintenant placés, que les cours inférieures sont arrivées à la conclusion qu'elles ont adoptée.

Cette conclusion a amené des résultats véritablement stupéfiants. Les termes, dit-on, sont absolument généraux ; le Roi en Conseil est investi du pouvoir de décider ce qui est nécessaire à la sécurité publique et à la défense du Royaume et du pouvoir d'agir en conséquence. Tout le reste de ces lois, — relatif au jugement, à l'intimation et à la notification des droits ; toutes les prescriptions pour traiter légalement la question relative à la liberté, — tout cela est d'un côté, le côté du délit contre un *Regulation* ; de l'autre côté se trouve ce pouvoir suréminent du Gouvernement en fonctions. Les enseignements les plus élémentaires de l'histoire et les principes de la justice exigent que, d'un côté, le pouvoir du Gouvernement et, de l'autre, les droits individuels soient tous deux placés face à face l'un l'autre, partie contre partie. Mais il n'en est pas ainsi, du moins à ce que l'on soutient; ici le Gouvernement, en tant que partie, agira selon son bon plaisir; le sujet, en tant que partie, devra se soumettre et ne sera pas entendu; le Gouvernement sera à la fois, partie, juge et exécuteur. Quand — telle est la logique de l'argument, — le Parlement a pris tant de soins pour élaborer une procédure légale et un remède légal facile pour le sujet, touchant tous les *Regulations*, procédure et remède, qui ont été exposés en détail, il y a eu une chose que le Parlement n'a pas résolue, mais qu'il a laissé aux cours de justice le soin de déduire : en d'autres termes, le Parlement, tout le temps et intentionnellement, a laissé entre les mains du Gouvernement du jour une arme mortelle, grâce à laquelle il pourra se soustraire aux autres dispositions de ces lois mêmes, sans parler de l'ensemble des lois de ces îles, protectrices de la liberté. Si le Gouvernement du jour en trouvait l'occasion, une force despotique pourrait être mise en mouvement, et tout ce système de protection disparaîtrait. Je ne crois pas que le Parlement ait jamais voulu rien de pareil. Nous ne sommes pas dans le domaine de la subtilité ou du sophisme. Etant donné l'opinion que j'ai de ce qu'a fait le Parlement et qui m'est suggérée par les termes employés, je ne puis pas attribuer à la Législature les intentions qu'on lui prête.

Je passe de la place respective des termes et de la manière dont cette place leur a été donnée, à l'examen des termes eux-mêmes. Sur ce point il y a deux opinions. L'une leur reconnaît un caractère général absolu. C'est l'opinion qui a été admise par les cours; je viens d'en parler et j'ai signalé son importance.

A mon humble avis, au contraire, je crois qu'il est impossible de considérer la loi dans son ensemble sans s'apercevoir que toutes ses parties se lient nent et forment un tout; que le pouvoir conféré au Gouvernement d'édicter des *Regulations* consiste — dans sa sphère générale et son objet de sécurité publique et de défense — à prescrire aux citoyens leur ligne de conduite et d'action afin que, dans cette période de crise, leur conduite privée coopère à ce but général. C'est cela et cela seulement que signifie le « Regulation » : il constitue *pro tanto* un code de conduite : en suivant ce code, le citoyen sera en sécurité ; en le violant, le citoyen commettra un délit et pourra être accusé et jugé sommairement, soit par une cour martiale soit par un jury, et comme s'il s'était rendu coupable d'un crime. Ceci est parfaitement simple : cela cadre avec le reste de la législation et n'en détruit rien. Cela ne sacrifie aucun principe constitutionnel ; cela n'introduit rien qui ait la nature d'une condamnation ou d'un châtiment arbitraire : les lois deviennent une aide et un guide aussi bien qu'un avertissement pour les sujets.

Je viens de décrire et d'exposer l'origine et la place des mots importants de la loi qu'il convient d'interpréter ; j'ai expliqué la signification de ces termes, qui me semble si claire. Mais je suis contraint, par respect et par devoir, d'examiner — et ceci très attentivement — l'autre opinion en faveur de laquelle les cours inférieures se sont prononcées. Cette affaire n'est pas une question d'espèces, c'est une question de principe, et de principe de la plus haute importance, comme nous allons le voir.

Il est bon de dégager les points qui ne soulèvent pas de discussion.

Le pouvoir de promulguer des *Regulations* en vue de la sécurité publique et de la défense du Royaume est conféré par la loi à S. M. en Conseil. Au cours de la discussion, il a été fait allusion à ce pouvoir comme se rattachant à la *Prérogative royale*. Il n'a rien à faire avec la Prérogative royale. Si jamais, même de la manière la plus légère, on associait cette prérogative aux actes exécutifs accomplis en dehors de la volonté du Parlement clairement manifestée, ce jour-là serait un jour néfaste : cette route conduit à la révolution. Qu'on n'associe pas un seul instant à la Prérogative royale ce qui a été fait — à mon avis un acte de violence. Qu'on ne dise pas que cela repose sur la Prérogative royale. La validité de l'acte dépend uniquement de l'*Act* du Parlement.

Dans les temps modernes, l'emploi du Conseil privé comme canal de l'Exécutif pour l'exercice d'un pouvoir légal est limité et doit être strictement limité par les termes du texte législatif. Et ce canal lui-même, étant donné que, en vertu de la Constitution, S. M. n'agit que par l'intermédiaire de ses ministres, c'est tout simplement le gouvernement au pouvoir.

L'auteur du pouvoir est le Parlement : celui qui l'exerce, c'est le gouvernement. Le point de savoir si le gouvernement a excédé son mandat légal est une question d'*ultra* ou d'*intra vires*, telle celle qui est en train d'être jugée actuellement. Dès que le mandat a été excédé, apparaissent les éléments d'une transition vers le gouvernement arbitraire, ce qui constituerait un grave danger constitutionnel et public. L'anéantissement croissant des efforts législatifs et la commodité pour l'Exécutif de recourir aux procédés des *Orders in Council*, augmenteraient dès lors ce danger, si le pouvoir judiciaire envisageait cette action du gouvernement dans un esprit de soumission plutôt que d'examen méticuleux et indépendant. Cette manière de faire entraînerait aussi un malaise et un péril publics. Sur tout ceci, il n'y a aucune contestation.

Ceci réduit singulièrement l'importance de ces garanties apparentes dérivées non de l'*Act* du Parlement, mais inscrites dans les « *Regulations* » mêmes. Les termes du *Regulation*, par exemple « s'il apparaît au Secrétaire d'Etat » et « sur la proposition d'une autorité compétente militaire ou navale » reviennent simplement à la déclaration que le délégué, chargé d'apprécier et de décider, est un département du gouvernement, et qu'il agira, naturellement, en conformité et sur la recommandation des autres départements qui sont censés connaître la situation. Le gouvernement reste le maître. Une disposition prévoit l'examen par un comité consultatif de toutes observations faites contre l'ordonnance, mais il a été franchement reconnu que le Secrétaire d'Etat n'est pas obligé de se conformer à l'avis qu'il reçoit ; il peut faire ce qu'il veut ; encore une fois, le gouvernement est le maître.

L'importance du problème pour la liberté ne diminue pas à mesure que l'on examine ces considérations. L'interprétation donnée à ce pouvoir du gouvernement d'édicter des *Regulations* pour la sécurité et la défense est celle d'une généralité connue. Ce caractère général est-il limité ? a-t-on demandé. Oui, répond la Couronne, les limitations sont au nombre de deux et de deux seulement.

En premier lieu, les *Regulations* ne peuvent être édictés que pendant la guerre, — c'est une limitation de temps. En second lieu, ils ne peuvent être édictés qu'en vue de la sécurité publique et de la défense du Royaume, — c'est une limitation d'objet. Mais qui sera jugé de cet objet ?

En ce qui concerne le but que les actes d'Etat se proposent d'atteindre, une cour de justice peut-elle arrêter la main d'un agent exécutif responsable ?

On peut imaginer des cas extrêmes de caprice personnel et non d'intérêt public, mais, en toute chose, — depuis l'éclairage d'une chambre jusqu'à la dévastation d'une province, — aucune cour de justice n'osera exprimer son jugement sur les mérites d'une question de sécurité et de défense, — question d'ordre public et de politique. Dès lors, cette limitation, en tant que limitation légale, est illusoire. La seule, l'unique, qui subsiste est la limite de temps.

« Pendant la guerre », le gouvernement a été autorisé, selon son bon plaisir, de faire tout ce qu'il veut. « *Regulation* », cela couvre tout : les injonctions, les ordres d'arrestation, de proscription, d'emprisonnement, d'internement, d'exil, — tout cela est couvert par le mot compréhensif « *Regulations* ». Ces ordres sont lancés pour des motifs qui ne sont pas du domaine du droit ; les juges ne sont pas qualifiés pour s'interposer ; un jugement, peut-être même un commentaire sur ces motifs, salirait la Magistrature. La seule conduite prudente à suivre est celle-ci : laisser le domaine des nécessités publiques, des droits ou des avantages publics en la possession incontestée du Parlement et de ses délégués. En conséquence, j'estime qu'un recours formé par un sujet contre un gouvernement, sous la forme d'un appel aux cours de justice touchant les nécessités publiques, serait inutile dans le domaine de l'excès de pouvoir (*ultra vires*). Une fois admis, comme on l'a fait, le caractère général décisif du principe du *Regulation*, tout est perdu ; la loi elle-même doit s'incliner. La seule loi qui subsiste est celle que la magistrature doit accepter de la bouche du gouvernement : « *Hoc volo, sic jubeos ; sit pro ratione voluntas.* »

J'ai déjà dit que « *Regulation* » signifie quelque chose de beaucoup plus limité, — de beaucoup plus raisonnable, je crois, — et certainement plus en conformité avec le sens ordinaire du mot que tout cela. *Regulation* signifie, comme je me suis permis de le dire, la formulation de règles dans l'intérêt de la sécurité ou de la défense publiques, règles d'action, d'attitude et de conduite, en obéissant auxquelles les citoyens peuvent coopérer à réaliser ces objets, — et pour la désobéissance desquelles ils pourront être punis. Mais le *Regulation* contesté ici ne présente pas ce caractère. Ce n'est pas la formulation d'une règle d'action, d'attitude ou de conduite que doit observer le citoyen ; il prescrit l'arrestation sommaire et la détention de sa personne, en raison et en raison seulement de l'origine et des relations hostiles du sujet. La thèse du gouvernement est que l'une ou les autres pourraient être un motif, une tentation, un mobile, — tout ceci dans un domaine où la preuve ne peut pas être faite, mais qui est fertile en soupçons, — pour faire quelque chose de contraire à la sécurité ou à la défense publiques. Le sujet peut n'avoir jamais songé à avoir une conduite hostile : il peut ou non être ardemment attaché aux intérêts et à la cause de notre pays. Que ce pouvoir soit maintenu, même s'il confond l'innocent et le coupable, de telle manière que l'innocence ou la culpabilité ne seront jamais déterminées ; que la préoccupation de l'intérêt public sanctifie, selon le cas, ce préjudice particulier, — la généralité du pouvoir d'édicter un *Regulation* couvre l'affaire : cela est *intra vires*.

Nous aurons à examiner dans un moment ce qui subsiste de ce principe de généralité, — le principe que pendant la guerre le gouvernement peut faire ce qu'il veut. Continuons à voir tout ce que ce pouvoir englobe.

Contre des *Regulations*, dans leur généralité, si on leur donne cette interprétation, rien ne peut résister. Aucun droit, fût-il aussi ancien que la grande Charte ; aucune loi, fût-elle aussi solide, que les fondations de la Constitution : tout est balayé par le caractère général du pouvoir dont l'Exécutif est investi d'édicter des « Regulations ». *Inter arma, silent leges.*

Je remarque que cette manière de voir est appuyée par l'argument suivant : les dispositions de la section comprennent deux parties : la prévention et le châtiment. Ce sont deux choses bien distinctes ; ce qui a été fait dans le cas qui nous occupe relève de la prévention et non du châtiment. Ceci peut surprendre ceux qui y sont soumis, mais « des murs de pierre ne font pas une prison ». On prend soin d'eux, on les surveille, on les empêche, on ne les punit pas.

Très différent et très justement différent, était l'avis de BLACKESTONE (*Commentaries*, I, 1) : « La détention d'une personne, de quelque manière que ce soit, est un emprisonnement. De sorte que garder un homme contre sa volonté dans une maison privée, le mettre au pilori, l'arrêter ou le retenir de force dans la rue, c'est un emprisonnement ».

En outre, à mon avis, la distinction qu'on a essayé de faire ne tient pas : en aucun cas, elle ne pourrait avoir la moindre influence sur l'interprétation à adopter. C'est en effet seulement lorsque, et seulement lorsque la section en arrive à énumérer les chefs et circonstances de la sécurité et de la défense publiques auxquels les *Regulations* pourront s'appliquer, que le mot « empêcher » apparaît. Les *Regulations* doivent empêcher certaines choses et, pour en assurer d'autres, empêcher : 1) de communiquer avec l'ennemi ; 2) de propager de fausses nouvelles, etc. ; 3) d'aider l'ennemi ; — et, pour assurer 1) la sécurité des forces, navires, chemins de fer ou ports ; 2) la navigation conformément aux instructions de l'Amirauté.

Telle est la distinction — si c'en est une — entre prévenir et assurer. Mais quand il s'agit de châtiment, cette distinction tombe ; s'il y a désobéissance au *Regulation* sur tous ou sur un de ces chefs et circonstances, soit pour prévenir le danger soit pour assurer la sécurité, alors le châtiment pourra s'en suivre. La loi prend soin de prescrire le châtiment pour tous. On ne distingue pas, pour le châtiment, entre prévenir ou assurer ; il s'applique à la désobéissance ou au délit également pour les deux derniers chefs.

Comment donc, je le demande respectueusement, comment donc peut-on croire possible d'interpréter la section non seulement comme accordant le pouvoir de prévenir l'accomplissement de certaines choses, qui faites seront punissables, mais comme réservant quelque autre pouvoir suréminent de prévenir, pouvoir qui se distingue du châtiment ? L'*Act* du Parlement ne fait ni cette réserve ni cette distinction. Il aurait pu la faire, mais il ne la fait pas : c'est là une puissante confirmation de l'opinion que le Parlement n'a jamais entendu confier à l'Exécutif un pouvoir arbitraire, qu'il lui a simplement donné le pouvoir de rédiger un code de conduite et d'action et d'aller jusqu'au châtiment quand, et seulement quand ce code a été violé.

Je poursuis l'étude de la question de savoir ce qu'englobe le principe de généralité de la loi, ainsi défendu. Ayant limité le principe quant à la question de temps, et ne trouvant aucune autre limitation, voyons ce que le gouvernement peut faire sous cette rubrique *Regulation*, à commencer par celui qui nous occupe. C'est, « en raison de l'origine ou des relations hostiles » d'une personne, de l'interner sans jugement ou chance de jugement, par la force et non par une procédure légale.

Mais ce principe comprend-il ou ne comprend-il pas un pouvoir non seulement sur la liberté, mais aussi sur la vie ? Si la sécurité et la défense publiques permettent au gouvernement, en vertu de cette loi, d'incarcérer un citoyen sans jugement, s'arrêtent-elles là ou autorisent-elles aussi sa mise à mort sans jugement ? S'il existe un pouvoir d'enfermer une personne d'origine et de relations hostiles parce que le gouvernement estime que cela est nécessaire pour la sécurité et la défense publiques, pourquoi, en vertu du même principe et par l'exercice de ce même pouvoir, cette personne ne pourrait-elle pas être fusillée sur-le-champ ? J'ai posé la question au savant *Attorney-general* ; je n'ai obtenu de lui d'autre réponse que celle-ci : cette très grave conséquence lui paraît être parfaitement logique. Je le crois aussi. Il ne faut pas beaucoup d'imagination pour concevoir des cas où un gouvernement, dans une période de trouble, poussé par le sentiment du devoir, poussé, peut-être, par une vague de fureur populaire, édicterait un *Regulation* s'appliquant, comme dans le cas présent, aux personnes d'origine ou de relations hostiles, et disant : « Supprimons ce danger et qu'on en finisse ! que ces suspects soient fusillés ! » A mon humble avis, en faveur de ce *Regulation* on invoquerait exactement le principe — et nul autre, — sur lequel repose le jugement des cours inférieures, — à savoir, que pendant la guerre, le pouvoir de promulguer des *Regulations* est si vaste qu'il couvre tous actes qui, bien qu'ils renversent les droits fondamentaux et constitutionnels ordinaires, sont, dans l'opinion du gouvernement, de nature à atteindre l'objet général : la sécurité ou la défense publiques.

D'après ce principe, le gouvernement devient un Comité de Salut Public. Mais ses pouvoirs sont bien plus arbitraires que ceux du si fameux Comité de Salut Public connu dans l'histoire. Ce dernier avait conservé une forme de jugement, de preuves, d'interrogatoires. Et l'hommage même qu'il a payé au Droit a fait connaître au monde ce que sa procédure avait d'odieux. Mais notre soi-disant principe — le principe de la prévention, le principe de généralité — supprime l'horreur de la brutalité de la Terreur. Il rappelle plutôt une pratique, plus silencieuse, plus sinistre, — les lettres de cachet de Louis XIV. Pas de jugement : la proscription ! La victime peut être frappée par un *Regulation* (*regulated*) — non à raison de sa conduite ou de ses actes, non à raison de ce qu'elle devrait faire ou éviter de faire. Elle peut être envoyée par *Regulation* (*regulated*) à la prison ou à l'échafaud. Supposons qu'on ait voulu faire exécuter l'appelant. La clameur publique, la passion publique, la pitié publique, — tout cela je le conçois ; mais je ne peux concevoir un seul argument reposant sur l'interprétation légale de cet *Act* du Parlement, différent de celui que les cours de justice invoquent maintenant. C'est cette dernière question sur laquelle j'appelle l'attention. A mon humble avis, l'interprétation est fausse. Je crois que si le Parlement avait voulu déléguer un pouvoir aussi colossal, il l'aurait fait nettement et courageusement, et non sous le couvert de mots visant des *Regulations* sur la sécurité et la défense publiques. L'extension des termes jusqu'à comprendre un pareil pouvoir me semble injustifiable.

L'usage du gouvernement lui-même comme Comité de Salut public a ses commodités, ses avantages. La Chambre étoilée en avait également. « La « Chambre étoilée », écrit Maitland, « qui interrogeait les accusés et n'avait « pas recours au jury, a réussi probablement à punir bien des crimes qui sans « cela auraient échappé au châtiment. Mais il est hors de doute que ce fut un « tribunal tyrannique, qu'il le devint de plus en plus, et que, sous Charles Ier, « il se rendit coupable de graves infamies ». Et il prononce ces paroles mémorables : « Ce fut un tribunal d'hommes politiques sanctionnant une politique, « et non une cour de juges administrant la loi ».

Voilà le danger fondamental. — Et permettez-moi d'y insister, ce danger existe au plus haut point toutes les fois que la loi n'est pas la même pour tous, toutes les fois que le choix de la victime est laissé à l'entière discrétion d'un tyran, d'un Comité, d'une bureaucratie ou de tout autre dépositaire d'un pouvoir despotique. Quelle que soit la personne qui l'exerce, ce pouvoir de choisir une classe, ce pouvoir de choisir parmi une classe, est la négation de la sécurité ou de la défense publique. Il est fatal à la chose publique.

En effet, même dans le domaine d'un seul *Regulation*, — par exemple celui qui concerne « les personnes d'origine ou de relations hostiles », — nul ne peut dire où la hache tombera. Cette description s'applique à tous les rangs et à toutes les classes de la société. C'est pourquoi je me vois obligé d'écarter respectueusement la suggestion qui a été faite, — à savoir que, dans l'usage de ce pouvoir sur la liberté, nous devions faire confiance au Gouvernement. Par suite d'un changement de gouvernement, même pendant la guerre, cette arme peut être retournée contre ses auteurs. Il peut se produire, dans l'étendue et le domaine du pouvoir discrétionnaire du Gouvernement, tel changement qui tournera l'instrument contre de nouveaux groupes de citoyens, contre un nouveau choix dans la même classe ou contre une classe nouvelle. Ces mouvements désordonnés dans le domaine de la liberté individuelle sont rendus possibles par cette interprétation, sans qu'il y ait même à changer les termes d'un *Regulation* existant, — une fois que l'on a accepté cette opinion, qu'il rentre dans la délégation, si immense, impliquée par les termes de l'*Act*.

Une fois qu'on abandonne la ligne de conduite sûre que j'ai tracée, — à savoir, limiter les *Regulations* à des règles de conduite qui doivent être obéies en toute sécurité, ou dont la violation entraînera un châtiment après jugement, — une fois qu'on s'en écarte, jusqu'où ne peut-on pas aller ? Une fois admis un pouvoir discrétionnaire sur toutes choses et sur toutes personnes, sur tous les droits et toutes les libertés, en vue d'assurer la sécurité et la défense publiques, quels *Regulations* ne peuvent-ils pas être édictés ? Celui-ci est fondé sur « l'origine et les relations hostiles ». Il rentre dans le domaine des soupçons ; il repose, non sur la conduite, mais sur des opinions, croyances et motifs présumés, ou des préjugés tirés du pays d'origine d'un individu. C'est une zone dangereuse : elle évoque de sombres souvenirs. C'est la proscription, l'arrestation des suspects, à la volonté des hommes au pouvoir, investis d'un pouvoir discrétionnaire. Si le pouvoir d'édicter des *Regulations* conférait ainsi l'autorisation de passer de la preuve au soupçon, du domaine de l'action à celui du mobile ou de l'intention, réfléchissez un peu où cela vous mènerait.

Il n'est pas besoin d'aller chercher bien loin des exemples ; il est quelque chose qui peut déterminer et qui détermine souvent les actions des hommes beaucoup plus que ne le font l'origine ou les relations, c'est la religion. Sous l'influence de la religion, les individus peuvent nourrir des croyances très troublantes pour le Gouvernement au pouvoir, et entretenir des opinions que le Gouvernement peut considérer comme dangereuses pour la sécurité du royaume. Si le principe de cette interprétation de la loi est juste, à quelle étrange situation sommes-nous arrivés ! Un *Regulation* pourra être édicté contre les catholiques romains — soit tous, soit, par exemple, ceux du Sud de l'Irlande, — ou contre les juifs — soit tous, soit ceux de l'Est de Londres — ; ils pourront perdre leur liberté sans jugement. Pendant la guerre, ce chapitre de l'abolition des incapacités légales des catholiques et des juifs, — qui a rendu fameuse dans le monde entier la tolérance de l'Angleterre, — pourra être remis tout entier en question, non parce que le Parlement anglais en a expressément décidé ainsi, mais par un trait de plume d'un Secrétaire d'Etat.

Investis du pouvoir de proscription et autorisés à entrer dans le domaine de l'opinion et des croyances, ceux qui seuls peuvent décider de la sécurité et de la défense publiques pourront réserver tous leurs soins à surveiller un credo politique ; et, qu'il s'agisse de socialisme, de pacifisme, de républicanisme, les individus partageant ces idées pourront être retirés de la circulation par un *Regulation*, même s'ils n'ont jamais commis un acte, ni prononcé une parole pouvant leur être imputés à crime. La citadelle la plus intime de nos libertés serait ainsi menacée ; car, ainsi que le remarque Sir Erskine May, « la plus grande de toutes nos libertés, c'est la liberté d'opinion ».

Voilà tout ce que, après analyse, le Gouvernement, par l'intermédiaire de ses jurisconsultes officiels, réclame à la Barre de cette Chambre, et voilà tout ce qui est impliqué par l'interprétation adoptée par les cours inférieures. A mon avis, les termes de la loi ne peuvent être forcés au point de leur faire dire des choses aussi contraires à la liberté et au droit.

Laissons ce que dit et fait l'*Act*, et examinons maintenant, d'après la vaste induction que l'on tire des quelques termes de la loi, ce qu'il abroge.

Je ne crois pas me tromper en disant qu'en substance, il abroge les *Habeas Corpus Acts*, l'*Act* 31 de Charles II et l'*Act* 100 de George III. Les *Habeas Corpus Acts* sont, il est vrai, des lois de procédure. En un sens, ils ne confèrent au sujet aucun droit ; ils lui fournissent un moyen de sauvegarder ses droits fondamentaux, de protéger sa liberté contre une arrestation sauf par une procédure légale justifiable ; de plus, toute atteinte arbitraire à sa liberté et à sa vie serait promptement et efficacement réprimée par la loi. Autrefois, dans un cas comme celui-ci, le writ d'*habeas corpus* était accordé. C'est le point que nous sommes en train de juger. Mais ce que les cours inférieures ont fait, c'est, tout en respectant dans la forme la procédure du remède, de refuser le remède lui-même, en affirmant l'abrogation des droits fondamentaux mêmes que le remède devait garantir. C'est permettre aux sujets du Roi de pénétrer légalement dans la forteresse qui garantit leurs libertés, mais après que cette forteresse a été légalement détruite.

Comme on le verra tout à l'heure, ce n'est pas que l'*habeas corpus* ait été abrogé ; ce n'est pas, comme cela s'est produit dans beaucoup de périodes pénibles de notre histoire, qu'il ait été suspendu. Il s'agit ici d'une abrogation et d'une suspension bien plus rigoureuses. C'est une abrogation par interprétation qui, pour autant que je sache, est sans exemple dans nos annales ; — on a tourné l'*habeas corpus* par une abrogation implicite, mais néanmoins effective des dispositions les plus fameuses de la Magna Charta même. C'est un point bien établi qu'une fois la mise en liberté accordée en vertu du *writ* d'*habeas corpus*, « la légalité de cet acquittement ne peut plus être mise en question » (*Cox* v. *Hakes*, 36, *Law Times Report* 392 ; 15 App. Cas. 514) ; mais en prononçant sa sentence à cet effet, Lord Halsbury a employé le langage que j'adopte ici pour résoudre le problème plus général qui nous occupe : « Vos Seigneuries sont ici pour résoudre une question qui dépasse de beaucoup l'intérêt d'un cas particulier. C'est le droit à la liberté individuelle « dans notre pays qui est en jeu, et, pour ma part, j'hésiterai à croire, à « moins d'un texte de loi formel, que la politique suivie pendant des siècles « a été soudainement abandonnée ».

Je me reporte donc, en conséquence, aux fameux chapitres XXXIX et XL de la Magna Charta, arrachés à Jean, en juin 1215.

M. Mc Kechnie (p. 376) en donne la traduction suivante. Sa traduction est volontairement littérale :

« XXXIX. — Aucun homme libre ne sera pris ou (et) emprisonné, ou dépos-
« sédé, ou mis à mort de quelque manière que ce soit, nous ne marcherons
« pas sur lui ni n'enverrons contre lui, si ce n'est en vertu du jugement légal
« de ses pairs ou (et) en vertu de la loi du pays.

« XL. — A personne nous ne vendrons, à personne nous ne refuserons ou
« ferons attendre le droit ou la justice ».

Le savant auteur remarque justement : « Le but poursuivi était d'empêcher Jean de recourir à ce qu'on appelle en Ecosse du nom bizarre de « Jeddart » justice. Il lui était interdit à l'avenir de placer l'exécution avant le jugement ». Et à propos des mots « *nec super eum ibimus nec super eum mittemus* », il remarque dans le même esprit :

« Leur but était d'empêcher Jean de substituer la violence aux voies légales ;
« il ne devait plus jamais attaquer, *per vim et arma*, des individus non jugés
« et non condamnés ».

S'il est des personnes qui, dans les temps orageux et troublés que nous traversons, jugent inutile la lecture de ces chapitres ou démodée la morale qui s'en dégage, je ne partage pas leur avis. Je me rappelle le jugement pénétrant de Hallam sur cette même question. Après avoir cité ces chapitres de la Charte, ce grand auteur remarque (*Middle Ages*, II, 449) : « Il est mani
« feste que ces mots, interprétés par une honnête Cour de justice, assurent
« une ample garantie aux deux principaux droits de la société civile. En
« conséquence, depuis l'époque de la Charte du roi Jean, ce doit être l'un des
« principes bien arrêtés de notre Constitution, qu'aucun individu ne peut être
« retenu en prison sans jugement. Que les cours de justice aient rédigé le *writ*
« *of habeas corpus* conformément à l'esprit de cette clause, ou qu'elles l'aient
« déjà trouvé dans leur registre, à partir de cette époque tout sujet a eu le
« droit de l'exiger. Ce *writ*, auquel la loi de Charles II a donné un caractère
« de remède plus actif, mais fondé sur la large base de la Magna Charta, est
« le principal rempart de la liberté anglaise ; et si jamais des circonstances
« temporaires ou le prétexte douteux de la nécessité politique amenaient
« les hommes à considérer avec indifférence sa violation, la caractéristique
« la plus remarquable de notre Constitution disparaîtrait ».

Parlant en mon nom, et revenant encore aux mots à interpréter : « S. M. en Conseil a le pouvoir, pendant la durée de la guerre, de promulguer des *Regulations* pour assurer la sécurité publique et la défense du Royaume », je me refuse à croire que le Parlement ait jamais fait ou ait jamais eu l'intention de faire, par ces mots, ces choses stupéfiantes, — à savoir, supprimer « les deux principaux droits de la société civile », abroger « le principe bien défini de notre Constitution, que nul ne peut être retenu en prison sans jugement », ou effacer « la caractéristique la plus remarquable de notre Constitution ».

Dans l'affaire *Darnel*, la grande argumentation de Coke comprenait les fameuses propositions :

« 1) Nul ne peut être emprisonné selon le bon plaisir et la volonté de quel-

« qu'un, si ce n'est un esclave ou un vilain ; 2) si un homme libre d'Angle-
« terre pouvait être emprisonné selon la volonté et le bon plaisir du Roi ou
« sur son ordre, sa situation serait pire même que celle d'un vilain ... et
« 3) un homme libre emprisonné sans cause est mort civilement ». Et voici
ce qu'écrit un auteur comme Broom, en commentant ce procès (*Constitu-
tional Law*, 223) : « Ce grand remède constitutionnel (le writ d'*habeas cor-
« pus*) repose sur le *conmon law* déclaré par la Magna Charta et les lois qui
« l'affirment ; il repose, de même, sur des dispositions spéciales qui assu-
« rent son efficacité, étendent son application et rendent plus solides et
« plus durables les libertés du peuple. Le droit de s'en prévaloir ne peut pas
« être suspendu, même pour une heure, par aucun moyen, si ce n'est par
« un *Act* du Parlement ».

Comme elle est vaine et sans valeur pour l'appelant la possibilité de faire
juger son *writ d'habeas corpus*, alors que par l'interprétation la base de sa
mise en libération possible lui est refusée ! La méthode n'est pas nouvelle
dans l'histoire d'Angleterre ; mais il s'agit des périodes les plus sombres de
notre histoire ; c'est la méthode du despotisme ; c'est l'ordre tyrannique du
Roi en Conseil ; c'est l'obéissance à cet ordre comme à une loi.

Cela rappelle la lutte constitutionnelle de 1628 et les termes mêmes du
Petition of Right : « Et attendu, porte le chap. 2, que, par la loi appelée
« « la grande Charte des libertés de l'Angleterre », il est également
« déclaré et prescrit qu'aucun homme libre ne peut être pris ou empri-
« sonné ou être dépossédé de sa propriété ou de ses libertés ou de ses
« libres coutumes, ni être mis hors la loi, ni exilé, ni de quelque manière
« mis à mort, si ce n'est par le jugement légal de ses pairs ou en vertu
« de la loi du pays... Néanmoins (chap. 5), en violation des termes des
« dites lois et autres bonnes lois et statuts de votre royaume faits dans ce
« but, plusieurs de vos sujets ont récemment été emprisonnés sans cause
« montrée ; et quand, pour leur mise en liberté, ils ont été amenés devant
« vos juges par les *writs d'habeas corpus* de Votre Majesté, pour subir et
« recevoir ce que le Tribunal ordonnerait, et lorsque les gardiens ont été
« sommés de certifier les causes de leur détention, nulle raison n'a été
« certifiée si ce n'est qu'ils étaient détenus sur l'ordre spécial de Votre
« Majesté certifié par les Lords de votre Conseil privé, et ils furent ren-
« voyés dans diverses prisons sans être accusés de quoi que ce soit à quoi
« ils pourraient répondre conformément à la loi. En conséquence, ils prient
« (chap. 8) humblement Votre Très Excellente Majesté ... qu'aucun homme
« libre ne soit emprisonné ou détenu de la manière qui vient d'être men-
« tionnée ».

On arracha à Charles Ier une réponse favorable à cette pétition, et elle a été
inscrite parmi les lois du Royaume. Et voilà qu'elle aussi, cette seconde charte
de liberté, a été violemment jetée à terre par une abrogation implicite.

Il n'est pas besoin d'allonger la liste : elle comprendrait le *Bill of Rights*
lui-même.

Mais je citerai un *Act* écossais, qui occupe à juste titre un rang élevé comme charte des libertés fondamentales et comme garantie contre les incarcérations prolongées sans mise en jugement. C'est l'*Act* de 1701. Il est intitulé : « *Act* pour empêcher l'emprisonnement injuste et contre les retards « injustifiés apportés à la mise en jugement. »

L'Ecosse avait eu grandement à souffrir des excès du pouvoir arbitraire des derniers Stuarts ; la liberté et la vie avaient été sacrifiées sans pitié au pouvoir arbitraire. L'Ecosse n'avait pas de Magna Charta, pas d'*Habeas Corpus Act* ; mais elle avait un système assez mal défini de demande de mise en liberté, reposant sur le droit d'être dûment et convenablement mis en accusation, et d'être jugé avec une promptitude raisonnable. En vertu de l'*Act* de 1701, — sans entrer dans les détails, — il était prescrit qu'une personne incarcérée pouvait faire une réclamation, ce qui avait pour effet de faire sommation à tous intéressés, poursuivant et tribunaux, que le jugement devrait intervenir dans les soixante jours, sinon la personne devrait être remise en liberté. Une nouvelle période de quarante jours était accordée pendant laquelle de nouvelles lettres criminelles pouvaient courir. Cette période s'écoulait-elle sans que le jugement fût intervenu ou qu'un verdict eût été prononcé, le cent et unième jour le sujet était libéré, et libéré à jamais de l'accusation. Les magistrats ou geôliers qui osaient le retenir étaient coupables d'emprisonnement injuste, et passibles d'un châtiment. L'*Act* a toujours été un droit constitutionnel précieux du peuple écossais.

L'affaire qui nous occupe est anglaise ; mais, autant que je sache, il s'est peut-être présenté en Ecosse des cas semblables : il se peut que des individus aient été internés en Ecosse comme ici, pendant une période de dix-huit mois, sur un ordre du Secrétaire d'Etat. Et je présume que cet agissement arbitraire serait défendu avec la même argumentation, à savoir que les droits et libertés constitutionnels, pour aussi fondamentaux et précieux qu'ils soient, subissent tous une éclipse, pour le motif qu'un *Regulation* en vue de la sécurité et de la défense publiques a été exposé et interprété comme signifiant l'abrogation *inter alia* de l'*Act* de 1701. Je le répète, à mon avis, le sens de cette courte phrase du récent *Act* ne peut être forcé de cette manière extraordinaire.

Je n'exagère pas la valeur attachée à la loi (*de 1701*), même par les auteurs les plus savants.

BURNET (*Treatise on Various branches of the Criminal Law*) fait un grand éloge de l'*Act*. Voici ce qu'il en dit dans son commentaire : « Les « objets visés par cette loi sont de première importance pour la sécurité et « le bonheur de tout membre de la communauté ; en effet, le danger d'une « détention injuste et illégale, qui est souvent le plus difficile à éviter, est, « de par sa nature, le moyen le plus oppressif et celui auquel un gouverne- « ment arbitraire aura probablement le plus souvent recours. »

Il se fait l'écho de BLACKSTONE, qui dit que l'*Act* de 1701 pourrait être appelé à juste titre la Magna Charta de l'Ecosse. Et il résume son éloge en « observant que l'*Act* peut être justement considéré comme plus favorable au « sujet que l'*Habeas Corpus* si vanté de l'Angleterre ». Personne n'accusera le baron Hume d'avoir été l'ennemi d'un gouvernement vigoureux. Eh bien, lui-même déclare, à propos de la grande loi : « Il est manifeste que, « par sa constitution même, toute cour de justice criminelle doit avoir le « pouvoir de corriger le plus grand et le plus dangereux de tous les abus des « formes du droit, celui de l'emprisonnement prolongé de l'accusé, sans « jugement, peut-être même sans qu'on ait l'attention de le juger jamais « (c'est le cas même qui est actuellement devant la Chambre des Lords) ; — « que dis-je, il se peut qu'il ne soit pas informé de l'accusation portée contre « lui, ni du nom de l'accusateur. »

Combien étrangement eût résonné aux oreilles de Hume l'argument qu'une loi a été votée, conférant au Roi en Conseil le pouvoir de déterminer des *Regulations* pour la sécurité et la défense publiques, et que cela signifie l'abrogation du grand *Act* lui-même et la réintroduction, dans notre Constitution et dans notre jurisprudence, du « plus grand et du plus dangereux de tous les abus des formes du droit » !

J'abandonne le sujet de l'abrogation pour passer à une nouvelle proposition, — à savoir que ce qui a été accompli d'après le pouvoir implicite supposé est contraire à la pratique de la Constitution.

A maintes reprises, dans notre île, l'attention de la Législature a été attirée sur la question d'une législation exceptionnelle pour le cas d'une attaque étrangère, d'un trouble politique ou d'une guerre civile. Et le mode d'action a été franc, ferme et ouvert, — à savoir, la suspension temporaire de l'*Habeas Corpus Act*. Lorsque le Roi en Conseil a étendu son autorité jusqu'à empiéter sur la liberté ou la vie et à miner les garanties qu'en avaient données la grande Charte et les *Habeas Corpus Acts*, le trouble public a pu augmenter, la dynastie a pu même hâter sa propre chute ; mais le Parlement s'est affirmé derechef et il a promptement mis fin au péril. Lorsque le Parlement lui-même a consacré ses énergies à la tâche, il ne l'a pas fait d'une manière détournée, il n'a pas agi d'une manière si voilée que la Magistrature ait eu besoin de faire des raisonnements par inférence pour dire ce qu'il avait voulu faire.

Blackstone est très net sur la pratique de la Constitution. Dans son étude pénétrante (I, 1), il s'occupe de la liberté et de la vie, toutes deux et également, comme cas d'application d'un même principe, le principe que nous examinons dans l'affaire actuelle. « Priver quelqu'un de la vie, ou par la « violence confisquer ses biens, sans accusation ou sans jugement, serait un « acte de despotisme à la fois si manifeste et si notoire qu'il ferait naître « immédiatement dans tout le Royaume la crainte de la tyrannie ; mais « l'emprisonnement de l'individu secrètement expédié en prison, où ses « souffrances sont ignorées ou oubliées, est une forme de gouvernement « arbitraire, moins publique, moins frappante et, par conséquent, plus dan- « gereuse. Cependant, il peut arriver, lorsque l'État court de réels dangers, « qu'il soit nécessaire de recourir à cette mesure. Notre Constitution n'a « heureusement pas laissé au Pouvoir Exécutif le soin de déterminer si le « danger est assez grave pour que l'on y ait recours. C'est, en effet, le Parle-

« ment seul, c'est le Pouvoir Législatif qui, lorsqu'il l'estime convenable, peut
« autoriser la Couronne, par une suspension de l'*Habeas Corpus Act* pendant
« un temps court et limité, à emprisonner les individus suspects sans don-
« ner de raison de sa conduite. »

Il serait trop long d'énumérer les cas dans l'histoire d'Angleterre, où cette
ligne de conduite a été suivie. Au cours de l'argumentation, il n'a été cité
aucun cas où cette méthode n'ait pas été adoptée et où le but ait été atteint
par d'autres moyens. Je relaterai un exemple frappant survenu à la fin du
XVIIIe siècle, intéressant parce que les cas de l'Angleterre et de l'Ecosse ont été
traités chacun d'une manière distincte, et que, dans les deux cas, les droits
constitutionnels garantis par la loi ont été reconnus et que la suspension et
l'abrogation temporaires ont été appliquées ouvertement et expressément.

Tout homme qui pense, en Europe, a été frappé par les événements de
1789 à 1793 ; il se peut que l'exécution de Louis XVI et de la Reine, en 1793,
ait précipité en Angleterre l'action parlementaire. Mais ce fut une action prudente. En 1794, l'*Act* 34 Geo. 3, fut voté. En voici le préambule : « Attendu
« qu'une conspiration traîtresse et détestable a été formée pour renverser
« les lois existantes et la Constitution, ainsi que pour introduire le système
« d'anarchie et de confusion qui a si fatalement abouti en France ». Il
décidait, pour l'Angleterre, que les personnes qui sont ou seront envoyées en
prison par un *warrant* du Roi et de six Conseillers privés ou par *warrant*
d'un Secrétaire d'Etat pour trahison ou pratiques de trahison pourront être
détenues « sans caution ni *mainprize* » jusqu'au 1er février 1795, et qu'aucun juge ne pourra les relâcher « nonobstant toute loi ou statut contraire ».
Les termes en sont nets ; ils observent la pratique constitutionnelle : pendant quelques mois et dans des cas définis, la Constitution fut suspendue.

Comment l'Ecosse fut-elle traitée ? En 1707, l'Union des Parlements
avait été effectuée ; mais le grand *Act* du Parlement écossais de 1701 était
alors, en 1794, pleinement et distinctement reconnu. Il fut décrété que
l'*Act* promulgué en Ecosse en l'année 1701 de notre Seigneur, « en tant
que cet *Act* peut être interprété comme visant les cas de trahison et de soupçon de trahison, est suspendu » jusqu'à la même date fixée, — à savoir le
1er février 1795. Suit alors la remarquable disposition que voici : « A par-
« tir du 1er février 1795, les dites personnes ainsi envoyées en prison auront
« le bénéfice et l'avantage de tous lois et statuts concernant, de quelque
« manière que ce soit, ou assurant la liberté des sujets de ce Royaume, et
« ce présent *Act* aura force de loi jusqu'au 1er février 1795 au plus tard ».

Voilà un exemple courant et normal de notre pratique constitutionnelle,
ainsi que du fonctionnement précis, vigilant, nettement limité, scrupuleusement respectueux de nos libertés fondamentales, toutes les fois que celles-ci
sont en jeu. Jugée à la lumière de cette pratique, l'interprétation large et
entièrement inductive des termes relatifs aux *Regulations* en vue de la sécurité et de la défense, qui a été adoptée par les cours inférieures, semble être
une interprétation toute forcée et devoir être condamnée d'une manière
manifeste.

Avant d'abandonner ce sujet, je remarquerai, comme un indice de l'intention de la Législature, que, lorsque dans cet *Act* de 1914, la suspension ou l'abrogation ou une opération de cette nature est véritablement voulue, le Parlement a parfaitement su comment atteindre cet objet, et l'a atteint. La seconde sous-section de cette section 1 qu'il s'agit d'interpréter, dispose que « ces *Regulations* peuvent prescrire la suspension des restrictions sur l'acquisition ou l'usage de terrains », ainsi que les *Defence Acts* et autres *Acts*, et peuvent abroger toutes dispositions, etc., relatives au pilotage. Il est, à mon avis, impossible de soutenir que le Parlement, qui suspend et abroge expressément certaines lois sur la propriété ou le pilotage, se serait abstenu de le faire, s'il en avait eu l'intention, dans des questions infiniment plus importantes du droit et aurait laissé admettre par induction la suspension et l'abrogation de ces lois. Je ne crois pas que les principes ordinaires de l'interprétation permettent en droit d'inférer une chose comme cette large suspension et abrogation.

La Chambre connaît l'interprétation que je donne aux termes conférant au Gouvernement le pouvoir d'édicter des *Regulations*. Cette interprétation est simple. Elle ne force le sens d'aucun mot. D'après cette interprétation, les *Regulations* jouent un rôle utile et fécond. Elle est entièrement en harmonie avec le reste de la loi. Elle n'opère l'abrogation d'aucune des lois du Royaume. Elle n'entraîne aucun résultat inattendu ou absurde, aucun bouleversement du droit constitutionnel.

A chacun de ces points de vue, elle apparaît comme conforme aux principes incontestables de notre droit touchant l'interprétation des lois.

Mais comme malheureusement je diffère respectueusement de Vos Seigneuries, il ne serait pas juste que je n'ajoute pas que l'interprétation qui a été donnée et adoptée par les cours inférieures me semble être, à tous ces égards, incompatible avec les principes d'interprétation depuis longtemps admis. A mon humble avis, elle n'est pas simple, mais forcée. Elle est en désaccord avec le reste de la loi. Elle opère des abrogations de lois dans une importante et large mesure. Elle conduit à des résultats extraordinaires et absurdes ; enfin elle bouleverse le droit constitutionnel.

La Chambre est en possession de mes arguments et des développements que j'ai fournis sur chacun de ces points. Je ne crois pas que l'application à ces arguments de la doctrine juridique soit douteuse. C'est à quoi j'arrive, en les prenant dans l'ordre.

En premier lieu, je proteste vivement contre l'opinion des cours inférieures, que les termes de la loi doivent être pris à la lettre. L'appelant a été 1° interné, 2° sans jugement, 3° parce qu'il est d'origine ou de relations hostiles. Le Parlement n'a jamais dit expressément aucune de ces choses. Ce sont et ce ne sont que des inductions, — inductions tirées de la délégation d'un pouvoir, — pouvoir d'édicter des *Regulations* pour la sécurité et la défense. Quant à ce qui peut être fait en vertu de ce pouvoir, cette question peut donner lieu à des inductions de grande portée ou à de vastes et profondes spéculations, mais elle ne touche pas la règle littérale, celle qui s'en tient au sens grammatical, ordinaire, des mots eux-mêmes employés dans la loi, — la règle formulée par Lord. Wensleydal dans l'affaire *Gray v. Pearson* (1867) 6 H. L. Cas. 106). Cette règle ne va pas très loin pour résoudre des cas difficiles ; mais en tant qu'on puisse l'appliquer à l'affaire qui nous occupe, elle donne une force manifeste à l'observation d'après laquelle, si le Parlement avait vraiment voulu autoriser l'internement sans jugement pour le motif indiqué, il aurait pu le dire sans la moindre difficulté et ne pas laisser résoudre par induction un point, à mon avis, tout à fait fondamental.

J'ajouterai que, persuadé comme je le suis que le Parlement n'a jamais eu l'intention de forger un instrument de pouvoir violent et arbitraire, mais a voulu faire une chose beaucoup plus utile et beaucoup plus raisonnable, je serais arrivé à la même conclusion, même si les termes employés avaient été plus clairs et plus définis qu'ils ne le sont. Pour employer le langage familier de Lord Selborne dans l'affaire *Caledonian Railway* v. *North British Railway Company* (6 App. Cas., p. 122) : « L'interprétation la plus littérale ne doit pas prévaloir... ; elle est contraire aux intentions de la Législature, telles que la loi les fait apparaître ; et les termes sont suffisamment souples pour permettre une autre interprétation par laquelle cette intention sera mieux obéie ». Sur ce point, je renvoie également au jugement de Jessel, M. R., et de James., L. J., dans *Ex parte Walton Re Levy* (17 Ch. Div. 746).

Laissons de côté l'interprétation littérale, — qui ne s'applique pas à ce cas, — et voyons si l'interprétation par induction est compatible ou non avec le reste de la loi. L'interprétation que j'ai donnée est la suivante : les *Regulations* énoncent des règles en vue de la conduite et de la manière d'agir du citoyen ; en se conformant à ces règles, le citoyen sera en sécurité ; s'il leur désobéit, il sera puni après jugement ; cette interprétation cadre très bien avec tout le reste de la loi, qui formule avec force détail les prescriptions nécessaires pour le crime et le châtiment.

L'interprétation qui obtient la faveur des cours inférieures est la suivante : le pouvoir d'édicter des *Regulations* pour la sécurité et la défense confère au Gouvernement sur les citoyens tous les pouvoirs que le Gouvernement peut juger nécessaires pour atteindre les objets qu'il a en vue. Cette interprétation est tellement incompatible avec le reste de l'*Act*, que ce reste devient superflu. Tout, en effet, aurait pu être fait par *Regulation*. Et même, ce n'est pas tout. En effet, les neuf dixièmes des travaux du Parlement sont superflus : tous tombent sous le même principe ; tous auraient pu être accomplis par des « *Regulations* ». A mon humble avis, cette interprétation est contraire aux principes juridiques. Deux interprétations sont possibles : — l'une, harmonieuse et cohérente : l'autre, arbitraire et contradictoire. A mon avis, dans tous les cas de ce genre, il est raisonnable et conforme au droit de préférer la première.

J'arrive au dernier point, — à savoir que l'interprétation adoptée implique une abrogation des anciens droits et libertés de notre peuple ainsi que des lois au Nord et au Sud de la Tweed qui ont garanti leur jouissance. J'ai déjà exposé à Vos Seigneuries ma manière de voir. Aucune abrogation de ce genre, ou faite de cette manière à la fois si complète et si secrète, n'a jamais été accomplie dans l'histoire moderne de notre île. Je ne peux pas croire que le Parlement ait voulu cette abrogation ; je suis sûr qu'il aurait reculé devant l'énonciation expresse de cette intention d'abrogation. Le droit sur ce point ne fait pas de doute ni de question. Cette intention est le dernier moyen d'une cour d'interprétation.

Vos Seigneuries ont déjà entendu ma citation de BLACKSTONE. Elle garde toute sa force. Elle représente toujours, à mon avis, le droit du pays et la pratique de la Constitution. Tous deux peuvent avoir été révolutionnés par l'abrogation stupéfiante, déduite des termes de cette loi. Je ne crois pas que cette abrogation existe soit dans les termes, soit par induction, soit dans l'intention.

Dans la dernière édition de MAXWELL, *on Statutes*, p. 268, je trouve le droit, tel que je le conçois, exposé en ces termes : « Il ne faut pas admettre « facilement l'abrogation par induction. Une loi suffisante ne doit pas être « considérée comme abrogée par induction, sans un puissant motif. Il est « raisonnable de présumer que la Législature n'a pas voulu conserver dans « le *statute book* des dispositions véritablement contradictoires, ni, d'un « autre côté, prendre une mesure aussi importante que l'abrogation d'une « loi, sans en exprimer son intention. En conséquence, une pareille inter- « prétation ne doit pas être adoptée, à moins qu'elle ne soit inévitable. Toute « interprétation raisonnable qui permet d'y échapper sera vraisemblable- « ment plus conforme à l'intention véritable. »

L'interprétation que j'ai proposée me semble raisonnable et conforme aux règles familières et accoutumées. Je crois que le jugement des cours inférieures est erroné ; il est plein de graves dangers juridiques et constitutionnels. A mon avis, l'appel doit être reçu, le *Regulation* incriminé doit être déclaré *ultra vires*, et l'appelant doit être mis en liberté ».

V

Opinion de LORD WRENBURY.

« La question est de savoir si le *Reg.* 14 B, édicté en vertu du *Defence of the Realm Consolidation Act, 1914* (5 Geo. 5, c. 8) est *ultra vires*.

Regardons tout de suite la loi pour voir quelles sont, d'après ses termes, les caractéristiques — portée, but, limites et caractère — des *Regulations* que la loi autorise. Nous rechercherons ensuite si le *Regulation* en question présente ces caractéristiques.

La section 1, de la loi de 1914 confère des pouvoirs. Elle donne pouvoir à S. M. en Conseil, pour un temps donné — « pendant la durée de la guerre actuelle », — d'édicter des *Regulations* dans un but défini — « pour assurer la sécurité publique et la défense du Royaume. » Elle dispose ensuite que les

Regulations contiendront des prescriptions relatives « aux pouvoirs et devoirs en vue de cet objet » de certains corps et agents administratifs constitués. Elle ajoute que les *Regulations* autoriseront le jugement dans certaines conditions déterminées, et le châtiment des personnes contrevenant aux dispositions des *Regulations*, et, en particulier, des dispositions ayant pour but d'empêcher certaines actions ou d'obtenir certains résultats décrits dans les cinq paragraphes *a*) à *e*).

Cette section : 1° autorise la promulgation de *Regulations* dans un but déterminé ; 2° fournit le mécanisme pour réaliser ce but ; 3° ajoute des moyens d'exécution ; et 4° énumère de *a*) à *e*) des exemples particuliers d'agissements à prévenir et de résultats à obtenir. Les n°ˢ 2° 3° et 4° sont des dispositions subsidiaires pour illustrer et assurer la réalisation de l'objet principal n° 1°.

Cette loi a abrogé et codifié avec amendements deux lois précédentes, — à savoir l'*Act* 4 et 5 Geo. 5, c. 29 et l'*Act* 4 et 5 Geo. 5, c. 63. Pour ce qui nous intéresse ici, la première observation importante que l'on peut faire sur ces lois, c'est que le *Consolidating Act* a modifié l'ordre des termes et élargi considérablement l'effet des lois qu'il a abrogés. La loi 4 et 5 Geo. 5, c. 29 ne commençait pas, comme la loi aujourd'hui en vigueur, par les mots dominants qui confèrent le pouvoir « d'édicter des *Regulations* en vue d'assurer la sécurité publique et la défense du Royaume ». Elle commençait par autoriser des *Regulations* touchant « les pouvoirs et attributions (de corps et personnes définies) en vue d'assurer la sécurité publique et la défense du Royaume. » Ces derniers mots auraient pu donner lieu à une controverse. On aurait pu soutenir que l'autorité n'était donnée que de faire des *Regulations* pour contrôler les pouvoirs et attributions existants. Cette controverse devient impossible en présence des termes de la loi actuelle. Celle-ci confère toute autorité pour édicter des *Regulations* en vue d'un objet donné. Ce sont les termes initials et dominants.

Voici une deuxième observation importante. La loi aujourd'hui en vigueur prévoit un plus grand nombre d'exemples particuliers qui, dans la loi précédente, étaient au nombre de deux seulement, à savoir *a*) et *b*) ; elle développe le *b*) et en ajoute trois nouveaux *c*), *d*) et *e*). Ces additions agrandissent, par voie d'exemples, s'il en était besoin, le domaine sur lequel les *Regulations* peuvent s'étendre. Tous ces exemples, en effet, depuis *a* jusqu'à *e*, peuvent faire partie des *Regulations*. La loi le dit expressément.

Jusqu'ici, je constate — provisoirement, tout au moins — que le mot *Regulations*, dans cette loi, ne vise pas quelque chose comme un règlement local ou un règlement de procédure ou d'administration, mais quelque chose de beaucoup plus important. Le *Regulation* peut créer un délit, — par exemple, le fait d'obtenir des renseignements de la nature de ceux dont il est fait mention dans la sous-section *a* ; — le *Regulation* peut aussi fixer la peine. Ceci a le caractère d'une disposition legislative.

En regardant la loi de plus près, on trouve cette opinion sur le caractère législatif du « *Regulation* », confirmée sans aucune contestation possible. Un « *Regulation* » peut modifier une loi déjà existante. En effet, d'après la section 1 al. 2, un *Regulation* peut prescrire la suspension des restrictions imposées par des dispositions législatives existantes. De même, d'après la sect. 1, al. 2, un *Regulation* peut ordonner la confiscation de biens.

On peut différer d'opinion sur le point de savoir si ce que j'appellerai la législation par dévolution est une pratique prudente ; si une loi ne devrait pas se suffire à elle-même ; s'il est désirable qu'une loi prescrive que des *Regulations* édictés par une autorité déterminée ou sur une question donnée auront eux-mêmes force de loi. Mais il est manifeste, à mon avis, que la présente loi a conféré à S. M. en Conseil le pouvoir d'édicter des *Regulations* qui, une fois promulgués, auront le même effet que s'ils étaient contenus dans la loi.

Toutefois, les appelants soutiennent que le pouvoir « d'édicter des *Regulations* pour assurer la sécurité publique et la défense du Royaume » n'autorise pas la détention préventive, qui est, disent-ils, un emprisonnement sans jugement. Ils soutiennent qu'il faut des termes formels pour qu'il soit porté atteinte à la liberté du sujet ; que les termes généraux de cette loi ne suffisent pas. Je ne vois pas sur quels motifs peut s'appuyer cette argumentation. Par exemple, la loi dit tout au long qu'un *Regulation* peut empêcher des personnes de communiquer avec l'ennemi — (alinéa *a*). Pour quel motif mettrait-on cet homme en jugement avant qu'il ait été ainsi empêché d'agir ? Le but même qu'on se propose est non pas de le punir pour avoir fait quelque chose, mais de l'arrêter avant qu'il l'ait fait et de l'empêcher de le faire. Quelle limite la loi fixe-t-elle quant aux mesures qui pourront être prises pour l'en empêcher ? Il n'y a pas de limite. Sans doute, tout pouvoir légal doit être exercé honnêtement. Il n'y a pas, que je sache, d'autre limite aux actes dont les *Regulations* peuvent autoriser l'accomplissement pour atteindre le but proposé.

Telles étant les dispositions de la loi, le *Reg.* 14 B prescrit que lorsque, sur la recommandation d'une autorité donnée, « il apparaît au Secrétaired'Etat que, « pour assurer la sécurité publique ou la défense du royaume, il est prudent, « à raison de l'origine ou des relations hostiles d'une personne » de l'interner, cette personne peut être internée. L'appelant est interné en vertu d'un *order* lancé en vertu de ce *Regulation*. Il soutient que cela revient à suspendre en substance l'*Habeas Corpus Act*, alors qu'il n'est pas suspendu en fait. C'est une erreur complète. Si l'appelant soutenait qu'il n'est ni d'origine ni de relations hostiles, il pourrait avoir son *writ* d'*habeas corpus* pour le motif que la situation est telle ; et s'il établissait le fait, il serait remis en liberté. La demande présentée à Vos Seigneuries tend à obtenir un *writ* d'*habeas corpus*, et le motif invoqué est que le *Reg.* 14 B est *ultra vires*. Si ce point était démontré, l'appelant serait remis en liberté. L'*Habeas Corpus Act* est en pleine vigueur ; mais la présente loi et les *Regulations* édictés en vertu de cette loi ont organisé un mécanisme pour obtenir, par un moyen autre que la suspension de l'*Habeas Corpus Act*, la détention préventive des personnes qui ne sont pas accusées d'avoir commis un délit déterminé, mais que l'on veut empêcher d'en commettre un. Le *Regulation* entre, à mon avis, dans la compétence donnée par la loi. L'argument que le *Regulation* est *ultra vires* ne porte pas. Il en résulte que cet appel doit être rejeté avec dépens. »

§ 3

Observations critiques sur l'arrêt de la Chambre des Lords.

Les opinions juridiques émises par la majorité des Lords juges d'appel de la Chambre des Lords soulèvent quelques observations. Un juriste étranger ne peut, d'ailleurs, les formuler qu'avec beaucoup de réserve.

Ce qui frappe un jurisconsulte français, c'est la manière un peu étroite adoptée pour l'interprétation des textes de lois. Dans la recherche de la signification des mots employés par le Parlement et de la volonté de ce dernier, les juges ne se sont pas attachés à l'étude des travaux préparatoires, ni aux débats des Chambres après le vote des *Defence of the Realm Acts*. La chose est remarquable, car les *Regulations* concernant l'internement des suspects et l'affaire *Zadig* ont été longuement discutés à la Chambre des Communes à plusieurs reprises. Les sentiments de l'immense majorité ont eu l'occasion de se faire connaître (1) : 1° le 17 juin 1915, lorsque le ministre de l'Intérieur, Sir John Simon, juriste de profession, a exposé le mécanisme des mesures générales édictées par les *Regulations* contre les suspects (2); 2° le 2 mars 1916, lorsque le

(1) Voyez l'exposé de ces discussions dans la *Revue du droit public,* 1916, p. 123 et s. et surtout p. 136 à 142.

(2) Ch. des Communes, 17 juin 1915, *Parl. Debates,* vol. 72, p. 844 et suivantes. Sir John Simon : « En temps de guerre, nous devons pouvoir, en certains cas, *même s'il s'agit de sujets britanniques par naturalisation ou autrement,* nous inquiéter des individus qui sont des individus d'origine ennemie et de relations ennemies, *et les enfermer ou prendre, à leur égard, des garanties spéciales...* La première chose que j'ai faite quand j'ai assumé mes nouvelles fonctions de Secrétaire pour l'Intérieur, ce fut de rédiger un Amendement aux *Defence of the Realm Regulations,* afin de rendre possible, avec les garanties convenables...., qu'un citoyen britannique puisse être obligé de vivre dans un certain endroit, ou de faire connaître ses déplacements, ou de se soumettre à toutes les conditions nécessaires à la sécurité de l'Etat. »

ministre de l'Intérieur, M. Herbert Samuel, rappelant la discussion du 17 juin 1915, a décrit à nouveau le système des *Regulations* à propos de l'affaire *Zadig* (1).

Ni les quatre juges de la majorité, ni Lord Shaw ne font la moindre allusion à ces débats. Ils semblent les ignorer complètement. Ils seraient considérés par un juriste français comme confirmant d'une manière éclatante la volonté de la majorité parlementaire, exprimée dans le texte général du *Defence of the Realm Consolidation Act, 1914*.

Il y a plus. La volonté du Parlement de donner la portée la plus large à l'attribution de compétence législative à l'Exécutif faite par le *Defence of the Realm Consolidation Act* s'est exprimée dans des lois ultérieures d'une façon non équivoque. Il est très curieux que les Lords d'appel n'y aient pas fait davantage allusion. Encore ici, un juriste français n'aurait pas manqué de s'appuyer sur ces textes pour dégager la volonté du Parlement.

Voici quelques-unes de ces lois ultérieures :

1° Le *New Ministries and Secretaries Act, 1916* (6 and 7 Geo. 5, cap. 68), du 22 décembre 1916, a créé un certain nombre de nouveaux ministères (Ministère du travail, Ministère du Ravitaillement, Ministère des Constructions navales, Bureau de l'Aéronautique) et a déterminé leurs pouvoirs et attributions. Les dispositions relatives aux pouvoirs du ministre du Ravitaillement (*Food Controller*) sont intéressantes à analyser, car elles font une allusion aux *Regulations* édictés par le Roi en Conseil en vertu des *Defence of the Realm Consolidation Act, 1914*. Le *Food Controller* a, d'une manière générale, le pouvoir de réglementer la production, la répartition et la consommation des vivres, c'est-à-dire de faire des règlements qui touchent inévitablement aux libertés

____

(1) Mr. W. ASHLEY avait demandé à la Chambre des Communes une réduction de crédit de £ 100 pour marquer la désapprobation de la Chambre au *Regulation* appliqué à Zadig. Après les débats, la Chambre a autorisé Mr. Ashley à retirer un amendement, ce qui signifie, dans la pratique parlementaire anglaise, un rejet de l'amendement. Voyez *Revue du droit public*, 1916, p. 139 à 142.

du citoyen. D'une manière plus précise, la section 4 de l'*Act* du 22 décembre 1916 décide :

« *Pouvoirs et attributions du Food Controller* : Il sera de la compétence (*duty*) du *Food Controller* de réglementer la production et la consommation des vivres (*supply and consumption of food*), de la manière qu'il jugera la meilleure pour maintenir une production convenable (*proper supply*) des vivres, et de prendre telles mesures qu'il jugera les meilleures pour encourager la production des vivres ; et pour tous ces objets il aura tels pouvoirs ou attributions d'un département ministériel ou d'une autorité publique, conférés par une loi ou autrement, que Sa Majesté pourra, par *order in Council*, lui transférer, ou l'autoriser à exercer ou à remplir avec le concours ou l'avis du département ministériel ou de l'autorité publique intéressés ; *il aura aussi tels nouveaux pouvoirs qui pourront lui être conférés par Regulations édictés en vertu du Defence of the Realm Consolidation Act, 1914, et des Regulations pourront donc être édictés en vertu de ce dernier Act* (1). »

N'y a-t-il pas là une indication précieuse sur la portée générale, *voulue* par le *Parlement*, du *Defence of the Realm Consolidation Act, 1914* ?

La section 5 relative au ministre des Constructions navales fournit un argument non moins décisif. Elle est conçue, en effet, en *termes identiques*, touchant la confection de *Regulations* en vertu du *Defence of the Realm Consolidation Act, 1914*. Rappelons d'abord que la mission générale du nouveau ministre est « d'organiser et de maintenir la production des navires de commerce pour les intérêts nationaux en rapport avec la présente guerre ». Le *Shipping Controller* devra donc « contrôler et réglementer toute la marine marchande possible pour les besoins du pays, de manière à en faire le meilleur usage, eu égard aux circonstances du temps, et prendre telles mesures qu'il jugera les meilleures pour la production et le maintien d'une marine marchande efficace ».

De même, le *Ministry of National Service Act, 1917* (7 Geo. 5, cap. 6), du 28 mars 1917, a créé un ministère du Service national, « pour faire le meilleur emploi de toutes personnes,

---

(1) ...And also such further powers as may be conferred on him by regulations under the Defence of the Realm Consolidation Act, 1914, and Regulations may be made under that Act accordingly ».

hommes ou femmes, capables de travailler dans une industrie, une occupation ou un service ». Le *Directeur Général du Service National* — c'est le titre officiel du nouveau ministre, — pourra recevoir tous pouvoirs pour atteindre le but général exposé plus haut. En particulier, il pourra recevoir « *tous nouveaux pouvoirs qui pourront lui être conférés par Regulations en vertu du Defence of the Realm Consolidation Act, 1914* » (section 1 et 2). Encore ici, apparaît clairement la volonté du Parlement que les pouvoirs législatifs du Roi en Conseil soient très larges. Et ce qui est remarquable dans cette dernière loi (loi du 28 mars 1917), c'est la limitation formelle que le Parlement apporte, dans ce cas particulier, au pouvoir du Roi en Conseil de faire des *Regulations* en vertu du *Defence of the Realm Conolidation Act, 1914.*

« Aucun *Order in Council* ou *Regulation* n'autorisera l'emploi forcé ou le transfert par contrainte d'une personne à une industrie, occupation ou service, ou n'imposera une peine pour la violation d'un accord volontaire fait par une personne avec le Directeur Général du Service National ».

Cette réserve expresse, que l'on ne trouve pas dans les autres *Acts*, ne fait-elle pas apparaître qu'en l'absence de cette dernière les termes généraux du *Defence of the Realm Consolidation Act, 1914* auraient permis au Gouvernement d'édicter des *Regulations* prescrivant la contrainte et l'application de peines à ceux qui n'observeraient pas leurs engagements. Sur ce point, d'ailleurs, la discussion à la Chambre des Communes ne laisse subsister aucun doute.

Voilà toute une série de faits sur des dispositions législatives, qu'un juriste français n'aurait pas manqué de citer comme manifestant la volonté certaine du Parlement de conférer au Gouvernement des *pleins pouvoirs*, au sens le plus large du mot. La thèse de Lord Shaw paraît absolument insoutenable, et ses arguments juridiques, aux yeux d'un juriste français, sont d'une faiblesse extrême. Quant aux motifs développés par la majorité des juges, ils semblent incomplets, voir même un peu étriqués ; ils s'en tiennent à une argumentation à peu près exclusivement exégétique.

Mais, encore une fois, il convient à un juriste étranger de

se montrer prudent dans la critique des opinions exprimées par les juges de la Chambre des Lords.

*
* *

En terminant, il convient de signaler comme se rattachant à la question des pleins pouvoirs en Angleterre, le *Military Service (Convention with Allied States) Act, 1917* (7 and 8 Geo. 5, cap. 26), du 10 juillet 1917 ; il confère au Roi en Conseil, le pouvoir de donner effet, par *order in Council*, aux conventions internationales conclues avec les Puissances alliées pendant la présente guerre et « imposant l'obligation réciproque du service militaire sur des sujets britanniques résidant dans ce pays étranger et sur des sujets de ce pays étranger résidant en Angleterre » (1).

Cette délégation du pouvoir est accordée sous certaines limitations énumérées à la section 1 de la loi. D'autre part, pour réserver le contrôle des Chambres, le dernier alinéa *c* de la dite section 1 prescrit que « les *orders in Council* ne seront pas édictés avant l'expiration d'un délai de 30 jours à compter du moment où la convention aura été portée devant le Parlement » (2).

(1) Section 1 : « His Majesty may by Order in Council signifying that a convention has been made with a foreign country allied or otherwise acting in naval or military cooperation with His Majesty in the present war... which imposes a mutual liability to military service on British subjects in that country and on subjects of that country in the United Kingdom, direct that this Act shall have effect with respect to the contracting country and the subjects of that country, and on any such Order in Council being made, this Act shall have effect accordingly ».

(2) *c*) « An Order in Council shall not be made until the expiration of thirty days from the date when the convention has been laid before Parliament. »

TABLE DES MATIÈRES

L'EXÉCUTIF EN TEMPS DE GUERRE, LES PLEINS POUVOIRS
(ANGLETERRE, ITALIE, SUISSE)